子どもの生きる力は手で育つ

丸山尚子編著

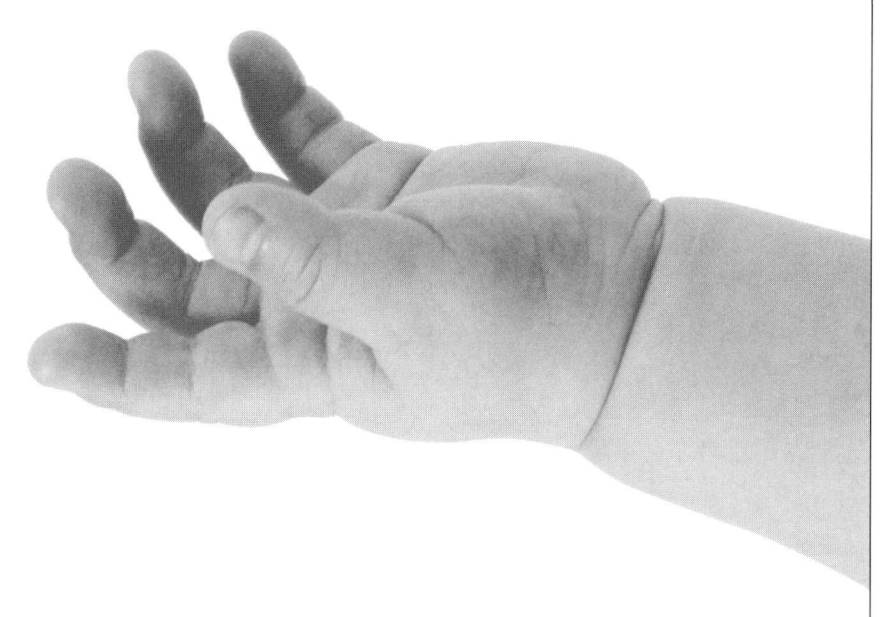

黎明書房

まえがき
―手は「第二の脳」・「脳の出店」を知ったあの頃のこと―

　今，私の手元には，1枚の日に焼けて真っ黒になった古い新聞記事の切り抜きがあります。昭和39年(1964年)8月5日水曜日の朝日新聞「みんなの健康」欄（五面）です。「手と指は"第二の脳"」という見出しで，手の話が特集されています。
　私はかなり長い間，この新聞記事の存在を忘れていました。
　最近になって，かつて（1964年頃）学位論文を書くために保育所等で行った実験のデータが必要になり，古い資料類を探す中で再会しました。真っ黒に変わり果てた姿（？）に感動しつつ，思わず読み入ってしまいました。
　「手の痛みはとてもこたえる。痛さはもとより，日常の動作にひどくさしつかえるからだ。……」に始まるその記事は，その当時数少ない「手の専門医」であった，関東労災病院整形外科部長（当時）の田川宏先生，同副部長（当時）の鈴木勝己先生との，手（手とは，上肢の末端の部分をさして言い，手のひら，手の甲，5本の指から成ります）に関する一問一答で綴られています。
　「人間の手の特殊性とは……」として，識別能力と繊細な動きをあげた後で，次のように記されています。「いろいろな神経の終末器官が，手のひらの手指に密に分布しているので"脳の出店"とか"第二の脳"などといわれる。」
　実は，これが，私が手は「第二の脳」・「脳の出店」と言われるということを知った最初だったのです。手に興味を持ち，ライフワークとして意識し始めた頃でした。サルから人間への進化の過程で手が果たした重

要な役割を学び，実際に子どもたちの様子を観察する中でも，手は子どもの心身の発達にとってとても大事なものであることを実感し，夢中になって幼児の手を追って日々幼稚園や保育所通いをしていた矢先のことでした。「手は外部の脳髄なり」とあのカントが言っているということを知ったのは，ずいぶん後のことです。

そして間もなく，例のペンフィールドの模式図を，時実利彦著『脳の話』(岩波新書，1962)によって知ったのでした。1964年の秋のことでした。身震いするほどの感動を覚え，「一生のテーマが決まった」と，興奮しながら会うひとごとに言ったものです。

今回，再会によってあらためて記事をじっくり読み直し，以前には見過ごしてしまっていた重要な指摘に気がつきました。

記事では，その特殊性を支える手のしくみについて，まずは神経の分布にふれ，「首のところから出た三本の神経が手にゆく。まず橈骨神経は手の甲の感覚を支配し指や手首を伸ばす機能をつかさどる。次に正中神経，これは親指，ひとさし指，中指という三つの最も機能的な指をつかさどり，母子丘球筋というおや指の根本のふくらみを支配して，指を曲げる方を受け持つ。三番目が尺骨神経。手のひらの知覚と，くすり指，小指を支配し……」と続き，最後に「どれも大切だが正中神経が切れると識別能力が失われ，手は"めくら"になってしまう」と括っています（ルビは丸山）。私は「なるほど！」と納得しながら，40年前にすでに，先生方も，手の識別能力を「目」になぞらえておられたことに気づかされたのです。40年後の再発見です。

私はこれまで，手の識別能力については，「探索・認識器官としての手の働き」とし，「ふれる手」と表してきました。そして，「ふれる手」は，そのものが何であり，どんなものであるかを識別すると同時に，ものをつくるに際して，「つくる手」をリードし，調整する役割を果たす，つまり，「手の目」（手の目のような働き）であると捉えてきました。しかし，40年前には，「第二の脳」・「脳の出店」のみに気をとられ，細かな内容ま

まえがき

できちんと読み込めていなかったようです。

　それにしても，当時はあまり気にもならなかったのですが，あの頃の新聞の文字はこんなにも小さかったのですね。黒く焼けているのと，文字が小さいのと，何よりも私自身の視力（老眼）のせいで，読むのにかなりの時間と手間（老眼鏡をかけた上に，天眼鏡まで使って読みました）がかかってしまいました。

　ちなみに，記事には当時現役中の長嶋茂雄選手も登場しており，懐かしさに，つい時間がたつのを忘れてしまったほどです。

　ともあれ，手の研究に関わって40数年の歳月が流れました。しばらくぶりに保育所や幼稚園通いをし，子どもたちの手に直にふれながら，再び子どもたちの手について考える機会が得られたことにこころから感謝しています。そして，ちょうどそんなときに古い記事に再会できたことに，何やら励まされる思いがしたのでした。

　幸先がいいかも，などと思いつつ，子どもたちの手とこころのすこやかな発達と再生のために，少しでもお役に立つことを願ってやみません。

丸山尚子

<パパとママ>　　まるやま　きづき（5さい4かげつ）
パパの腕には，大きな力コブがあって，元気もりもりです。
ママの手と足には5本？の指がついています。
どちらも感じがよく出ています。ボールペンで描きました。

目　　次

まえがき—手は「第二の脳」・「脳の出店」を知ったあの頃のこと　1

序　章　今，なぜ手なのか？ ——————————— 11

第1章　子どもたちは手とともに育つ ——————— 35
　　　　　手は発達の担い手

第2章　「生きる」を担う手 ————————————— 53
　　　　　乳幼児期・生活を支えるたくさんの手が出揃うとき

第3章　乳児期の手 ————————————————— 61
　　　　　「つかむ手」獲得と「つたえる手」誕生のとき

1　乳児期の手の発達　62
　(1)　主導的活動・直接的情動的交通　62
　(2)　はじめは握ることさえままならない子どもの手　62
　(3)　子どもの手が自由になり始めるとき　63
　(4)　おすわりをする—手が目と協応する　64
　(5)　「つかむ—放す」のユニット成立—「つかむ手」の誕生　65
　(6)　大切な乳児期の遊び—「手の操作」と指の分化　65
　(7)　「手の操作」では好奇心も育つ　67
　(8)　反復（くり返し活動）の中で育つもの　67
　(9)　足も育つ—ハイハイから立っち，そしてあんよへ　68
　(10)　「つたえる手」の誕生，やがてことばへ　69

2　手と生きる力のために，ここから始めてみよう！　71
- (1)　直接的情動的交通（身近な大人との楽しい交流）を大切に　71
- (2)　乳児期前半はベッドの上の世界を豊かに　71
- (3)　乳児期後半は腹ばいの姿勢やおすわり，ハイハイを楽しく　72
- (4)　反復（くり返し活動）にしっかり付き合おう　72
- (5)　「手の操作」を安全に　73

3　乳児期の手とこころの発達環境の点検　73
- (1)　手とこころの発達のための環境点検・日課の確立
    ―乳児期は時間軸を中心に　73
- (2)　乳児期の手の発達環境の点検―流しの下や食卓の下は安全ですか？　74

第4章　幼児前期の手 ──── 77
「つかむ手」から「つかう手」への成長，「つなぐ手」誕生のとき

1　幼児前期の手とこころの発達　78
- (1)　「手の操作」から「対象的行為」へ　78
- (2)　「つかむ手」から「つかう手」へ　80
- (3)　ものに忠実な「つかう手」―幼児前期は対象性獲得が優位な時代　82
- (4)　水，泥，砂，紙などで遊ぶ　83
- (5)　水・泥・砂はやがて合体……だんごやプリンに　84
- (6)　基本的生活習慣の自立（身辺処理の自立）も
    ―この時期はいわゆる「しつけ」の最適期です　86
- (7)　「つなぐ手」の誕生　87
- (8)　手とともに，ことばも発達します　89
- (9)　「○だ」から「△ではなくて○だ」へ　90
- (10)　「つもり」を大切に
    ―反抗とけんかは「つもり」と「つもり」の食い違いと衝突　90
- (11)　「つたえる手」「まもる手」は　91
- (12)　しっかり歩く中でできる「土踏まず」
    ―まずは，利き足（多くは右足）から　91

2　手と生きる力のために，ここから始めてみよう！　92
　(1)　もの・道具を使った遊びが大切　92
　(2)　水や砂，泥などの自然の素材は，子どものよい遊び相手　93
　(3)　自分のことは自分でする（自立）習慣を　93
　(4)　食事のマナーは大切な生きる技　94
　(5)　しっかり大地に足をつけて歩こう　94
　(6)　公園や図書館など，公共施設の利用の仕方も大事なマナー　94
　(7)　ことばを大切に　95
　(8)　見守ろう！　子どもの自己主張　95
3　幼児前期の手とこころの発達環境の点検　95
　(1)　手とこころの発達のための環境点検・日課の確立
　　　　―幼児前期は時間軸＋空間軸で　95
　(2)　幼児前期の手の発達環境の点検
　　　　―台所・トイレ・洗面所は安全ですか？　96

第5章　幼児後期の手 ——————— 101
手が上手に働く・共同作業も始まり社会的手へ・さらに人間らしく

1　幼児後期の手とこころの発達　102
　(1)　大好きなごっこ遊び　102
　(2)　「つかう手」は「つくる手」「はたらく手」「あそぶ手」に分化し，成長する　103
　(3)　「手の労働」という生産・生活活動　104
　(4)　「もうひとつのことば」である「ひとりごと」の誕生　106
　(5)　「ひとりごと」によって細かな作業の調整が可能に！　108
　(6)　共同作業・製作―めざましい「つなぐ手」の発達・結合　109
　(7)　目かくしした友だちをリードしながら共同でものを運ぶ　110
　(8)　「つたえる手」のめざましい成長―伝達は細部にわたる　114
　(9)　しなやかに，自由に，そして「みたて」も
　　　　―再び随意性獲得優位の時代へ　115

⑽　ひとりごとによって自立から自律へ　118
　⑾　「まもる手」と「自らをはげます手」の発達　119
　⑿　手足がさらに伸び，少年・少女の体型に　119
2　手と生きる力のために，ここから始めてみよう！　121
　⑴　楽しいごっこ遊びを　121
　⑵　つくったもので遊ぼう！　つくったものを使おう！　121
　⑶　共同作業・製作・集団遊びで「つなぐ手」を育てよう！　122
　⑷　ひとりごとを大切に！　122
　⑸　「なぜ？」は考える第一歩です。一緒に考えよう！　122
　⑹　日課を自律的（自分から）に！　123
　⑺　利き手について　123
3　幼児後期の手とこころの発達環境の点検　124
　⑴　幼児後期の手の発達環境の点検・その1
　　　―お手伝いの後や何かつくった後，きちんと評価し，ほめてあげていますか？　124
　⑵　幼児後期の手の発達環境の点検・その2
　　　―年齢だけで子どもの発達をみてはいませんか？　126
　⑶　幼児後期の手の発達環境の点検・その3
　　　―今時の子どもたちは……と決めつけていませんか？　128
　⑷　幼児後期の手の発達環境の点検・その4
　　　―砂遊び・泥んこ遊びを楽しく思いっきりできる公園がほしいなあ　130

第6章　今時の子どもたちの手　135
とくに，道具を使う手と「ふれる手」の実験から考える

1　今の子どもの手はどのように不器用か
　　　―今時の子どもたちの手の不器用の中身　136
　⑴　今時の子どもたちの手の様子　136
　⑵　豆をつまむ実験・1978年と2005年の結果の比較から
　　　―不器用の中身　136

(3) 不器用の原因は経験不足と技の伝達不足　139
　2　「ふれる手」の発達についての「現実」を知る
　　　　—1964年，1978年，2005年の比較から　140
　　(1) 「ふれる手」の実験（「宝さがし」の実験）の内容　140
　　(2) 1964年と2005年の比較
　　　　—「わた」や「紙」がわからないばかりか，「根拠」が言えない今の子どもたち　141
　　(3) 祖父母・父母・子ども三世代の比較
　　　　—1964年，1978年，2005年の比較　147
　　(4) 手は時代を映す鏡—もの・ひととのふれあい再考　149
　　(5) 「ふれる手」はことばとセットになって，さらに「敏感」になる　155
　　(6) 「ふれる手」は，いざというときには危険を察知する　156

第7章　手を守る・その1 ——— 157
＜手を洗う＞

　1　＜手を洗う＞意味　158
　　(1) ＜手を洗う＞ことを通して，いのちと向き合う　158
　　(2) 手を洗うのは，「手を清潔にする」ためだけではありません　159
　　(3) 脳に直接伝わる，手を洗う水の冷たさ　161
　　(4) 「手を洗う」と「足を洗う」　162
　　(5) 手洗いを見直そう！　162
　2　＜手を洗う＞の発達　163
　3　＜手を洗う＞を育てる　168
　4　＜手を洗う＞を楽しもう！　172
■ "いっぱいさわって，いっぱい学ぶ，ちっちゃな手"を応援します!!
　　—さまざまな調査に基づく薬用石鹸ミューズの手洗い推進運動（P&G　石上真由）　174

第8章　手を守る・その2 ―――― 179
＜道具を安全に使う＞

1　道具にも強い手に！　180
2　道具を安全に使うために　180
　(1)　安全な道具の条件　180
　(2)　道具を安全に使うために大切なこと　181
3　道具のしくみの説明と正しい使い方の指導のために　183
　(1)　お箸　184
　(2)　はさみ　188
　(3)　包丁　191
4　道具の本当の使いみちと正しい使い方
　　　―よりよく「生きるために」「生き合うために」使ってこそ「道具」　194
■キッチンこそが子育ての最高の場―身近な道具を使って親子でクッキング（料理研究家　上田淳子）　195

第9章　生きる力と手を育てるために ―――― 199
多くのひとの知恵と支援の実際

1　多くのひとの知恵と工夫で手を育てる
　　　―各発達段階における手を育てる保育・子育ての実際　200
　(1)　乳児期における手を育てる保育・子育ての実際　200
　(2)　幼児前期における手を育てる保育・子育ての実際　203
　(3)　幼児後期における手を育てる保育・子育ての実際　207
2　多くのひとの支援の中で子どもを育てる　215
●ぷらむ保育園―ひとりひとりの発達や発育に合わせ，資質を尊重した，きめの細かい保育をめざして（ぷらむ保育園園長　梅津哲也）　215
●ぷらむ保育園訪問記（丸山尚子）　219
●あったらいいな，こんな子育て支援―マザーズ・ジュニアスクール（学童保育）を中心に（丸山尚子）　222

第10章 手を育てる・生きる力を育むということ —— 227
まとめに代えて

あとがき　234
引用文献　242
索引　244

序章

今，なぜ手なのか？

壺の中に描かれた，手をモチーフにしたすばらしい絵。
(作者のロバート・テノリオ氏（アメリカ）からこの壺を贈られた
上田（丸山）奈穂撮影・提供)

手は「第二の脳」・「脳の出店」

ペンフィールドらによってつくられた，人間の脳の新皮質（大脳皮質）における運動野と体性感覚野の分業体制（機能局在）を示す模式図（図1）ほど，手は「第二の脳」・「脳の出店」であることを理解しやすいものはありません。これは，身体のそれぞれの部位が機能するために，脳のどの部分（場所）が，どの程度（面積・広さ）関わっているかを，部位の配列と部位の大きさで図示したものです。これをみると，各部位と脳（大脳）の関係（分業のしかたや関係の深さ）が一目瞭然です。

手は運動野においても体性感覚野においても，細分化されながら大きく描かれており，それだけ手が脳（大脳皮質）に占める広がりが大きいことがわかります。とくに運動野においては，手が占める広さは実に全体の3分の1にもあたります。他の部位の大きさと比較すると，なおよくわかります。これらのことはまた，手のひらや手指をつかさどるために，いかに多くの感覚および運動神経（細胞）が関わり，働いているか

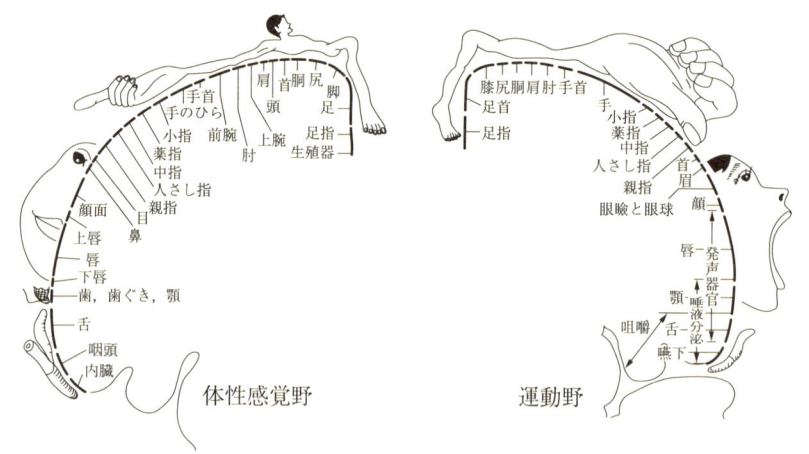

図1　ペンフィールドらによる運動野と体性感覚野の分業を示す図

手のように細かく分けて，しかも，大きく描かれているところは，それだけ脳との関わりが深いことを示し，敏感で，しかも細やかな運動ができることを意味します。話すことや食べることのために使う口も大きく描かれていることにご注目ください。

を示唆するものであり，手と脳の深い関係をよく示しています。

あわせて注目したいのが，発声と声の調節に関わる口（唇，顎，舌，喉など）の大きさです。図2とともにみるとき，人間の場合，ことばに関わる部分の広がりもまた大きく，機能の分業も細かにできていることに驚かされます。

手は，多くの場合（ほとんどの場合と言ってもよいかもしれません），単独というより，目や足，そしてことばとともに働いています。手はそれらの中で，引っぱり役（リーダー）としての役割，あるいはことばと一緒になってまとめ役（コーディネーター）としての役割を果たし，大活躍します。

これらのことから，「手を使う」ということは，「脳を使う」ことであり，脳を多様に働かせることでもあると言えます。

図2　動物における体性感覚野の分業体制
（時実利彦『脳の話』岩波書店，1962）

ネズミの口，ネコの口と前肢，イヌの口，サルの前肢と後肢のように，器用に，そして頻繁に使う部位に対応する領域ほど広くなっています。

うまくできている手のしくみ

　脳と深く関連するだけあって，人間の手は，実際に，多様で，しかもきわめて重要な働きをたくさんしています。これらの詳細については第2章にゆずることにして，ここでは，たくさんの働きをするために，とてもうまくできている人間の手のしくみ（構造と機能）について述べたいと思います。

　人間の手は，器用で，巧みな動きが可能な構造になっているとともに，非常に敏感であることに基づくすぐれた機能も持っています。あわせて，腕や足，腰にしっかり支えられていることも見逃せません。

　まずは，こうした人間の手について，巧みな動きが可能なその構造から述べます。

　手には，右手と左手があり，右手にも左手にも，互いに対称になり，異なる名称と役割を持つ5本の指があります。そして，各手は，360度回転する手首とほどよい長さの腕につながります。それらは，各々の働きを支える多数の骨や細部に分かれる筋肉，神経によって構成されています。骨に至っては，手だけで54個にもなり，その数は全身を構成する骨（通常206個）の4分の1以上にあたります。

　それらの骨にはまた，それぞれに多数の筋肉がついており，さらに神経がゆきわたっているおかげで，さまざまな情報を敏感に感じ取ったり，それによって微妙に動きを調整したりしながら，巧みな動きが可能となり，細かで正確な作業や動作ができるのです。

　ただし，このような手のしくみは誕生時にすでにできあがっているわけではありません。たとえば骨は，誕生時には軟骨で柔らかく，ふにゃふにゃです。年齢とともに，軟骨が骨化し，骨の形成が進みます。その後，骨の成長は思春期までかかり，通常，第二次性徴の成熟（男性ではほぼ18歳，女性ではほぼ15歳半）とともに完了するそうです（第5章図5-3参照）。

　かこさとしさん（1977）は，「いろいろな　たべものを　よく　かんで　た

べ，ひの ひかりに あたって げんきに うんどうして いると，だんだん ほねが かたくなり つよくなり おおきくなって いくのです」と書いています。

共同して仕事をする5本の指

さて，各手，各指はそれぞれ分化し，異なる役割を担いながら，協応し，協力し合います。

まず，短く（ただし，他の動物と比べると長い）太い，しっかりした大きな親指（拇指）と，その他の4本の指（人さし指，中指，薬指，小指）は対向しており，親指と他のどの指も，その腹と腹，先と先を合わせて輪をつくることができます。親指と他の4本の指で棒を握ったり，球をつかんだり，親指と人さし指や中指で豆をつまんだり，親指と人さし指の先でビーズのような小さいものをつまんだり，魚の小骨を抜いたり，糸くずを引っぱったりできます。また，手のひらに凹みをつくり，卵のようなものをつぶすことなくそっと握ることもできます。親指が他の4本の指から離れて手首の方につき，その上，内転して他の4本の指としっかり対向できるおかげです。そして，5本の指をうまく支えるような骨のしくみと筋肉によって細かな動きができるのと同時に，神経もゆきわたっているために，微妙な調整をしながら，ものに合った動きができるのです（図3）。

神経細胞が密集し，とくに敏感になっている指先では，とても小さいものでもつまめます。また，指先ほどではありませんが，手のひらの皮膚感覚（圧覚，触覚）の敏感さも重要です。それによって，卵がつぶれないようにそっとふれた状態を維持したり，はさみなどの道具を器用に使ったりすることができます。

左右の手の分化と協応も見事にできています。たとえば，左手にお茶碗を持ち，右手でお箸を使ってご飯を食べます。お箸の先でご飯を感じ取り，最後の1粒までつぶれないようにそっととり，残さずに食べるの

です。また，左右の手に凹みをつくって合わせると，自前のボールができます。まさしく"手製のボール"です。水をすくって飲んだり，うがいをしたり，お花に水をやることもできます。このときの小指は，小さいおかげでボールの丸い底をつくるのに都合がよく，小指の上部にでき

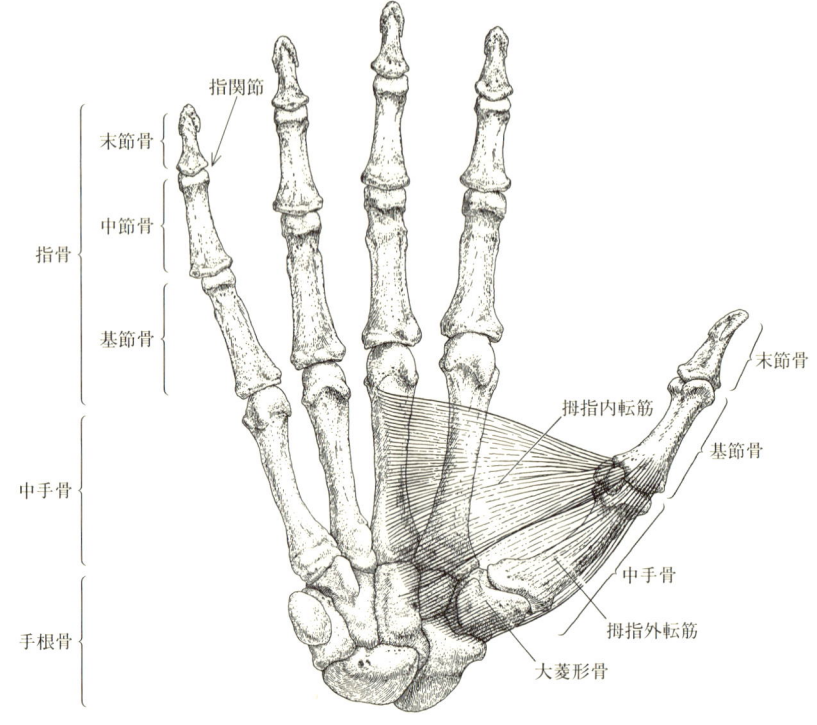

図3　人間の手・手指の骨と筋肉のしくみ
(『別冊サイエンス サイエンスイラストレイテッド10 人間』日本経済新聞社，1980（文字は丸山が加筆・変更））

　人間の手は，他の動物の手にはできないたくさんのことができるしくみになっています。
　まず，指の末端の部分が広くなっています。また，親指（拇指）が大きく，他の指から離れている上に，強い内転筋・外転筋（拇指内転筋，拇指外転筋）がついています。おかげで，親指は他の指と，自由に，しかもしっかりと，近づいたり遠ざかったりすることができます。さらに，中手骨とつながる大菱形骨に助けられて，親指は45度回転できます。これにより，親指は他の指と対向可能となります。
　こうしたしくみによって，人間の手は，いろんなものをつかんだり，つまんだり，もの・道具を使ったりして，細かな，そして正確な作業ができるのです。

るすき間は，左右の薬指が上から覆って閉じてくれます。

　ほどよい長さで，真っすぐに伸びた人間の腕も特徴的です。回転したり，曲げたりしてほどよいところにものを持っていき，目でものをみる都合に合わせられます。腕を回転させながら上に伸ばして背中に回し，指先で背中をかくこともできます。腕を後方に回転させながら折り曲げ，腰をさすることもできます。

　これらはどれも日々何気なくしていることですが，きわめて便利な，そして大切な手の仕事です。手は日々の生活の中で，巧みに動き，重要な働きをしているのです。

手指にかくほどよい汗（湿り気）は，「つかう手」の強力な助っ人

　人間の手の鋭い感覚は，指先の指紋をつくっている細かい皮膚の高まりの部分にある神経細胞によってもたらされるものですが，そこにはまた無数の汗の穴も開いており，そこからごくわずかな汗がしみ出て，多くの場合，手指は適度にぬれています。そのおかげで，ものをつかむとき，ものが手から滑り落ちたりしにくいのです。本のページをめくったり，紙を1枚ずつ数えたりもできます。手が乾燥していてページがめくれず，つい指先をなめたりすることは，誰でも経験します。

　手指とともに手のひらにも汗をかきます。その汗は，体温を調節するという役割とともに，道具を使う際の「滑り止め」の役割を果たしています。「手に汗を握る」ときのような汗もありますが，日常的にはほどよい湿りであり，「滑り止め」になるのです。

　このように，骨や筋肉の他にも，手は便利なしくみをたくさん持っています。

足との比較―手を支え，歩く足

　手と足がまるで違うのも人間の大きな特徴です。人間の足は指が5本とも短く，親指も他の4本の指とともに1列に並んでいます。そして，

手指のように，それぞれの指が別の役目を持っているということはありません。足の裏ははじめのうちは柔らかですが，成長とともに全体として硬くなり，平らになります。

また，足指は手指ほど自在には曲がりません。足は，手や頭，身体を支えながら歩くためにあるからです。骨格も，筋肉も，神経も，それに対応したしくみになっています。長い進化の過程で，重い体重を支えるために，腰および下肢が強大化し，足の裏には土踏まずができました。

このように，人間においては，手の役割と足の役割がきちんと分化し，そのために都合がよいような身体の「工夫」(変化) がみられます。そして，足にしっかりと支えられているからこそ，移動から解放された手は，日々の生活の中で重要な働きができるのです。

手と同様に，足もまた，成長・発達の過程で徐々にできあがっていきます。各年代における具体的な発達の内容については，第3章～第5章で述べます。

足は第二の心臓

足は，歩行の役割を担い，かつ，しっかりと手を支えていると述べてきました。しかし，足の役割はそれだけではありません。足は，下肢全体で，筋肉の中の血液を循環させ，心臓の働きを助ける役割も果たしています。足は，立ったり座ったり歩いたりしながら，筋肉を伸縮させ，筋肉と平行して走っている血管系をくり返し圧迫します。すると，血液の流れがうながされ，静脈血が心臓へ送り返されるのだそうです (小野，1975)。また，手 (上肢) とともに，足 (下肢) の静脈にはとくによく発達した静脈弁がついており，血液の逆流を防いでくれます。このように，足の筋肉は，心臓に次ぐ「第二のポンプ」として働いているのです。その分だけ，心臓の負担が軽くなるというわけです。

とくにこの働きの恩恵に浴しているのは，幼児，中でも1歳から4歳頃で，この時期にじっとしていられないことにはそれなりの理由があっ

たようです。心臓の筋肉が未成熟な状態にある幼児期においては，立ったり座ったり走り回ったりして，足も手も腰も動かすことで，心臓の働きを助け，補っているのです。言いかえれば，幼児期は，手や足や腰をしっかり動かさなければならないときだということでもあります。

足（下肢）には，全身の筋肉の3分の2が集まっているそうです。それだけに，足の筋肉のポンプとしての役割は重大で，「足は第二の心臓」と言われるのも納得です。手が知力の源であるとするならば，足は健康の源であると言うことができます。乳幼児期においては，足も手もきわめて重要な働きをしながら，健気に育っているということを，もっと大切にすべきです。

手が不器用になった―鉛筆が削れない，リンゴの皮がむけない……

さて，以上のように重要な手ですが，一般に注目され，その重要性が知られるようになったのは，「子どもたちの手が不器用になった」という警告がなされてからでした。

「子どもたちの手が不器用になった」ことが大きな話題になったのは，1970年代のはじめです。当時の子どもたちについて，鉛筆が削れない，リンゴの皮がむけない，ひもが結べない等々のことが指摘され，「子どもたちの手が虫歯になった」と表現されました。新聞やテレビでも，しばしば報道されました。

そんな中，子どもの器用な手を再び取り戻そうと集まった研究者，保育者，教師，教育関係者，父母たちによって，「子どもの遊びと手の労働研究会」（手労研）が発足しました（1973年）。私も含めそこに集まった多くのひとびとによっていろいろな取り組みがなされ，新たな試みや貴重な実践が各地でなされ，全国に発信されました。

「手は第二の脳」と言われること，「手とこころの発達には深い関連がある」ということなどが，「手労研」の活動の過程で広められ，注目されました。当時「手労研」が果たした役割は大きいものでした。

とは言え、子どもの器用な手を十分に取り戻せないままに、今日に至っています。次々に起こるより大きな問題を前に、状況はまさに、「手どころではない」状態になっていると言ってよいかもしれません。「今さらそんな、手どころじゃないわよ。もっと深刻な問題がたくさんあるのに……」と言われそうです。
　しかし、こんな今だからこそ、子どもの心身の発達にとってもっとも「基本」とも言えるほどに大事な手について、考えてみたいのです。

手の問題とともに指摘された多くのこと

　手の問題が話題になっていた頃、「おかしいのは手だけではない、足にも問題がある」「転びやすい、しかも手をつく間もなく、即倒れてしまう」「土踏まずができていない」「背筋力も弱っている」「身体全体がおかしいのでは……」とさまざまなことが言われました。やがて、「あきっぽい」「根気がない」「集中力に欠ける」など、人格や人間的資質に関わる面についての指摘がなされ、ついには指摘は高校生、大学生に対してまで広がり、「『無気力・無関心・無責任』の三無主義（『無感動』が加わって四無主義）だ」「いつまでも幼児性を有し、ジコチュウだ」などと言われるに至ったのでした。
　その頃から多くのひとを心配させたのが、「生きる力」の問題でした。
　手や足、身体は、生きる力の源ですから、手の働きや足の力、身体の状態に何らかの問題が生じたら、生きる力に無関係ではあり得ないと考えられるからです。生活技術や生活感の低下が、生きる意欲・気力に及ぼす影響も懸念されます。
　手を通して、「生きる力」、とくに「人間らしく生きる力」について考えることは、今や大きな課題だと思われます。

「人間らしく生きる力」とは

　ここで、「人間らしく生きる力」について述べてみたいと思います。

人間らしく生きる力は，主に次の5つから成ると考えられます。これらが統合されたものが，人間らしく生きる力であると言えます。

1つめは，**生きる意欲**です。ひとや自分に対する信頼感（有能感）を出発点にして，こころを安定させ，安心してひとと関わり，ものに挑戦します。やがて，自らを励まし，多くのひとと情報を交換し，励まし合いながら，生きる希望や夢を育てます。

2つめは，**生きる技・生活手段・技能**です。その最初の獲得は，もの・道具の使用と基本的生活習慣の自立（身辺処理の自立・自分のことは自分でする）で，1歳頃から3歳頃に獲得します。4，5歳ともなると，粘土でだんごをつくったり，ままごとでご飯をつくったりもします。お茶碗を運んだり，新聞をとりにいったりのお手伝いも，モップなどを使ってのお掃除もできます。こうして蓄えた技能・体験は，小学生では本格的な技能として育ち，ときには家族の生活に大いに役立ち，なくてはならない働き手となります。やがてそれらは，思春期～青年期の心理的離乳（精神的自立）を経て，経済的自立，社会的自立へとつながります。これらは，人間らしく暮らし，生きる土台です。また，高度に発達・発展した科学技術・文化・芸術・社会システムを支えます。

3つめは，**自分たちの生きる世界について知り・考える力（知識・知力・論理性），人間のあり方（生き方）について展望する力**です。これから生きていこうとする世界に五感をもって関わり，そこで知り得た情報や知識をもとに，世界に働きかけ，世界を変える力を蓄えます。はじまりは，乳児期における「手の操作」において発生し，育つ，ものに対する好奇心（知的好奇心）や期待・見通しです。「あれは何？」「こんどはどうなる？」とばかりに，子どもは目を輝かせて，いろいろなものに果敢に挑んでいきます。そして，幼児前期のものとの付き合い（対象的行為）の中で，大人の指導の下で，ものについて学び，ことばを獲得します。幼児後期では，「ひとりごと」によって思考も始まり，児童期（小学生）になると，その思考も本格的になり，科学の基礎を学び，論理性を

身につけていきます（知識・知力・論理性の獲得）。また，ごっこ遊びで，たとえばパパやママの役割を演じることを通して，ひとと生きる世界について知り，ひととひとの関係や，ひととしてのあり方について学んでいきます（人間のあり方について展望する力の獲得）。

　知識・知力・論理性・人間のあり方について展望する力は，さらに高度に発達・発展し続ける科学技術・文化・芸術・社会システムの中で生きていくこれからの子どもたちにとっては，次に述べる「共同性」とあわせて，なくてはならない力です。

　4つめは，**ひとと組む・ひとと助け合う・伝え合うという共同性**です。ひとりではできないことをひとと協力して行ったり，みんなの知恵と力を出し合って，問題を解決したり，新たなものを創り出します。まさに協働（コラボレーション）です。ここでは自立とともに自律も要求されます。自治という人間の持つ知恵は小学校高学年で学びます。協調するだけでなく，自分の持ち場を責任を持って守り，必要に応じて自分を主張したり，自分の意見をはっきり述べたりもします。もちろん仲間の意見を聞き，話し合ったりもします。こうした共同性は人間の大きな特徴であり，人間らしく生きる力として欠かせないものです。

　5つめは，**自分・自分たちを守る技と知恵**です。大人たちに保護され，守られているだけのようにみえる子どもたちですが，決してそうではありません。生まれて間もない子ども（赤ちゃん）でさえ，小さな変化にも手を構えて備えます。大きな音や振動には全身で反応します。しばらくすると，顔にかかった布を手で払うようになります。やがては，自分や自分たちに「降りかかる火の粉」は，自力で払いのけなければなりません。また，災害等でピンチに陥っても，それぞれのひとの持つ技と知恵を出し合い，連携して復活もします。これが人間なのです。

　これら5つのものの土台には，**手とことばと足・身体**があります。つまり，「人間らしく生きる力とは，手とことばと足・身体を源にして成り立つ，生きる意欲，生きる技・生活技術・技能（自立），知識・知力・論

理性・人間のあり方について展望する力，共同性（協働），自らを守る技と知恵の5つから構成され，統合された力」と言うことができます。

　それは，大人たちの援助や指導，あたたかく見守る目や励ましによって培われます。**子どもたちの生きる力は，大人たちの手によって育てられるのです。**もともと持っている生命力もありますが，「人間らしく生きる力」は，大人たちから伝えられてはじめて獲得できるものであることを，再確認したいものです。

「器用な手」を！「つくる手」を！　そして「生きる手」に！

　ところで，人間らしく生きる力の源のひとつである手がおかしい，不器用になったと言われているわけですが，果たして，どれほど不器用になったのでしょうか。また，かつて（1970年代はじめ）「子どもたちの手が虫歯になった」と言われましたが，ご存じのように，「虫歯は，ポロリと欠けるか，痛みがでるまでは気がつきませんが，気がついたときには，もう手おくれです」（一色，1980）。手も，本当に，手おくれなのでしょうか。虫歯と同様に，器用な手はもはや取り戻せないというのでしょうか。

　たしかに，取り戻すにはかなりの時間と手間がかかりましょう。しかし，できないはずはありません。たとえば「手労研」の取り組みや私たちの実践（丸山他，1981，1984など）からも，器用な手を取り戻すことは決して不可能ではないことがわかりました。むしろ，取り組みによっては，驚くほどの器用ささえみられました。その意味では，「子どもたちの手が虫歯になった」という表現は正しくないように思います。

　ただ，今，とても気にかかり，こころが深く痛むのは，道具やもの，手までも，本来のあるべき使い方でなく，しばしばひとを殴り，自らを閉じこめるために使われているということです。それは，道具やもの，手について伝えられていないために，正しい用途や使用法が身についていないからではないでしょうか。

「器用な手」を取り戻す中で，ひとを殴り，傷つけ，自らを閉じこめる手を，「生きる手」「育てる手」「助け合う手」「自らを解放する手」に再生させたいものだと思います。
　何と言っても，手は，足とともに，人間を誕生させ，人間らしさをつくり出してきた最大のものですし，同時に，人間によってつくられ，大切に育てられた「最高傑作」とも言えるものなのです。そして，その手は生活をつくり出し，互いを守るために働いてきましたし，今でも働いています。手はいつだって，人間として生きるための手段の主役であって，決してひとや自分を傷つけるためのものではないはずです。
　以上から，本書では，「生き・生き合う手」「育て・育て合う手」「(自らを) 助け・(ともに) 助け合う手」，そして，手が持つ「『生きる』を育てる力」について考えてみたいと思います。

子どもの手は時代を映す鏡
　―「手の目」である「ふれる手」はどうなっているか

　人間の手が，器用であるとともに，敏感でもあることはすでに述べました。子どもたちの手が「不器用になった」ことはしばしば指摘されてきましたが，敏感さ（「ふれる手」）はどうなのでしょうか。
　以前(1978年)，5歳児，6歳児を対象に，石や粘土，積み木，ハンカチ，折り紙等を材料にして，「手でふれただけで，そのものが何であるかがわかるか」について実験し，1964年の結果と比較してみました。すると，1978年では，1964年に比べ，石や粘土などでは大差がないものの，それ以外のもの（ハンカチや折り紙など）では，わかる子どもがかなり減っていたのです。「なぜそう思うか」という根拠まで言える子どもとなると，石や粘土も含めて，どの材料に関しても，正解した子どもは"激減"していました。そして，積み木や折り紙のようなごく日常的にふれていると思われるものでさえ，間違えたり，「わからない」と言う子どもが増加していたのでした。その後，2005年にも同様の実験をしたとこ

ろ，1978年にみられた傾向が，さらに進行していることがわかりました（第6章図6-6，6-7，6-8参照）。

　手でふれるとき，そのものを手にじっと持ったままの子どもや，手に持ったまま，首をかしげてどう表現しようかととまどいをみせる子ども，画用紙や折り紙などのごく身近な紙さえ識別できず，紙類はすべて「紙」と答え，どのような紙かについての説明にてまどる子どもなどの様子から，「ふれ方」そのものがわからなかったり，「手で感じた感触」をことばでうまく表現できない子どもの増加が推測されます。

　手でふれてそれが何か全くわからないわけでは決してありませんが，そのものに手でふれながら，そのものの手がかり（特徴）を捉え，それに基づいてそのものが何であるかを判断し，手がかりになったこと（特徴）をことばで表現するという「フィードバック」の働きが鈍ってきている，つまり，身近なものにさえ焦点が合いにくくなっていると言えるかもしれません。

　あるいは，40年前の子どもたちと今の子どもたちが日々使っているもの，手にふれているものが異なるせいかもしれません。もしそうであるならば，今の子どもたちがふれているもの・使っているものを用いて実験を行えば，40年前の子どもたちのように答えられるはずです。2005年に行った実験は，このことを確かめるためのものでもありました。時代を映す鏡である子どもの手は，つかみ取っている（つかみ取らざるを得ない）現実を映し出してくれるに違いありません。

　「ふれる手」は，暗がりでものを探したり，暗がりでものにふれてそれが何であるかを察知することを通して，あるいはまた，災害に際しては，暗がりを手さぐりで進むことを通して，「身を守る手」にもなります。いわば，「危険を察知し，身を守る手」としても大切に育てたい手なのです。今こそ，「ふれる手」に関して，あらためて考えてみるべきときだと思われます。

手を育てること・手を守ること

　私たちはこれまで,「手を育てること」について度々考えてきました(丸山他, 1981, 1984)。しかし, それとあわせて重要である「手を守る」ことについてはあまり考えてきませんでした。このところ,「手を守ること」も重要なテーマではないかと考えるようになりました。

　そこで, 本書では「手を守る」という視点から, 日常生活において何気なくしている「手を洗う」ことと「道具やものを安全に使う」ことに焦点を当て, みつめ直してみたいと思います。

　食事やおやつの前, トイレの後, 外出から帰ったとき, 汚いものにさわったとき, 料理の前, 大切なものやきれいなものにさわるとき……, 私たちは1日に何度となく手を洗います。ていねいに洗うときもあれば, 無造作に簡単に洗うときもあります。そう言えば, 生まれたばかりの子ども（赤ちゃん）にふれるときにも手を洗います。このときの「手を洗う」という行為は,「手をきれいにする」ことを通じて「赤ちゃんを守る」ためのものであると同時に, 大切な赤ちゃんにふれる前の「手を清める」儀式のようにも思えます。

　普段は,「手を守る」ことをあまり意識していないことが多いように思います。ところが,「荒れた手」をみたとき, あわてて, 保護することを意識します。「手をていねいに洗う」こと, そして「ていねいに拭く」ことが, 保護のはじまりだと気づかされます。

　また, 風邪が流行する季節には, うがいとともに「手を洗う」ことが基本となります。「しっかり洗って, きちんと拭いてね」とうるさく言われます。「手を洗う」ことが手を守り, いのちを守ることにつながるからです。

　道具やものの扱いもそうです。使いはじめの頃はとても慎重です。「よそ見しないようにね」「後かたづけをきちんとするのよ」という大人たちの注意もよく守ります。しかし, 慣れてくるとしばしばぞんざいになります。たとえば包丁を使いながらよそ見をしたり, はさみを開いたまま

おきっぱなしにしたりします。そして，包丁で指先を切ったり，開いたままおきっぱなしにしてあったはさみにつまずいたりします。

　かと言って，道具の使用をやめるわけにはいきません。とくに子どもの場合，「危ないから」と道具を遠ざけがちですが，それでは道具を使えるようになるどころか，反対に大きなけがをしてしまうことになりかねません。肝心なことは，道具やものを安全に使うための基本（きほんのき）をしっかりと伝えることではないでしょうか。

　以上から，「手を守る」ために，「手を洗う」こと，「道具やものを安全に使う」ことについて考えてみたいと思います。そのことはまた，器用で敏感な手に育ちつつある手を，さらに器用で敏感な手に高めていくことにつながると思うからです。

私たちが育てたいと考えている「器用な手」

　ところで，器用な手とは，どんな手でしょうか。一般的には，「手が器用である」というと，「手仕事が何でもできる」「しかも上手にできる」という印象を与えます。とても器用なひとというのはたしかにいます。そして，そういうひとは何でも上手に，速くできます。思わず，「器用ね。まるで達人ね」と言ってしまいます。

　しかし，今問題にしている「器用な手」の「器用」とは，達人的に器用であることではありません。日常生活で使用するものや道具を，そのもの・道具に合った用途と使い方で使える（使いこなせる）ことを言います。上手であればなおよいのですが，とりあえず，「使える・使いこなせる」ことを問題にしています。

　達人的に上手に鉛筆を削ったり，何メートルもつなげたままリンゴの皮をむいたりできなくとも，多少でこぼこがあったり，途中でちょん切れていても，使えたり，食べられる状態にできるかどうかということなのです。幼児であれば，「お箸を使う」「タオルをしぼる」「ボタンをはめる」というような，ごく身近なもの・道具の使用さえままならない（使

うことが伝えられていない）のではないかということが気にかかるのです。

　「お箸が使えなくとも，食事はできる」「タオルがしぼれなくとも，ウエットティッシュがあれば大丈夫」「ボタンがない洋服だってたくさんあるし……」と言われるかもしれません。たしかに幼い間はそうかもしれません。しかし，子どもたちがもう少し大きくなったとき，お箸でご飯を食べられない，自分でタオルをしぼれない，ボタンをはめられないことが，どれほど，その生活を不便にし，狭めてしまうかを考えてほしいのです。私は，子どもたちが，日々の生活の中で使う身近なもの・道具を，当たり前に使える人間に育つことを願っています。日々の生活の中で使うものは，多様な手の動きを必要とします。日々使っていると，知らず知らずのうちに手そのものが育ち，手の可能性が蓄えられていきます。これらのことが，やがては，子どもの自立や自律を支え，「生きる」ことの土台になっていくのです。

　私たちはそうした，日々の生活の中にある身近なもの・道具を当たり前に使える，可能性に満ちた手を育てたいと願っています。可能性に満ちた手は，子どもたちがこれから生きていくに際して，好奇心と勇気，思いやりのもとになると思っています。さらには，もの・道具を当たり前に使えることを通して，ものや道具の何よりの当たり前である「ひとや自分を傷つけることには決して使わない」ということを，身にしみて知っていくに違いないと信じます。

「ひとの気配の中で育つ手」をめざしたい
　もう一点，「器用な手」を育てるに際して私たちがめざしていることがあります。それは，「ひとの気配の中で」手を育てる，ということです。
　実は，「子どもたちの手が不器用になった」と言われ始めてしばらくした1970年代半ば，その原因は毎日の生活の中にあると考えた私たちは，徳島県内の子どもたちを対象にして，生活実態調査をしました（丸山他,

1977)。幼児から小学生約7000名（この数は当時の徳島県の幼児・小学生の約5％でした）を対象に行ったこの調査に続いて、1980年代（丸山他, 1987）、1990年代（丸山他, 2005a）と、計3回の調査を実施しました。1990年代の調査では中学生も対象に加えました。

　3回の調査結果を通して、気になるいくつかのことが明らかになりました。回を重ねるごとに、生活が崩れ、遊びが廃れていく中で、手を使う場が減少していることもそうですが、さらに気にかかったのが、親も子も忙しくなっていることと「個人化」が進行していることでした。ひとりで食事をする子ども、相談相手のいない子ども、遊ぶ友だちのいない子どもなどが増え、ひとりで食事をする子どもは「食事がおいしくない」「食事は簡単にすます」と答える傾向が強く、相談相手のいない子（ここでは中学生）には精神的に安定していない傾向がみられました。

　また、「親たちにもっと話を聞いてほしい」という声もたくさんありました。一方で、親たちの方は、「子どもたちの話は十分聞いている」と答える人が増えていました。忙しさの中で、親と子の間で、時間もこころもすれ違っているのではないかと、とても気にかかりました。

　私たちはそれまで、子どもたちの起きる時間や寝る時間ばかりに気を取られ、その生活のあり方や過ごし方の中身にまで気がまわらなかったことを反省しました。「家族がいるんだから家族と一緒に過ごしているはず」「むしろ、『過保護』『過干渉』が気にかかる……」と思ったりしていたほどだったのです。

　しかし、「過保護」も「過干渉」も、忙しさの中で、子どもにじっくりかまってやれない親たちの余裕のなさに起因していることに気がつきました。いつの間にか、「子育てには、てま（手）とひま（時間）とむだ（無駄）はつきもの、子どもはその中でこそじっくり豊かに育つ」という子育ての当たり前が忘れられてきているのです。いや、効率性を追求する高度経済成長の過程で、ばっさり切り捨てられたと言うべきかもしれません。

今あらためて、「ひとの中でこそ、人間の子どもは人間として育つ」のであり、「多くのひとのてま（手）とひま（時間）とむだ（無駄）に助けられて、子どもは人間らしく育つ」という子育ての当たり前を再確認し、手を育てるに際しても、「ひとの気配の中で」育てることを提案したいと思います。

「手考足思」をいっぱい

　「手考足思(しゅこうそくし)」とは、手で考え、足で思うことで、河井寛次郎のことばだそうです。全身で事にあたり、全神経を集中して受け止める状況・心境とでも言うのでしょうか。

　それは何かに夢中になっている子どもの姿そのものです。ぶつぶつ言いながら、手を動かし、ブロックで何かをつくる。手でつくりながら考え、考えたままを手でつくる。そして、ふと足を掻く。足をもじもじさせる。「よくできた」「もう少しだね」という思いがあふれるかのように。まさに無心です。

　友だちや家族の誰かと一緒なら、なお楽しそうに、思いっきり笑い、大きな声で伝え合いながら、力いっぱい手を働かせ、足を動かします。互いに刺激し合いながら、長い時間夢中になり、楽しさが継続します。ハアハアと息を弾ませ、ワクワクドキドキこころを躍らせながら、いかにも楽しそうです。脳がさらに活発に活動し、生き生きと育つことうけあいです。

　大人では、なかなかこのような無心の心境にはなりにくいものです。忙しすぎたり、自分から望んでするというより、課されてする場合が多いせいかもしれません。

　だからこそ、子ども時代に精いっぱいの「手考足思」の原型を体験させたいものだと思います。そして、そのときの思いを、いっぱい、いっぱい、こころと身体に刻みつけておいてほしいのです。本書ではそのために私たちに何ができるかを考えてみたいと思います。

ピカソは子どもの特徴を,「手を大きく描く」ことで表しています。大きくダイナミックに描かれた子どもの手こそ,子どもの旺盛な好奇心の象徴なのです。「さすがピカソ！」と思ってしまいます。大きくダイナミックに描かれた手がしぼむことのないようにと願わずにはいられません。

私たちが考えている子育て支援

最後に,私たちが考えている子育て支援について説明したいと思います。

本書では,いつものメンバーの他に,執筆者として,子どもたちのために,手を洗うことの大切さを説きながら,正しい手の洗い方を広める活動をしておられるP＆Gの石上真由さん,子どもたちのためのお料理やお弁当づくり,あるいは子どもたちを料理に参加させることを通して食育にも取り組んでおられる料理家・料理研究家の上田淳子先生にも加わっていただきました。

子育てに直接関わるひとたちだけでなく,いろいろな立場で「子育てを応援したい」と活動している多くのひとを含めた「子育て支援」を考えたいからです。

また,仙台市にあるぷらむ保育園園長の梅津哲也先生,春日町マザーズ・チャイルドセンター保育園園長の三浦えみ子先生にもご協力いただきました。ぷらむ保育園,春日町マザーズ・チャイルドセンター保育園の紹介は第9章でさせていただきます。

多くの方々のご協力でよい本ができあがり,子どもたちのために少しでもお役に立つことができたらとてもうれしいです。違う立場のひとびとが,それぞれの立場で子育てに関わっていくことを大切にしたいと思っています。何と言っても,「子育ては最高のコラボレーション」ですから。

本書の構成

本書は次のように構成されています。

第1章で，まず，発達の主体は子ども自身であることを確認した上で，「子どもたちは手とともに育つ」として，発達の重要な担い手としての手について述べます。

　第2章では，日々の生活の中で活躍し，日々の暮らしを支えている手について述べます。あわせて，「人間らしく生きる力」と手を対応させ(図2-1)，「生きる」を担う手について説明するとともに，その手が育つ上で，乳幼児期がなぜ重要であるかについて述べます。

　第3章～第5章では，生きる力の源である「手とことばと足・身体の発達」について，乳幼児期の「つくる手」を中心にしながら，各発達段階ごとに述べます。また，子どもたちの「人間らしく生きる力」とそれを育む手の発達のために，心がけたいこと，留意したいいくつかのことを，各発達段階ごとにまとめておきます。

　第6章では，素手で，またはお箸を使って豆をつまむ（はさむ）実験と，「ふれる手」の実験(手でふれただけでそのものが何かを当てる実験)の結果をもとに，今時の子どもたちの手の様子について述べ，その問題点を明らかにします。40年前 (1964年) の幼児と現在 (2005年) の幼児の「ふれる手」の比較も紹介します。一部ですが，40年前，30年前(1978年)，そして現在 (2005年) の幼児の「ふれる手」の比較もあります。30年前の幼児と言えば，今のお母さん・お父さんの幼児時代とほぼ同世代のデータです。「乞う！　ご期待」です。

　第7章，第8章では，今まであまりきちんと取り上げてこなかった「手を守る」について考えてみます。まずは，日常の中にある「手を守る」の代表である「手を洗う」ことについて，科学の目もプラスして考えてみます。また，日々の生活において，「道具を安全に使う」ことも大切です。とくに，最近の子どもたちは，道具を使うことが苦手のようです。そこで，「道具を安全に使う」ことのために，身近な道具のしくみや正しい使い方について考えてみたいと思います。

　第9章では，「手を育てる・生きる力を育む」ための保育について述べ

ます。他の章でも、事例の中で保育のヒントを紹介してありますが、ここでは、各発達段階ごとに、手を育てるためのとっておきの保育・子育てと日々の保育・子育てのヒントとして、おすすめメニューをまとめておきます。そして、あわせて、子育て支援に力を注ぐ保育園と、そこに関わるひとびとも紹介します。

　第10章（終章）では、「手を育てる」基本について確認します。ありふれた日常を、ごく当たり前に生活する中で「手を育てる」ことの大切さについて述べるとともに、子どもの手を育てるのは子ども自身ではありますが、それを手助けするのは、他でもない、大人たちの手であることを確認し、まとめに代えたいと思います。

　巻末に、文中の説明の中で使用させていただいた文献を「引用文献」としてまとめました。また、それとは別に、第2章〜第5章の各章末にはその章の内容と関連してお役に立ちそうな絵本を、何冊かずつ紹介しました。ほとんどが、私の手元にあるものです。それ以外にも、手に関する絵本・文献はたくさんあります。私（丸山）のホームページ「お茶しよっ！」（アクセス方法は243ページ参照）でご紹介していますので、ぜひ、ご覧になってください。

第1章

子どもたちは手とともに育つ
―手は発達の担い手―

ドアに押された魔よけの手形。「まもる手」の象徴！
(インド・ウダイプール／石上真由撮影)

発達する主体は「子ども自身」

　古くは，子どもの発達は遺伝によるという考え（遺伝説），環境によるという考え（環境説），遺伝と環境の両者の相互作用だという考え（二要因説・輻輳(ふくそう)説）などが代表的な発達論でした。しかし，最近では，発達は子ども自身が決めるものであり，子どもが主体的に取り組む活動（能動的活動）によるという考え（自己決定説）が大勢を占めています。つまり，子ども自身がその気になって活動する（自ら何かを求めて何かをする・何かを感じる・心を動かす）中で成長・発達し，変わっていくと考えられているのです。そして，その活動の中身（何を求め，何をし，何を感じ，何を学び取ったか）が蓄積され，やがて発達の内容を形成していくとされています。

　外からは同じようなことをし，同じようなことを体験しているかにみえても，子どもひとりひとりが得ているもの，感じ取っているものはそれぞれ異なります。そのことから発達の個々の具体的な中身はひとりひとり違ったものになります。

もちろん遺伝も環境も大切です

　もちろん遺伝的素質も大切です。人間として重要な諸器官（手や足をはじめ身体を形成する器官，感覚器官などなど）や，それに基づく顔立ちや体型，声などの生物学的・解剖学的特質は，両親から受け継ぎます。そのことを通して，長い長い人間の歴史の連鎖の中に連なることができるのです。しかし，遺伝によって発達すべてを受け継ぐことはありません。

　また，環境もきわめて大切です。とくに人的環境（子どもを取り巻くひとびと・人間的環境）は子どもたちの発達にかなりの程度関連します。しかし，だからと言って環境のままに発達が左右されるほど，人間は柔(やわ)（無力）ではありません。むしろ環境に働きかけ，環境を変えながら，主体となって自ら発達していきます。それが人間の子どもです。

どんなに小さくても環境のままにならないことは，赤ちゃんと付き合ったことのあるひとなら誰でも気づいていることです。むしろ小さい命がどれほどまわりのひとびとを動かし，変えていくことか……。

遺伝も環境も人間の子どもの発達にとって大切であり，必要不可欠（必要条件）ですが，決して十分（十分条件）ではありません。

能動的活動の中で，子ども自身が何を求めて，何を体験し，何を発見し，何を感じ，何に感動したかが，子どもの発達を決め，内容を形成します。遺伝的素質や環境と，あるときは掛け合い，あるときは渡り合いながら。

では，その能動的活動はどのようなものであり，どのようにして起こるのでしょうか。

能動的活動とは

能動的活動とは，子どもがその気になって取り組むさまざまな活動です。絵を描いたり，散歩をしたり，お話を聞いたり，ごっこ遊びをしたり……。絵本や図鑑，テレビも大好きです。パパやママと一緒に，本屋さんやスーパーなどのお店に買い物に行くのも大好きです。ついはしゃぎすぎて，叱られることもしばしばです。図書館にも行きます。パパやママの職場を訪問することもあります。どれも子どもにとって，大切な活動です。

しかし，よくみているとそれらの中でも，乳幼児期ならではの活動のあり方（型）があるのに気づかされます。「子どもは遊びながら学ぶ」とか，「子どもは遊びの中でこそ発達する」と言われるように，子どもたちは「遊び」の中で，あるいは「遊び」という形で，本気になっていろいろなことに打ち込み，取り組みます。そして，いろいろある遊びの中でも，各時期には中心になる遊びがあります。これが後に述べる主導的活動です。

遊ぶのは，ひとりでのときもありますが，仲間と一緒のときもありま

す。けんかをしたり，失敗したり，横道にそれたりもします。その中で子どもたちは，知らなかったことを知ったり，できなかったことができるようになったり，上手になったりします（**タテへの発達・高まり**）。同時に，何をするにも，やり方はひとつだけでなくたくさんあることを知り，発達の中身を豊かなものにしていきます。友だちの失敗に学ぶこともあります（**ヨコへの発達・広がり**）。そして，やがては自分なりのやり方や自分ならではのことを発見し，自分を支えるものを見出していきます。それらのものは，やがて人格の重要な部分を形成すべく，蓄えられます（**ウチへの発達・深まり**）。

発達の原動力は目標やあこがれに向ける発達要求

　では，能動的活動を起こすもの・原動力は何でしょうか？

　能動的活動のきっかけは，子ども自身が「あの子のようにしてみよう」「あれもおもしろそうだ」と身近な仲間を模倣することだったり，「昨日してみたらおもしろかった。今日はもっと上手にしてみよう」と思うことだったりします。友だち同士の誘い合いだったりもします。「○○してみたら？」という大人からのヒントの場合もかなりたくさんあります。

　それらはたいてい，「もっと……」「あのように……」「もしかすると，こうしたらもっと……」「ぼく（わたし）だったら……」のような，子どもなりの高まりや広がり，深まりへの要求に根ざしています。つまり，「あのようになりたい」「あのようにしたい」「もっと……なりたい」という要求（発達要求）から起こるのです。しかも，身近な目標・あこがれをめざしての要求です。

　心理学者のヴィゴツキーはこれを，「今（現在の発達水準）はまだだけど，もう少しがんばればなれるかもしれない・できるかもしれない（発達の最近接領域内にある）目標・あこがれ（理想・必要とされる発達水準）に向けて（の要求）」と表しています。つまり，現在の自分にとってもっとも身近な（最近接領域内にある）目標・あこがれに向けて抱く「こ

うなりたい」「こうしたい」という要求に基づいて，能動的活動や試みは起こります。現在の自分とあまりにかけ離れていては，「高嶺の花」であり，自分自身の要求にはなりにくいのです。集団内での友だち同士のまねっこはよく見受けられますが，集団保育の場は，互いが発達の最近接領域内にいる，あこがれの宝庫とも言えます。

「今日はできないけど，明日はきっとできる・今日はなれないけど，明日はきっとなれる」，だから「できるようになりたい・あのようになりたい」と，目標・あこがれは子どもの内面に取り込まれ（内化され），「要求」となります。

従来，発達は遺伝や環境という子どもにはどうすることもできない「過去」と「現在」によって説明されてきましたが，今では，こうして，現在に基づきながら，子ども自身が描く自分の明日へのあこがれ・「未来」によって，説明可能になりました。

ところで，子どもは目標・あこがれをどのようにして見出すのでしょうか。とくに幼い子どもの場合，どのようにして発見するのでしょうか。

ここで大切なのが「大人」の存在です。

教育なくして発達はあり得ない

子どもは成長するにつれ，目標・あこがれを自分自身で見出すことができるようになりますが，はじめのうちは大人によって直接提示されます。「たっちできたね。こんどはあんよだよ，あんよできるようになろうね」というように。

はじめは大人から直接提示されることが多いのですが，やがては，友だちを通したり，絵本やテレビなどの媒体を通したりして提示されることも多くなります。子どもに与えられるものには，いろいろな形で，大人からの願いや「こんなひとになってほしい」「こんな世をつくってほしい」などの「メッセージ」が込められているのです。

大人のことばから，あるいはいろいろな媒体から，子どもは大人から

の「メッセージ」を受けとめます。

　さらに，大人は，子どもが一人前の大人になるために必要なことを，「課題」（発達課題）として提示します。各発達段階において，何を獲得し，何を育てるべきかを，あるときはそれとなく，あるときは計画的・意図的に子どもに提示することは，大人の重要な仕事です。

　大人は，子どもが課題を受けとめ，メッセージに気づき，それを自らの目標とし，要求として，活動し，努力することを手助けします。意図的にあるいは意識せずに，指導したり，援助したり，励ましたりもします。こうした大人の有形・無形の働きかけと援助・指導（教育）なしには，子どもは発達の課題にそった目標を見出すことはできません。

　集団保育の場は，先に述べたように，育ち合う仲間が互いに発達の最近接領域内にいる，あこがれの宝庫であるということだけでなく，保育者という保育に関するプロがいるということでも，子どもの発達にとって望ましい環境であると言えます。保育のプロである保育者は，いろいろな場で，いろいろな形で，子どもたちの目標・あこがれを組織し，体系化し，気づかせ，見守る責任を持っていると同時に，そのための専門的知識と技術を備えているはずです。

　いっとき，子どもの自発性を重視するあまり，大人（保育者）からの働きかけを否定（あるいは軽視）する保育が行われたり，子育ての時間（大人が関わる時間：午前）と子育ちの時間（大人が関わらずに，子どもたちだけで育つ時間：午後）のバランスが重要で，子育ちの時間である午後には，保育者は関わるどころか子どもから姿もみえてはいけない，という保育がみられたりしました。いずれにも，問題があります。

　自発性はとても大切ですが，大人からの働きかけなしに，子どもだけで，自発的に発達することには限界があります。何を求めて成長し，何を課題として発達するかには，大人のいろいろな形の援助・励まし・指導（手助け）が必要です。

　たしかに，それまでの，大人の意図をどの子にも一斉に，一方的に押

しつける保育には問題がありました。大人の提示（真っ正面からの提示のときもありますが，それとなく提示するときもあります）からその意図を受けとめるのは，子ども自身です。個々の子どもが大人の意図をどう受けとめ，どう活動するかが決め手なのです。しかも，幼いときほど，個々の差・違いが大きく，ひとりひとりにそった指導や援助が必要です。そうした配慮の不足こそが指摘されるべきでした。つまり，問題とされるべきは，大人からの働きかけそのものではなくて，働きかけ方や，保育のあり方（保育の形態や進め方）だったのです。

　もちろん，内容によっては，真っ正面から提示し，全員が受けとめるまで，大人主導で粘ることも必要です。その過程で，ヒントを出したり，手伝ったりすることも必要でしょう。また，あるときは，それとなく提示し，子どもたちにまかせ，環境を整えながら，見守るだけの場合もありましょう。こうした，子ども主導での個々のペースを大切にした活動と，それに合わせた援助もとても大事です。そしてまた，大人（保育者）の指導の下で，同年齢だけでなく年齢の異なる仲間たちと，ともに活動することも，お互いが刺激となって，得るものが大きいのです。どれも，折にふれ，必要に応じてなされるべき重要な活動（保育・子育て）です。

　いずれにしても，それなりの計画と見通しを持って，いろいろな形で関わり，見守り，援助し，責任を持つ大人（保育者）がいるからこそ，子どもは安心して遊び，活動し，いろいろなことを身につけ，次代を担い，生き抜く人間として成長・発達することができるのです。

　こうした見守ることをはじめとする多様な援助・働きかけは，子どもが気がつこうがつくまいが，大人の責任としてどの子にもなされるべきですが，どんな場合も，子どもは決して大人の思う通りにはなりません。大人からの働きかけを受けとめ，それを我がものとし，育ち，発達するのは，子ども自身だからです。言いかえれば，子どもの発達を子どもの側からみると「子育ち」で，その「子育ち」を援助し，リードする営みが「子育て」であり，教育です。つまり，「子育て」という営みの中でこ

そ，「子育ち」は可能になります。「いつだって」，子どもから言えば「子育ち」のときであり，大人から言えば「子育て」なのです。

そして，「子育ち」に関わり（「子育て」し）ながら，実は，大人たちも成長・発達します。「親育ち」と言われたり，「育児は育自」と言われたりする所以（ゆえん）です。

これまでの保育をめぐるいくつかの問題についてみてきましたが，現在では，園の特徴を生かしながら，さまざまな保育の形態が試みられており，それはとてもよいことだと思っています。そして，常に子どもについて考え，よりよい保育を求め，模索し続ける保育者のみなさんに敬意を表したいと思います。

大人は子どもに「今」を伝え，子どもは「今」を受け継ぎ，「明日」を拓く

ところで，教育という営みは，人間のみにみられる大きな特徴です。実は，大人たちの有形・無形の働きかけ（教育）によって，子どもたちは，精査され，整理された形で課題を受けとめ，それを目標としながら，人類が気の遠くなるような長い長い時間をかけて蓄積してきた文化・芸術・科学技術・社会システム・人間の行くべき道などを，短期間で継承できるのです。

いわば，教育とは，大人たちが子どもたちに「今」（人類が長い時間をかけて蓄積してきたもの）を精一杯伝えることです。

そして，子どもたちはそれを受け継ぎ，やがてはそれをのり越え，「明日」を切り拓きます。大人たちは，子どもたちに「明日」を切り拓くことを託して，「今」を伝えるのです。そのために，多くの大人たちは，子どもたちに最高の「今」を伝えるためにこころを砕きます。子どもたちが切り拓く「明日」が，人類が長い時間をかけて蓄え，見出してきた方向と違わない，確かな「明日」であることを願いながら。

教育は，大人たちに課された責任です。そして，子どもにとっては，

どの子にも平等に与えられた権利です。その営みは長い長い人類の歴史の過程で形を変えつつ延々とくり返され，引き継がれてきました。これからも絶やすことのできない重要な営みです。

子どもは遊びの中で育つ―乳幼児期の主導的活動について

さて，さまざまな能動的活動の中でも，乳幼児期ならではの活動のあり方 (型) があることはすでに述べました。つまり，乳幼児期には，「遊び」の中で，あるいは「遊び」という形で，子どもたちは本気になっていろいろなことに打ち込みます。そして，心身の発達に応じて，遊びの様相は変化し，しかも，それぞれの時期には，中心となる遊びがあります。その遊びは，主導的活動として，それぞれの時期の発達を主導（リード）します。

まず，乳児期の子どもでは，大人にあやしてもらったり，大人と一緒に「いないいないばあ」をしたり，ものを手でもて遊んだりして，身近な大人とこころを通わせ，遊ぶのが大好きです。身近な大人を仲立ちにして，ひととふれあい，ものと遊びます。この遊びは，この時期の遊びの中心です。身近な大人たちと遊び・交流する中で，子どもは人間としての最低条件である手の自由と歩行，ことばを獲得します。

やがて歩き始めると，子どもは，玩具やカップなどの生活用品で遊ぶのが大好きになり，遊びの中心を占めるようになります。この遊びの中で，子どもは，ことばの使用ともの・道具の扱いを学びます。

このように，「遊び」という形で活動し，熱中し，自分を育てることでは共通していますが，それぞれの段階によって中心となる遊びの形・内容が異なります。そして，それと対応して，その中で獲得するもの，発達するものも違います。次に，もう少し詳しく述べます。

乳児期の主導的活動は「直接的情動的交通」

近年，胎児や新生児の研究が進み，子どもは，これまで考えられてい

た以上に多くの能力を持って誕生することが明らかになりました。しかし，生活のレベルでは全くと言ってよいほど無能力な状態で誕生（生理的早産）するのが，人間の子どもです。そのために，誕生後間もない人間の子どもにとって，大人たちの保護・援助・外界との仲立ちは不可欠です。しかも，主体的に発達を決める人間の子どもの場合，たとえ乳児とは言え，一方的な保護・援助というわけにはいきません。大人の保護・援助を受けるだけでなく，子ども自身も自ら働きかけ，活動しながら発達するのです。そのとき重要なのが，子どもと身近な大人たちを結ぶパイプ，つまり双方向の交流です。身近な大人たちとの親密な愛情あふれる交流（遊び）の中で，大人を（同時に大人の方も子どもを）大好きになり，信頼して，互いの要求や願いをぶつけ合います。こうした大人と子どもの親密な愛情あふれる双方向の交流（遊び）が「直接的情動的交通」と言われる，乳児期の主導的活動です。

　この中では，子どもは何ごとも大人たちを頼りにしつつも，決して言いなりというわけではありません。子どもなりにしっかり主張し，周囲の人々を引きつけ，動かしながら，どこまでも愛情を持って関わってくれる大人を通じて，人間そのものに対する信頼感を育て，自らに対する有能感を体験し，それをもとにして，手の自由と歩行（直立二足歩行），ことばなどの人間としての最低条件を身につけていきます。さらに詳しくは第3章において述べます。

幼児期の主導的活動は「対象的行為」（前期）と「ごっこ遊び」（後期）

　多くの子どもにおいては，1歳を過ぎる頃から，歩行が始まり，手も自由になり，「マンマ」や「ワンワン」など，数語の片言をしゃべり出します。すると，子どもたちは，もう大人を全面的には頼りにしなくなります。むしろさしのべられる大人の手をしばしば払いのけたりさえします。大人の手を借りずに，興味・関心を持ったものに直接手を伸ばし，手に入れます。そして，乳児期で大好きになった身近な大人たちの模倣

をしながら，また，「これは○○というものだよ」「これはね，このようにして使うのよ」という大人たちの指導の下に，もの・道具をそれなりに使いながら，遊びます。こうして，ものと遊びながら，ものには名前・用途・使用法があることを知っていきます。この中でことばも上達します。

これが，この段階・幼児前期（1歳頃から3歳〜3歳半）の主導的活動である「対象的行為」です。1歳〜1歳半の頃に，主導的活動は「直接的情動的交通」から「対象的行為」へと発展的に移行し，発達段階は乳児期から幼児前期へと変わるのです。

やがて，3歳を過ぎると，子どもたちはことばも達者になり，身のまわりにある多くのもの・道具が使えるようになります。すると，子どもたちは，ものを使う（様式の模倣）だけでは満足しなくなります。子どもたちは，大人たちがもの・道具を使いながら果たす役割，ひととひととの関係にまで関心を高め，ものを使いながら果たしているひとびとの役割を模倣し，ひととひととの関係を再演しようとします。

これが「ごっこ遊び」で，幼児前期の「対象的行為」に代わる幼児後期（3歳頃から6歳〜6歳半）の主導的活動です。つまり，3歳を過ぎる（3歳〜3歳半）頃，主導的活動は「対象的行為」から「ごっこ遊び」へ，発達段階は幼児前期から幼児後期へと発展し，移行するのです。

また，3歳頃に始まり，その後急速に発達するひとりごとにより，直感的とは言え思考が始まり，セルフコントロール（自律）も可能となります。ひとりごとの発生・発達とあいまって，細やかな手・指の動きの調整（コントロール）もできるようになり，細かな作業が可能になります。イメージをふくらませ，いろいろなものをつくり，遊びます。お店やさんごっこで使うものなどをつくったりもします。ひとりごとによって，ごっこ遊びはもちろんのこと，手もこころも大きく変わり，新たな段階を迎えます。詳細は第4章，第5章において述べます。

手は，主導的活動の中で育ち，主導的活動を担います

　このように，主導的活動とは，それぞれの発達段階の子どもたちの活動の中でも中心的なものであり，その段階の子どもたちの発達の課題にそった，欠かすことのできないもっとも重要な活動と言えます。

　この主導的活動の中で手は育ちます。同時に，その手が主導的活動を担っていることにも注目したいと思います。「直接的情動的交通」においてしっかり働き，育った「手」は，次の段階の「対象的行為」に引き継がれます。ここでは，手は，ものや道具を使う主役です。スプーンを使ったり，お箸を使ったり，洋服を着たり，脱いだりと大活躍です。はさみも使います。模倣から始まり，最初はこぼしたり，裏返し・後ろ前だったりですが，3歳を過ぎる頃には，だいぶ上手に食べたり，着替えたりすることができます。はさみ等の道具も上手に使えるようになった手は，やがて「ごっこ遊び」にも生かされます。お店で売るものをつくったり，ついには「偽札」までつくります。たいていは0（ゼロ）が多く，おつりになるとさらに0（ゼロ）は増えます。

　そして，手とともに重要なのが足とことばです。手は足に支えられながら，ことばと共同して，子どもたちの主導的活動を担い，子どもたちのこころを育みます。

主導的活動を支える場──「ひとの系」と「ものの系」

　幼児後期を過ぎると，子どもたちは，小学校に入学します。小学生時代（児童期）は，以下に述べるように，主導的活動の違いによって1～3年生頃の児童前期と，4～6年生頃の児童後期に分けられます。

　入学を機に，児童前期の子どもたちの主導的活動は，「遊び」を卒業し（小学校時代においても，遊びが大切であることは言うまでもありませんが），学校等での「体系的な学習」となります。小学生になったという誇りを胸に，それまでに「遊び」という形で学び，身につけてきた知識や技（技術・技能）を体系化し，新たな知識や技術・技能を大人（教師）

の指導の下に，体系的・組織的に身につけていきます。ひとりごとの内言化（声に出さずに，内言として，こころの内でことばを使うようになること）にバックアップされ，（具体的）思考も本格化します。子どもたちは，こうして，高度に発展した文化・芸術・科学技術を体系的に学ぶ第一歩を踏み出します。

　ここでも，手は大活躍します。文字を書いたり，絵を描いたり，手指を使って計算もします。さまざまな道具(ナイフや包丁，のこぎりなど)を使うことにも挑戦し，道具のレパートリーを広げるときでもあると言われています。

　小学校にも慣れ，友だち関係も広がった頃（3，4年生頃）から，子どもたちの関心は，友だち関係に注がれます。気の合った者同士，集団をつくり，集団活動に夢中になります。これが，児童後期の主導的活動です。内言化がほぼ完了するのもこの頃です。その下で，「自分のこと」のみでなく，仲間全体に目を配りながら，「自分たちのことは自分たちで」という自治を学び，体験するのです。子ども会のリーダーとして，下級生の面倒をみるようにもなります。上手に使いこなせるようになった道具を使い，集団製作が本格的に可能になるのもこの頃です。

　以上のように，各発達段階には，それに対応する主導的活動があります。このことは，生涯にわたって発達を続ける人間の場合，子ども時代のみでなく，生涯を通じて言えることです。それをまとめたのが，表1－1です。

　また，人格的側面（感情的・意志的側面）と知的・操作的側面（操作的・認識的側面）は，優位に発達する時期が交互に交代しながら発達すると言われますが，人格的側面の優位な発達は「ひとの系」に，知的・操作的側面の優位な発達は「ものの系」に対応し，互いに支え合いながら発達すると考えられます。このことを，乳児期から児童期までについて図示したのが図1－1です。「ひとの系」「ものの系」についての説明は，表1－1の下にあります。ご参照ください。

表1-1　生涯にわたる発達段階と主導的活動および各発達段階の発達の様相

発達段階（めやすとしての年齢）	主導的活動	核となる発達・発達課題	優位になる発達の側面	主導的活動の系（場）
乳児期（誕生から1歳～1歳半）	直接的情動的交通（大人との交流）	信頼感をもとに歩行，手の自由，ことばの準備→ヒトから人間へ	I	①
幼児前期（1歳頃から3歳～3歳半）	対象的行為（もの・道具と遊ぶ）	ことばの使用ともの・道具の使用，身辺自立，歩行の上達→文化入門	II	②
幼児後期（3歳頃から6歳～6歳半）	ごっこ遊び（役割遊び）	ひとりごとによる思考，セルフコントロールのはじまり→社会性の獲得	I	①
児童前期（6歳頃から9歳頃）	体系的学習	内言化と(具体的)思考の本格化→知識，技術・技能の体系化のはじまり	II	②
児童後期（9歳頃から13歳頃）	仲間たちとの集団活動	内言化の完了と抽象的思考・概念のはじまり，自治を学ぶ	I	①
思春期（13歳頃から15歳頃）	抽象的思考に基づく学習	抽象的思考の本格化，心理的離乳自分探しの旅のはじまり	II	②
青年前期（15歳頃から18歳頃）	親密な友人との交流	反省的思考と第二次心理的離乳自分らしさを求める	I	①
青年中期（18歳頃から20歳頃）	職業準備（基礎学習）	知識・知見の構造化と職業（生業）に向けての模索	II	②
青年後期（20歳から22～25歳頃）	心の友との交流	自分探しの旅一段落（アイデンティティの確立），自分らしい発想，経済的自立を志向	I	①
成年前期（20代後半）	職業活動	職業に関する専門的知識・技術の確立開始，これからの自分について考える，経済的自立	II	②
成年後期（30代前半）	同僚・恋人（伴侶）との付き合い	職業人としての自覚と第三次心理的離乳，社会的自立	I	①
中年前期（30代後半から40代）	中堅（親）としての新たな学習	人生の正午，これからの自分のあり方の模索の開始，「峠」の体験	II	②
中年後期（50代）	同僚・部下・家族との付き合い・語らい	これからの自分のあり方の調整，再方向づけの試みと勇気	I	①
初老期（60代から70代前半）	「第二の人生」に向けての準備・学習	これまでの自分のまとめと人生の後じまいの準備，「暮らし方」の再検討	II	②
老年期（70代後半以降）	生涯の友，趣味の友，伴侶との付き合い	「我が人生」の後じまい，第二の思春期として「我が人生」を謳歌・受容	I	①

1　「優位になる発達の側面」の欄にあるIは「人格的側面」を，IIは「知的・操作的側面」を示します。

2　「主導的活動の系（場）」の欄にある①は「ひとの系」を，②は「ものの系」を示します。

3　「人格的側面」（I）と「知的・操作的側面」（II）は，優位に発達する時期が交互に交代します。

4　その際，主導的活動の系が，「ひとの系」（①）の場合は「人格的側面」（I）が，「ものの系」（②）の場合は「知的・操作的側面」（II）が優位に発達します。各発達段階の核となる発達・発達課題とあわせてご覧ください。

5　系（場）とは，主導的活動が展開される場（活動の対象，活動を支える場）を指します。「ひとの系」（①）とは，たとえば「直接的情動的交通」や「ごっこ遊び」のように，活動がひと（大人や友だち）によって成立し，ひとを主たる対象にして展開される活動，つまり，ひとにつながる活動の場合を言います。一方，「ものの系」（②）とは，たとえば「対象的行為」や「体系的学習」のように，ものを主たる対象として展開される活動，つまり，ものにつらなる活動の場合を言います。

第1章 ●子どもたちは手とともに育つ

子どもは、発達段階をひとつひとつたどりながら発達します！

ことばが使え、自分でいろいろなことができるようになると、「自分でするもん」「イヤ！」「バカ！」などの自己主張・反抗（第一反抗期）
→やがて…セルフコントロール（自立→自律）

ギャングエイジ・気の合った者同士で集団をつくり、活動するが、ときには、いじめ、仲間はずれ、仲間割れ
→やがて…自治（話し合い）

＜知的・操作的側面＞（点線）

＜人格的側面＞（実線）

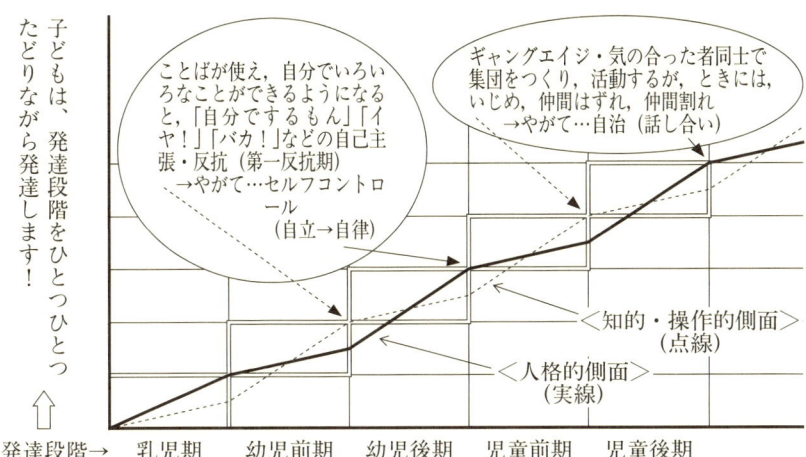

発達段階→	乳児期	幼児前期	幼児後期	児童前期	児童後期
主導的活動→	直接的情動的交通	対象的行為	ごっこ遊び	体系的学習	気の合った仲間との集団活動
系→	ひとの系	ものの系	ひとの系	ものの系	ひとの系

図1-1　発達モデル・乳児期から児童後期まで

1　子どもは、階段（発達段階）を一段一段登るように発達します。登り方は、ひとりひとり違います。各発達段階は、二重線の枠で囲み、一段ずつ高くなるように示しました。幼児前期は乳児期の、幼児後期は乳児期および幼児前期の発達の上に成り立つことを意味します。

2　主導的活動の場（ひとの系・ものの系）（表1-1参照）に対応し、人格的側面が優位に発達する時期（ひとの系の時代：乳児期、幼児後期、児童後期）と、知的・操作的側面が優位な時期（ものの系の時代：幼児前期、児童前期）が交互に交代しながら進みます。図では、人格的側面の発達のあり方を実線で、知的・操作的側面の発達のあり方を点線で表しました。

3　優位な時期が交互に交代しながら進むために、人格的側面と知的・操作的側面の発達は、しばしばズレます。そして、大きくズレるとき、中でも、知的・操作的側面＞人格的側面の形でズレるとき（頭でっかちのとき）に、よく言われる「発達の危機」がみられます。幼児前期から幼児後期への移行期は、代表的な危機です。ことばを使い、いろいろなことが自分でできるようになった子どもは、何でも自分でできるつもりになり、「自分でするもん！」「イヤ！」などと強い自己主張をし（自我の芽生え）、強情をはります。しかし、やがて幼児後期になると、セルフコントロールの力が発達し、ひとのペースに合わせることや、がまんして待つことができるようになります。つまり、人格的側面が急速に発達し、優位（人格的側面＞知的・操作的側面）になります。すると、「危機」はおさまります。図では、その様相を、丸い囲みの中に示しました。「危機」の内容と時期を⋯▶で、人格的側面の優位な発達によりおさまる様子と時期を、「やがて…」として──▶で、示しています。

4　ここでは、乳児期から児童後期までを示しましたが、生涯にわたる発達モデルは、表1-1を参照するとともに、丸山尚子編著『21世紀を生きる─とくに女性の生涯発達の立場から』三学出版、2005、120-121頁の図をご覧ください。

図からみますと，手は，幼児前期の「対象的行為」(ものの系)を通して「知的・操作的側面」に深く関わり，しばしば，「発達の危機」(自分でできるつもりになることからくる自己主張，強情)をもたらすとも言えます。しかし，幼児前期で自立を育てた手は，続く幼児後期で，上手に使えるようになったものや道具を使って「ごっこ遊び」(ひとの系)を支え，家庭や園のお手伝い(「はたらく手」)もします。中でも，「つなぐ手」の発達は友だちと力を合わせてものを運んだりの共同作業を可能にします(「はたらく手」「つなぐ手」に関しては，第2章をご参照ください)。手は，こうした，ひととつながる活動の担い手となって，セルフコントロールの力を育て，「危機」をのり越える手助けをします。ここでは，ことばの発達によるところが大きく，ことばの強力なサポートによってはじめて可能になります。このように，手は，ことばと共同して，足に支えられながら，自立や自律の確立，自我の芽生えという「人格的側面」にも深く関わります。

発達段階と対応する年齢について

　ここで，これまで述べてきました発達段階・発達内容と対応する年齢について，ふれておきます。表1-1にもありますように，私たちは，主導的活動を区分の根拠として，乳幼児期を次の3つの段階に区分しています。①乳児期(誕生から1歳～1歳半，新生児期を含む)，②幼児前期(1歳頃から3歳～3歳半)，③幼児後期(3歳頃から6歳～6歳半)です。

　(　)内に，対応する年齢を示しましたが，これは，あくまでもめやすです。場合によっては(たとえば障害が心配されるときなど)，とても重要なめやすとなりますが，子どもによって，多かれ少なかれ，幅があるのが普通です。「1歳～1歳半」等と幅を持たせたのもこのためです。

　また，主導的活動の具体的な内容や個々の展開も，子どもによって異なります。お国柄や時代等の社会的・歴史的・文化的条件によっても大

きく違います。この場合は，主導的活動自体が異なってくることも考えられます。同じ国，同じ時代，同じ地域にあっても，その子どもを取り巻く状況，中でも，人的環境によって大きく違ったりもします。きょうだい関係や友だち関係による違いなどは，そのよい例になります。

しかし，発達の大きな流れ（すじみち）は，共通した社会的・歴史的・文化的条件の下では，ほぼ共有できるものであり，対応する年齢に照らした大幅な遅れ等が，障害の発見につながることはご存じの通りです。

さて，手の発達を考えるに際して，なぜ，乳幼児期をとくに重視するのでしょうか。

それは，乳幼児期は，手やこころの発達のはじまりのときであり，手が大活躍するときだからでもありますが，それ以上に，乳幼児期は，しっかり手を使う中で，手の持つたくさんの働きが出揃う重要なときだからなのです。そのことについて，次の章（第2章）で述べ，それから，具体的な発達の詳細（第3章～第5章）に移りたいと思います。

第2章

「生きる」を担う手
―乳幼児期・生活を支えるたくさんの手が出揃うとき―

野山を裸足でかけまわる子どもたち。
(ラオス・ルアンババーン／石上真由撮影)

日々大活躍する手

　ご存じのように，人間の手は，私たちの生活の中でいろいろな働きをしています。食事をしたり，お掃除をしたり，子どもの食事の世話をしたり，朝から夜寝るまでの間，手はいろいろな仕事をしています。いや寝ている間でも，手は蚊を払ったり，子どもの布団を掛け直したりして大活躍しています。いわば，手は，私たちの人間らしい生活を支えているのです。

　そして，そのことを通して，手は，「生き方」にまで関わってきます。ほんのささやかなことができるようになっただけで，暮らしぶりが大きく変わり，広がるのを感じることがしばしばです。

　幼い子どもの場合はなおさらのこと，何かひとつのことができるようになると，何度も確かめ，やがて新しい場面に適用したり，さらに新しいことに挑んだりします。そして，それをきっかけに，見違えるような「変化」を示します。

　5歳になったばかりの頃のK（丸山の長女の息子，仙台市在住）は，「靴を並べること」に必死になっていました。はじめは「自分の靴を並べること」で精一杯でしたが，しばらくすると，家族みんなの靴を並べ，「玄関整理」が自ら課したKの仕事となりました。自分が先に家に入っても，みんなが入った後でもう一度玄関に戻り，靴をきれいに並べ，その後から遊び始めるのです。「きれいになったね」と言うと，うれしそうというより誇らしげな顔をして，「だってキーチャンのお仕事だから」と言います。

　それ以前は，我先に家に入り，靴を脱ぎ，かばんを放り出すなり，自分の好きなことをやり始めていた彼でしたが，今ではかばんなども所定のところに置き，「お仕事」をしてから，遊び始めるのです。並べ方も上手になり，要領もよく，速くなりました。真剣な顔で並べます。妹に対しても，寛大なところをみせる余裕もみられるようになりました。「靴を並べること」ができるようになったことは，それだけにとどまらず，彼

の5歳児としての誇りを育てることにもなっていることがよくわかります。

手の6つの働き

手は，上で述べた以外にも，実にさまざまな働きをしています。ここでは，手の働きについて述べたいと思います。

手の働きは，次の6つにまとめることができます。①創造的労働器官としての手，②探索・認識器官としての手，③連帯・共同器官としての手，④表現・伝達器官としての手，⑤防御器官としての手，⑥自らを励まし・励まし合う器官としての手，の6つです。

私はそれぞれを，「つくる手」「ふれる手」「つなぐ手」「つたえる手」「まもる手」「はげます手」と表現してみました。

それぞれの手は，いくつかの段階を経て，発達し，成長します。その発達の様相とともに，6つの手の働きをまとめたのが表2-1です。

では次に，それぞれの手について簡単に説明します。

まず，「つくる手」とは，道具やものを使って，たとえばお掃除をした

表2-1　手の働き

❧《つくる手》創造的労働器官としての手 　　つかむ・つまむ手 → つかう手 → つくる手（あそぶ・つくる・はたらく手）
❧《ふれる手》探索・認識器官としての手 　　ふれる手 → さわる手 → ふれる・さぐる手
❧《つなぐ手》連帯・共同器官としての手 　　にぎる手 → つなぐ手 → つなぐ・むすぶ手
❧《つたえる手》表現・伝達器官としての手 　　ゆびさす・ふる手 → あらわす手 → つたえる手
❧《まもる手》防衛器官としての手 　　かまえる・(とり)のぞく手 → よける手 → まもる手
❧《はげます手》自らを励まし，励まし合う器官としての手 　　やすらげる手 → おさめる手 → おさめ・はげます（いやす）手

り，食事をつくったり，食事をしたりする手のことです。続く，「ふれる手」とは，いろいろなものにふれながら，それが何であるか，どんなものかをさぐってみる手のことです。そして，「つなぐ手」は，友だちと手をつなぎ合ったり，助け合ったりする手です。友だち同士手をつなぎ，輪をつくり，連帯します。その輪に入れない子の手を握り，輪に誘います。その手はまた，友だちと共同して行う共同作業や共同製作を可能にします。

また，手は，ことばを補い，助け，あるときはことばに代わって気持ちを伝える重要な担い手ともなります。これが「つたえる手」です。

さらには，転びそうになったとき，とっさに手をついて身を守り，また，道に飛び出そうとする子どもを即座につかみ，子どものいのちを守ります。それが「まもる手」です。

そして，悔しいとき，怒りのとき，そして寂しいときや，緊張のときも，手は強い味方になります。「はげます手」は，こころを支え，自分を励ましてくれます。手を固く握りながら，あるいは，さすったり，もじもじさせたりしながら，私たちは自らのこころを支え，励まし，落ち着かせます。親指を立て，エールを交換し，互いに励まし合った後，今度は自分に向けて，「よ～し，やるぞ！」と語り，もう一度しっかり手を握りしめていたりします。いつの間にか，元気を取り戻し，やる気満々になっている自分に気づくことがあります。我が手ながら，あっぱれと思ってしまいます。また，凝った肩をたたいたり，腰を自分でさすったりもします。これだけでずいぶん楽になります。この手は，しばしば，他のひとの肩をたたいてあげたり，あるいは，たたいてもらったり，マッサージをし合ったりもして，励まし合う手となります。この手は，「癒す手」とも言うべきもので，それを仕事とするひと（プロ）も多くいます。

どの手も，私たちの日々の生活を支えている重要なものであり，いわば，人間らしい生活・生き方を支える「働き手」と言えます。

これら6つの手は，大人や大きい子どもたちのみでなく，幼い子ども

第2章●「生きる」を担う手

たちの生活や遊びの中でも観察できます。ご飯を食べたり，お手伝いでお掃除をしたり，積み木で遊んだり，粘土でへびをつくったり，はさみやのりで象さんをつくったり（「つくる手」），ポケットの中の玩具や袋の中のキャンディーを探ったり（「ふれる手」），小さい子の手を引いてやったり（「つなぐ手」），「あっちの方」と指さして方向を示したり，「こんなに大きかったよ」と両手を広げてみせたり（「つたえる手」），顔にかかった布や髪の毛を手で払ったり，両手で顔を覆ってぶつかりそうなボールから守ったり（「まもる手」）します。いずれもよく目にする光景です。友だち同士，肩をたたき合い励まし合う姿もほほえましく，思わず笑みがこぼれます（「はげます手」）。そして，小さい手で肩をトントンとたたいてもらったら，もう一瞬にして，癒され，励まされること間違いなしです。悩みもくたびれも，いっぺんに吹き飛んでしまいます。

生きる力を育む手

　さて，手は，ことばと身体とともに，人間らしく生きる力を支えていることはすでに述べたところです。

　ここで，子どもの場合について，手と人間らしく生きる力を対応させるとほぼ次のようになります。

　まず，「つくる手」についてみると，幼児前期の「つかう手」は基本的生活習慣の自立を支え，やがて，幼児後期になると「つくる手」となって，粘土でだんごをつくったり，お掃除などをして働きます。生きる技・生活技能の原型です。

　また，「つなぐ手」は，「つくる手」「はたらく手」と協働して，「共同作業」や「共同製作」を可能にします。「共同作業」や「共同製作」に際しては，ことばと一緒に指をさして合図をしたりして，「つたえる手」が参加することもしばしばです。こうして「つなぐ手」は，「共同性」の要を担います。

　「つくる手」と「ふれる手」によって得たものや道具に関する情報は，

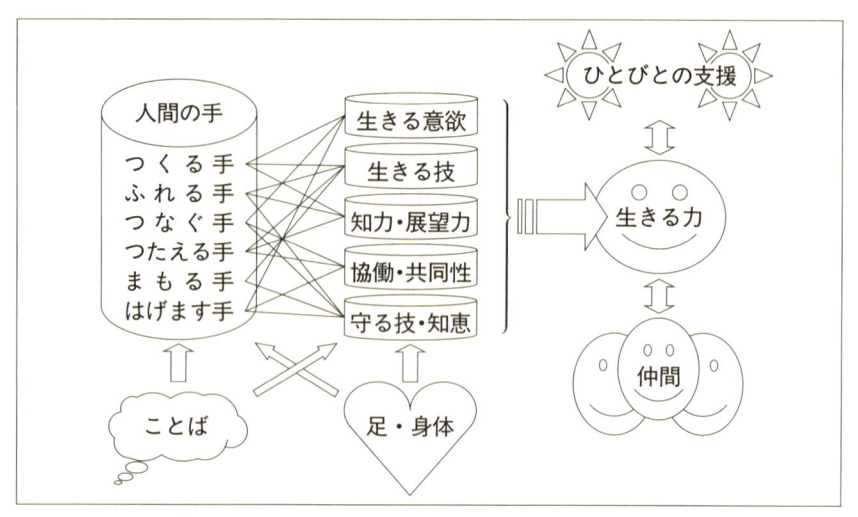

図2-1　手の働きと人間らしく生きる力の関連図

ことばによって表現され，まとめられて「知識」となり，その過程であれやこれやと巡らせた思いや考えは，思考する力（知力）を育みます。失敗も糧としながら，子どもたちの生きる力を太くするでしょう。そのもとになる，ものに対する好奇心や期待・見通しは，すでに乳児期に始まっていることは先に述べた通りです。

「まもる手」は，顔にかかる布を取り払ったり，視界のじゃまをしているものをよけたり，3歳頃には，小さい子の手をつないで，横断歩道を渡ったりします。こうして，自分や自分たちをしっかり守ります。

パパと手をつないだり（「つなぐ手」），ママの手にふれたり，（「ふれる手」），自分の手で無心に遊んだり，ながめたり（「はげます手」），パパやママ，おじいちゃん，おばあちゃんの肩をたたいたりもします（「いやす手」）。パパやママに抱っこしてもらいながら「あっち！」と指さして（「つたえる手」），自分の行きたい方に連れていってもらったりして，大人や自分が大好きになり，安心します。生きることが楽しくなる一瞬です。心の底から生きる意欲がわいてきます。

以上をまとめたのが図2-1です。

乳幼児期—手の働きが出揃うとき

しかし，以上の手の働きも，ことばも，どれひとつとして生まれたばかりの子どもにはありません。表2-2は，6つの手（手の働き）が乳幼児期を通じてどのように発達するかの概略を表したものです。これからもわかるように，一通りの働きが認められるようになる（出揃う）のに，誕生後数年（乳幼児期いっぱい）かかります。つまり，人間の手の基本的な働きの土台は乳幼児期に育つと言えます。手の発達にとって乳幼児期はとても重要な時期と言われるのは，このためです。

では，乳幼児期の子どもたちの手の発達の具体的な内容はどのようなものでしょうか。これについて，次の第3章から，各発達段階ごとに，手の発達の主な内容と各段階において留意したい点について述べていきます。

なお，人間の手のいろいろな働きの中でも，中心は，何と言っても「つ

表2-2 子どもの手の発達

	乳児期	幼児前期	幼児後期
《つくる手》	つかむ・つまむ手	つかう手	《つくる手》の分化 あそぶ手（コマまわし，あやとり） つくる手（折り紙，粘土細工） はたらく手（料理，掃除）
《ふれる手》	ふれる手	さわる手	ふれる・さぐる手 《つくる手》の目，《つなぐ手》のぬくもりを感じるこころの役目
《つなぐ手》	にぎる手	つなぐ手	つなぐ・むすぶ手 《あそぶ手》《つくる手》《はたらく手》と結んで→集団遊び，共同製作，共同作業
《つたえる手》	ゆびさす・ふる手	あらわす手	つたえる手
《まもる手》	かまえる・（とり）のぞく手	よける手	まもる手
《はげます手》	やすらげる手	おさめる手	おさめ・はげます（いやす）手

くる手」です。そこで,「つくる手」を中心に,各時期についてみていくことにします。

子どもとともに,手について学ぼう！
次の絵本がお役に立ちます

❧手の働きについては……
『てとてとゆびと』(かこさとし,童心社),『てててててて』(五味太郎,偕成社),『てとてとてとて』(浜口桂子,福音館書店),『わたしのて』(ジーン・ボルゼンターラー,童話館出版)

❧手のしくみについては……
『ほねはおれますくだけます』『わたしののうとあなたのこころ』(かこさとし,童心社),『手やあしはなぜ動く―骨と筋肉の話』(坂井建雄,岩波書店)

❧「ふれる手」については……
『てのひらのおんどけい』(浜口哲一,福音館書店),『あそぼうよ！ もりのなかで』(松竹いね子,福音館書店)

＊これ以外にも,参考になる手の絵本がたくさんあります。私(丸山)のホームページ「お茶しよっ！」(アクセス方法は243ページ参照)でご紹介していますので,ぜひ,ご覧になってください。

第3章

乳児期の手
―「つかむ手」獲得と「つたえる手」誕生のとき―

ヘナタトゥーで手に絵を描いてもらう女性。
(ネパール・パタン／石上真由撮影)

1　乳児期の手の発達

(1)　主導的活動・直接的情動的交通

　すでに述べたように，自分ひとりの力では，ほとんど生活できない状態で誕生する人間の子どもの場合，大人に依存し，保護されなければ生きていけません。大人に依存し，保護されながら，大人から人間としてのイロハを学ぶのです。

　そこで必要なのが，子どもと大人をつなぐパイプです。そのパイプの成立の証が「おはしゃぎ反応」（あやすとこたえる）です。それは，生後1～2カ月頃にみられます。「おはしゃぎ反応」を核にして，子どもと大人の双方向の交流（遊び）が始まり，互いの気持ちや要求を通じ合わせ，パイプを太く，豊かに，楽しくしていきます。これが直接的情動的交通です。

　この直接的情動的交通は人間の子どもにとっての命綱であり，発達の決め手でもあります。これを軸にして，人間としての最低条件である，歩くこと，手を自由に使うこと，そしてことばを獲得します。また，後々いろいろな形で重要となる大人に対する信頼感を育てると同時に，自分自身に対する信頼感（有能感）も育てます。信頼感は，子どもたちがこれから生きていく上でもっとも基本となる生きる意欲のもとです。

(2)　はじめは握ることさえままならない子どもの手

　さて，生まれたばかりの子どもの手のかわいらしさと，指の1本ずつにしっかりつめまでついている不思議さは，誰をも感動させずにはおきません。ついふれてみたくなってしまうというものです。

　子どもの手のひらにふれると，たいてい，しっかり握ってくれますが，それは子どもの，そのひとに対する親愛を込めた返礼ではありません。

把握反射(はあくはんしゃ)という，生まれつきそなわった原始反射なのです。その証拠に，この頃の子どもの手は，子どもの意志とは関わりなく，ふれたものなら何でも握ります。

　誕生から3カ月くらい経つと，軽く握ったままだった手は開いているようになり，それまであった把握反射がみられなくなり，子ども自身の意志で，ものにふれたり（触診運動，「ふれる手」の始まり），ものを握ったり（有意把握(ゆういはあく)，「つかむ手」の始まり）ができるようになります。この頃のつかみ方は，小指と手のひらの間に入れ，覆うような形です。

(3) 子どもの手が自由になり始めるとき

　3～4カ月頃になると，子どもはガラガラを握って振ってみたり，それを口に持っていったり，また機嫌のよいときなどはつるし玩具もよろこび，じっとみたり，手を伸ばしたり，足をバタバタさせたりして楽しみます。両手の指をからませてしばらく遊んだり，哺乳びんや乳房に手をそえながらお乳を飲んだりする姿もみられるようになります。

　しかし，やっと自分の意志で自由にものが握れるようになったものの，いったん握ってしまうと，他のものに注意が向いた拍子に放してしまうことはありますが，自分の意志では放せません。まだ把握反射が完全には消えておらず，「手放す」ことを妨げているからです。

　この頃の子どもは，大人が働きかける（あやす）と，それにこたえて声を出して笑い，手や足をバタバタさせて，全身でよろこびを表現します。ちょっとくすぐってやったりすると，身体をよじるようにしながら，大きな声で笑います。こうして大人を相手にしばし交流（直接的情動的交通）を楽しみます。首もしっかりすわり，きげんのよいときには喃語(なんご)も聞かれます。腹ばいにすると，首を持ち上げ，肩までぐんと上げます。そろそろひとやものの動きを目で追い，話し声が聞こえる方に顔を向けたりして，いろいろな形の意志表示が観察され，その手ごたえのあるかわいらしさは，しばしば大人たちの足を止めさせます。

(4) おすわりをする―手が目と協応する

　そろそろ自由になり始めた子どもの手ですが，乳児期後期(6カ月～)に入ると支座位(支えられながら座る)ができるようになります。はじめの頃は，お母さんのひざの上で支えられながら，しばらくおすわりをしたりしますが，まだ不安定です。しかし5～6カ月頃になると，まだ支えは必要ですがだいぶ安定し，支座位のままでものを持って遊んだり，余裕をみせて，ご機嫌であちこち見回したりします。やがて7カ月ともなると，自分でおすわりをすることが可能になります。

　こうした姿勢の変化(発達)は，子どもの手の動きにも大きな変化をもたらします。まず，おすわりの姿勢は，手の自由度をぐんと高めます。同時に，目でみる範囲(視野)と手で操作する範囲が一致しやすくなることにより，目と手の協応が成立し，目でみたものに手を伸ばしてとったり，手に持ったものをじっとみつめたりするようになります(図3-1)。

　このことは，これから本格的に始まろうとする「手の操作」(いろいろなものを，手あたり次第手にし，好きなようにもて遊ぶ，乳児期の活動)のための，重要な条件となります。

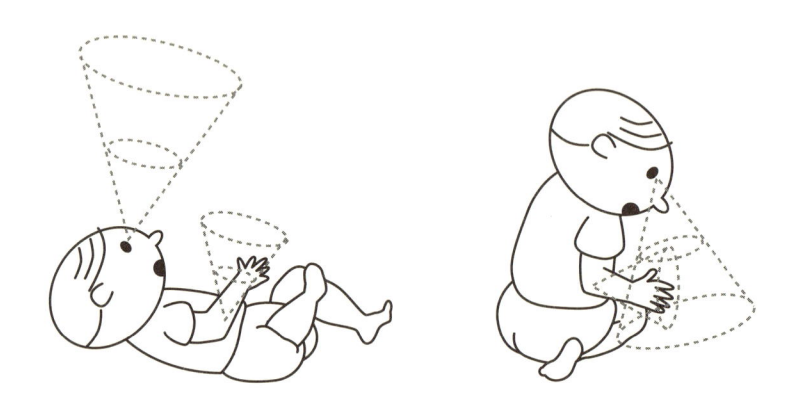

　　　　図3-1　おすわりによって手の世界と目の世界が一致する様子

(5) 「つかむー放す」のユニット成立―「つかむ手」の誕生

さらにもうひとつ、この頃の子どもの手には大きな変化がみられます。「握ったものを放す」ことができるようになるのです。6カ月頃になると、手に握っているものを、ちょっと引っぱったりすると放すようになり、7カ月頃には、自由に自分の意志で放せるようになります。把握反射からやっと解放されたのです。

こうして、ようやく、「つかむー放す」という、手のもっとも基本とも言うべきユニットが成立します。

この頃のつかみ方は、親指以外の4本の指と手のひらの間に入れてつかみます。小さめのもののときは、4本の指でかき寄せるようにします（熊手状把握）。

このように、目でみたものにねらいをさだめ、手を伸ばしてそれを手にし、しかも放すことができるようになった子どもの手は、新たな段階を迎えることになります。

いろいろなものに手を伸ばし、手あたり次第に手にしては、活発にもて遊びます。とても大切な「手の操作」のはじまりです。

(6) 大切な乳児期の遊び―「手の操作」と指の分化

この頃の子どもは、手あたり次第にものを手にし、振ってみたり、打ちつけてみたり、両手で持ってながめまわしたり、やがて口に持っていったりします。さらに、もう一方の手に持ちかえたり、はじめは片手にしか持てなかったのに、両手に持ち、打ち合わせてみたりと、いろいろなやり方で、子どもはものと遊びます。

しかしそこでの扱いは、積み木も、コップも、スプーンも、さらにはスリッパやぞうきんも、どれも同じです。何でも手にして遊び、ついには口に持っていくのですから、はらはらさせられます。やがて、ボタンのような小さいものにも興味を示し、手を伸ばし、口にするに至っては、

あぶなくて仕方がありません。

　しかし，実は，このような遊びの中でこそ，子どもの手の指の分化が進みます。指の分化に伴い，親指と他の4本の指を対向させて，ものを「つかむ」こと（8カ月）や，親指と人さし指（と中指）によって小さいものを「つまむ」こと（つまみ状把握・10カ月），さらには親指と人さし指の腹や先でもっと小さいものを「つまむ」こと（トング状把握・10カ月，くぎぬき状把握・12カ月）ができるようになり，「つかむ」「つまむ」という人間の手の基本を身につけていくのです（「つかむ手」の完成）（図3-2）。

イ　手全体で握る

ロ　手のひらで握る

ハ　熊手状把握
（4本の指でかき寄せる）

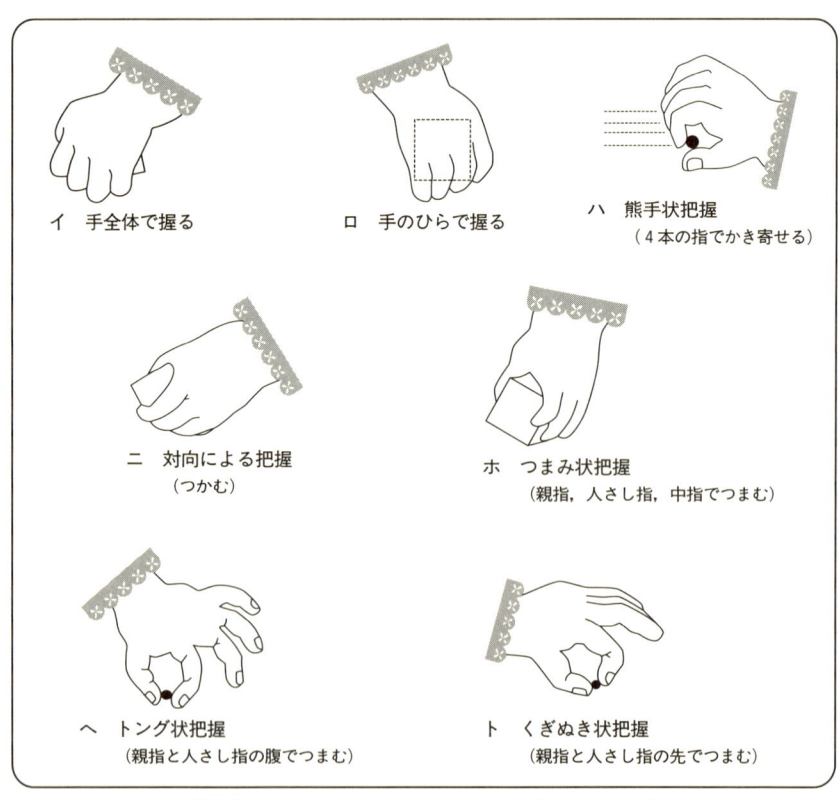

ニ　対向による把握
（つかむ）

ホ　つまみ状把握
（親指，人さし指，中指でつまむ）

ヘ　トング状把握
（親指と人さし指の腹でつまむ）

ト　くぎぬき状把握
（親指と人さし指の先でつまむ）

図3-2　乳児期の手のいろいろ（図3-3とあわせてご覧ください）

(7)「手の操作」では好奇心も育つ

「手の操作」はまた、手指の分化のみでなく、知恵や探究心（知的好奇心）も芽生えさせます。ものや、そのものに働きかける中でみられる変化（動いたり、音が出たり、光ったり……）を通して、期待するよろこびや、ものとの関わりの楽しみを知り、見通しを育てるのです。

したがって、有害なものをなめたり、飲み込んだり、危険なものを手にしたりしないようにという安全性への十分な配慮はもちろん必要ですが、いろいろなものにふれさせ、遊ばせることはとても大切なことだと言えます。とくに乳児期の後半には、小さいものが大好きになります。さらに、押したり、たたいたり、つついたりすると動いたり、光ったり、音を出したりして、子どもの働きかけにこたえてくれるものと遊ぶのも大好きです。これらのものは、いずれも、指の分化や探求心の発達にとってとても重要です。

(8) 反復（くり返し活動）の中で育つもの

おすわりができて、つかむことと放すことがユニットになった頃、手にしたものを放り、誰かにひろってもらい、また放る、をくり返します。これも大好きな、そしてとても大切な大人との交流（遊び）です。

なぜでしょうか。

ひとつに、それまでにできるようになったこと、たとえば「しっかりものをつかむこと」、そして「それを放すこと」を、くり返し確かめ、楽しむということがあります。

しかし、それ以上の魅力が、くり返し活動にはあるようです。

それは、大人の目には同じことのくり返しのようにみえますが、実は、子どもにとっては、決して同じことのくり返しではないということです。放ったボールが転がっていく方向や、そのときの音や転がり方などは、必ずしも同じではありません。左に転がったり、右にはねたり、すぐ目

の前にポトンと落ちたり，そのつど違います。

　付き合ってくれる大人の態度や，表情，声もそうです。はじめは「すごい，すごい」とうれしそうな顔と声で，やさしく励ましてくれたのに，やがては，「またぁ〜！」と仕方がなさそうにしたかと思うと，ついには「めッ」などと言うのです。

　つまり，子どもにとっては，そのつど新しいことの発見なのです。「この次はどうかな」という期待でワクワクなのです。

　何よりも，いろいろな反応をしながら大人が自分にしっかり付き合ってくれることを通して感じ取る「大人を動かせる」という実感は，子どもを感激させずにはおきません。日々，くり返しにとことん付き合ってくれる大人がいるからこそ，子どもは大人に対して熱い信頼感を持ち，自らに対する有能感を育てることができるのです。

(9)　足も育つ—ハイハイから立っち，そしてあんよへ

　一方で，子どもはおすわりだけでなく，寝がえりやハイハイ，つたい歩きやひとり立ち，そして歩行へと移動の仕方を変え，移動の範囲や視野を広げ，同時に自由度を高めていきます。

　中でも，ハイハイでは，土台である足腰を鍛え，移動になくてはならない平衡感覚を養います。さらには，高バイ（お尻を高く上げて，身体を床からはなしてはう）をすることによって，身体が床から離れることに慣れ，身体が宙に浮くことへの抵抗が少しずつ和らぎます。

　また，ハイハイは，手と足の分化・協応の練習にもなります（手と足をそれぞれ左右交互に，しかも手と足を互い違いに前に出して進む）。同様に手足を左右交互に，互い違いに進めて，バランスをとって歩くための準備です。

　ハイハイしながら何かにつまずいて，のめりそうになってふんばったり，ときにはあわててハイハイし，ついにつまずいて寝転んでしまったり，ということは，とてもよい経験になります。平衡感覚を鍛え，バラ

ンスをとる貴重な訓練になるのです。

　ハイハイに慣れると，ちょっと高いところのものに手でつかまり，足で立ち上がったり（つかまり立ち），手でつかまったまま歩いたり（つたい歩き）もします。

　やがて，手をかまえ，バランスをとりながら，何にもつかまらないで，足で立ち上がり（ひとり立ち）ます。こうなると歩き出すのはもう間近です。ふとみると，全身を緊張させ，肩を少々いからせながら，1歩，2歩と歩いていたりします。

　このように，乳児期後半では，子どもの手は，一方では手の操作の中で指を分化させ，もう一方では歩行（移動）からの手の解放（手と足の分化）が進みます。手が移動機能から解放されることによる手の機能への専念は，手を支える土台としての足の発達があってはじめて可能になるのです。かくて，それが準備される乳児期後半において，手は，姿勢や足腰と深く関連しながら，並行して発達します。関連の概略については図3-3を参照してください。

⑽　「つたえる手」の誕生，やがてことばへ

　乳幼児期もそろそろ終わりに近づいた頃，子どもはもうひとつの手を持ち始めます。

　4指の中でも，人さし指が分化し，独立し始める頃（10カ月頃），動くものなどを指さしたり，抱っこされているときにまわりのものを指さしながら話しかけようとしたり（10カ月頃），行きたい方向やほしいものを指さしたり（12カ月頃）します。「アーアー」とせがんだりもするようになります。ことばを先導し，やがてことばを補助する「指さし行動」です。「つたえる手」の誕生です。この手は，やがていろいろな形でことばを助け，あるときにはことばの代わりとなって活躍し続けます。ほしいものに向けて手のひらを広げ，「チョーダイ」の意思表示をしたり，「バイバイ」を表して手を振ったりし始めるのもこの頃です。

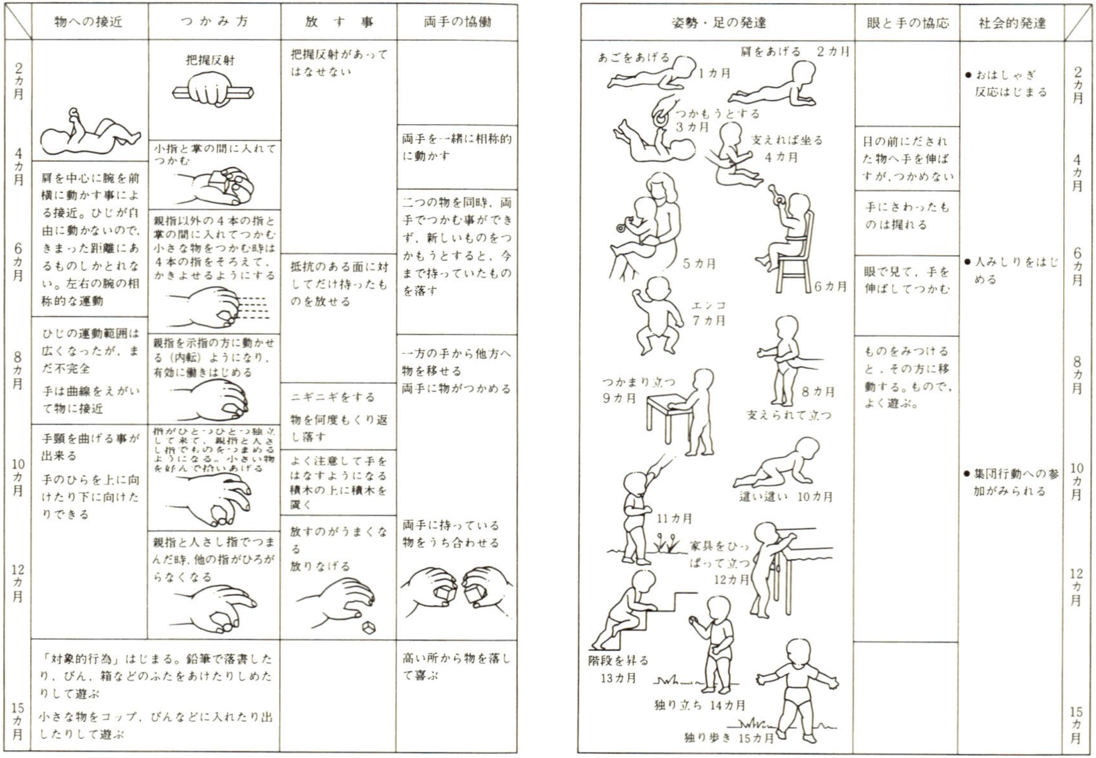

図3-3 手の発達と姿勢、足腰の発達との関連

(子どもの遊びと手の労働研究会代表・須藤敏昭『あそぶ手・つくる手・はたらく手』ミネルヴァ書房、1986)

この手が現れると，間もなく「マンマ，マンマ」「ブーブ，ブーブ」など区切りのある音を発し（それまでは「マンマンマンマン……」など区切りなく音を発します），かなり多義的ではありますが，「マンマ」や「ブーブ」など，特定のものを指すことばになっていきます。片言のはじまりです。片言を話し，歩行も始まり，手も自由になると，もう，乳児ではなくなります。乳児期を卒業し，幼児期へと移行します。

1年という年月をかけて，人間としての最低の条件を身につけ，ヒトから人間へと変わります。こうしてようやく，文化を担う人間の仲間としての第一歩を踏み出します。

さて，乳児期に手とこころ・生きる力の発達のために大切なことはたくさんあります。中でも，大切なことについて，次にまとめておきます。できることから始めてみましょう。

2　手と生きる力のために，ここから始めてみよう！

(1) 直接的情動的交通（身近な大人との楽しい交流）を大切に

生後2カ月にもなると，ほっぺをつついたり，ちょっとくすぐったりしてあげると，子どもは大よろこびします。首がすわり，抱っこが自由にできる頃には，お散歩もよろこびます。いろいろなひと・ものとの出会いもうれしいものです。そのつど，しっかり語りかけてあげましょう。抱っこは，そっと，やさしくネ！　後に述べる反復も大切な交流です。

大人とのふれあいをたっぷりと！

(2) 乳児期前半はベッドの上の世界を豊かに

ベッドでおねんねしていることが多い頃には，「おはよう」「○○ちゃ

ん!」とのぞき込んであげたり,メリーゴーラウンドと子どもの手を結んで子どもの手の動きと連動させたり,柔らかなガーゼなど手ざわりのよいものをぶらさげてふれさせたりの工夫をしましょう。子どもからみえる空間はまだまだ狭いですが,子どもにとっては「これから生きていく世界」が広がっているはずです。思わず手を伸ばしたくなる空間にしてあげてください。

ベッドの上の世界を豊かに (乳児期前半)

(3) 乳児期後半は腹ばいの姿勢やおすわり,ハイハイを楽しく

6カ月頃ともなると,おすわりが始まり,腹ばいの生活も多くなります。やがて,ハイハイも始まります。この頃には,床の上での空間を広げてあげましょう。そして,床面にぬいぐるみや起き上がりこぼしなどをおいて対面できるようにしてあげましょう。ハイハイにしっかりと目標ができることも大切です。それに手を伸ばしたり,いつの間にか,ごろごろ転がって近づいていたりします。床面にちょっとしたでこぼこをつくり,身体を動かすきっかけづくりの工夫をしている保育所もあるそうです。

おすわりやハイハイを楽しく! (乳児期後半)

(4) 反復(くり返し活動)にしっかり付き合おう

くり返し活動にしっかり付き合いましょう。活動が単調にならないように,たとえばボールの手わたし方を変化させたり,ことばを添えたり,工夫してあげましょう。また,そろそろ終わりにするときは,「おしまいね。こんどはこれで遊ぼうね」と次の遊び・玩具につ

くり返し活動にしっかり付き合おう!

ないで，区切りをつけてあげてください。

(5) 「手の操作」を安全に

おすわりして，手で押したりたたいたりすると，動いたり，光ったり，音が出るような，子どもの働きかけにこたえてくれるものと遊ぶのも大好きです。また，指が分化する頃（10カ月過ぎ）から，小さいものも大好きになります。これらのものは，いずれも探求心の発達や指の分化にとってとても重要です。ただし，有害なものをなめたり，飲みこんだりしないよう注意しましょう。

「手の操作」を見守ろう！

3　乳児期の手とこころの発達環境の点検

(1)　手とこころの発達のための環境点検・日課の確立
　　―乳児期は時間軸を中心に

乳児期も後半に入ると，みんなに合わせた日課が少しずつできてきます。

日課ができてくるにしたがって，目覚めている時間に他の友だちや家族としっかり遊べるようになります。起きたら「散歩」，起きたら「おやつ」と目覚めることへの楽しみもできてきます。大人も子どもが寝ている間に仕事をしたり，他の子どもと遊んだりして，その子の目覚めのときに合わせて行動できます。目覚めたときに「おっきしたの？」という声と笑顔があったら，どんなにかうれしくホッとすることでしょう。

乳児期は，まだ自分の足で移動できませんので，大人の手を借りての日課は主に時間軸に依ります。つまり，「○時になったら○○する」という日課です。前半はまだその子なりのリズムで睡眠と覚醒がくり返されますが，後半になると，徐々に他の子どもや大人と共有できるリズムと

なり，日課が確立していきます。

　そのためにも，子どもが目覚めたらそっと身体を起こしてあげたり，とくに朝は窓を開け，朝の空気と光を感じさせながら「おはよう」の挨拶をしてあげたりしましょう。睡眠と覚醒のそれぞれに区切りをつけてあげるとよいと思います。その中で，時間軸をもとにした日課が定着し，区切りがリズムになっていくのです。

　目覚めているときは十分遊び，寝ているときは静かに眠るというそれぞれの区切りを，姿勢の変化や声，空気，光，周囲の雰囲気で，しっかりつけてあげたいものです。

　姿勢の変化や声にこたえて，子どももうれしそうに手足をバタバタさせます。こうした子ども自身の活動は，子どもの心身を目覚めさせ，遊びや食事への「準備」となるのです。

　とくに一日のはじまりである朝に，まずは「はずみ」をつけて，今日というよい一日のはじまりであることを伝えましょう。子どもだけでなく，大人の方もよい一日の出発にしたいですね。

(2) 乳児期の手の発達環境の点検
　　―流しの下や食卓の下は安全ですか？

　乳児期の手の発達環境の点検をしてみましょう。乳児期の子どもの目線・手の世界は，床上10センチくらいから始まります。ベッドの高さや抱っこによって高くはなりますが，ハイハイが始まる頃は0センチのときさえあります。保育所等の集団保育の場では，最近では，このような乳児期の手の発達環境への配慮がずいぶん行き届くようになりました。しかし，まだまだ，配慮や工夫が望まれます。広さや衛生面とともに，関わりを楽しめる遊びの空間を工夫したいものです。

　一方，家庭では，乳児期の各時期の特徴を考慮した注意が必要になってきます。床の上の安全への心配り（危険なもの・不潔なものをなくす）はもちろんですが，台所の流しの下や食卓の下への配慮も必要になってきます。

第3章 ●乳児期の手

　どの子も，お母さんやお父さんが立ち働く台所が大好きです。ハイハイしては台所に行き，どっかりと座り，探検します。床上30センチの世界です。流しの下のドア（多くの家庭では，ここに包丁が収納されています）を開けたり，ドア近くにぶら下がっているタオルや鍋つかみをつかんだり，ついには，たてかけたままになっているモップを引っぱったり，思いもよらない「遊び」を展開します。

　食卓の下にもぐり込むのも大好きです。いつの間にかもぐり込み，ほこりまみれになって出てきたり，誰かが落としたパンくずを指先でつまんで口に入れたり，テーブルクロスにつかまって立ち上がろうとしたり，ハラハラさせられることがいっぱいあります。

　このようなことの多くは，食卓が，床にじかに座る茶ぶ台からいすに腰かけるテーブルに変わるなど，全体として動線が高くなり，大人の目線が高くなったことに由来して起こります。床は膝もと・手もとから足下へと変わり，テーブルの上に注がれる目は，床までは届きにくくなっているかもしれません。

　大人の便利が，子どもにとっては思いがけない危険になっていることが考えられます。もう一度，それぞれの時期の子どもの目線から，子どもが住む世界を見直してみましょう。子どもを台所から閉め出しっぱなしにするのではなく，大事な家族の一員として，ときには台所に受け入れてあげられるように，環境点検をしてみてください。台所や食卓にあるもの・道具は，どれも，やがては子どもたちに受け継ぎたいもの・道具なのですから。

子どもと遊ぼう！　手も指も身体もたっぷり使って！
次の絵本がお役に立ちます

❁子どもと遊ぶ方法
『あそぼうあそぼうおとうさん』『あそぼうあそぼうおかあさん』(浜田桂子，福音館書店)，『おとうさんあそぼう』(わたなべしげお，福音館書店)

❁子どもとのいろいろな遊び
『なにしてる』『ともだちだーれ』『あけてみたいな』『あらあらびっくり』(角田巌，文化出版局，あかちゃんとあそぶ絵本①〜④)，『ちいさいあし』(ひろのたかこ，こずえ)，『手あそび・ゆびあそび』(芸術教育研究所，岩崎書店)，『じゃあじゃあびりびり』(まついのりこ，偕成社)，『おててがでたよ』『くつくつあるけ』『きゅっきゅっきゅっ』(林明子，福音館書店)，『つかんでごらん』『つまんでごらん』(五味太郎，偕成社)

＊これ以外にも，参考になる手の絵本がたくさんあります。私(丸山)のホームページ「お茶しよっ！」(アクセス方法は243ページ参照)でご紹介していますので，ぜひ，ご覧になってください。

第4章

幼児前期の手
―「つかむ手」から「つかう手」への成長，「つなぐ手」誕生のとき―

泥んこ遊びは世界中の子どもが大好き。
（ミャンマー・バガン／石上真由撮影）

1　幼児前期の手とこころの発達

(1)　「手の操作」から「対象的行為」へ

　わが家の長女と次女が，間もなく満3歳と2歳になろうとしている夏のことでした。

　むし暑い日々，子どもたちはくる日もくる日もパンツひとつになって，「お医者さんごっこ」と称して遊んでいます。何のことはない，スプーンとお箸と懐中電灯を持って，「あ〜んして，ああ，おかぜですね，お注射をしましょう」のくり返しなのです。お箸の注射が終わると，腕をおさえながらお医者さんと患者さんは交代し，代わりばんこにやるわけですが，朝から晩まで，何度くり返したことでしょう。このために，ベッド代わりに使われた座卓の脚が，ひと夏のうちにガタガタになってしまったほどです。

　「あら，また！」，子どもたちの遊びには口を出すまいと心に決めていたはずなのに，ついつい口に出して言ってしまうこともたびたびでした。

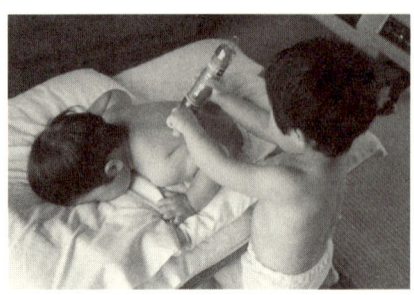

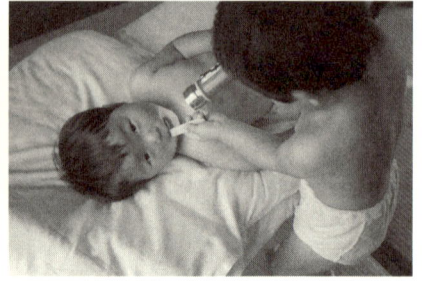

懐中電灯とままごとのスプーンで，お医者さんのまねっこをしています

　少し前までは，長女は，受話器やカメラ，大きなはさみ（たちばさみ）に興味を示し，親たちのまねをして，受話器を手におじぎをしたり，笑ったりしながらおしゃべりをするかと思えば，大きなはさみを使っての新聞の切り抜きに夢中でしたし，次女は，耳かきにご執心のようでした。

しかし，この頃は「ごっこしよう」と誘い合っての「お医者さんごっこ」です。おかしさをこらえながらよくよく観察してみると，のどをみるときの手つきやかっこう，注射の仕方など，感心するほど上手に，知り合いの小児科医の「オジチャン」の模倣ができています。
　「ごっこ」と言っても，子どもたちの遊びの中心は，あくまで小道具の使用であり，ひと通りそれらしく小道具の使用が終わると，交代してしまうのです。それでも，子どもたちは十分満足のようでした。
　上記の長女の娘Yが，あれからちょうど30年後の2005年夏，徳島に里帰りしました。2歳10カ月のYの遊びは，「亀さんのトイレ遊び」でした。紙製の首振りの亀のミニチュアを，音の出るトイレの形をしたマグネットにおすわりさせて，「はい，おしっこよ」と言い，音を出し，流したつもりで亀を床に戻し，「おしっこ，おしまいね」と言います。その後，すぐにまた，「おしっこする？」と言いながら亀をおすわりさせます。そして「はい，おしっこよ」……をあきもせずくり返していました。
　このように，ものや道具の使用にもっぱら興味を示し，模倣しつつ扱いながら，その中で，身近なもの（衣・食・住に関わる生活用品や玩具など）の名前（名称），用途（社会的機能），そしてそのものなりの扱い（社会的一般的使用様式・使用法）を知っていく活動（遊び）は，「対象的行為」と言われ，1歳過ぎから3歳頃までの子どもたちにとって，もっとも好まれ，かつもっとも重要な活動（主導的活動）として，重視されています。
　対象的行為は，乳児期にしっかり遊んでもらい，大好きになった大人たちの模倣から始まり，その大人たちのひとこと（「これは○○っていうものよ」「このようにして使うのよ」など）にヒントを得ますが，乳児期に抱いた，ものに対する好奇心が土台になっていることも見逃せません。また，自分の足で歩いて，関心を持ち，ねらいを定めたものを自力で手に入れることができるようになったことも，子どもをより積極的にものに挑ませます。ちょうどこの頃にみられることばの急速な発達も，それ

を後押しします。

(2) 「つかむ手」から「つかう手」へ

　対象的行為は、乳児期の終わり頃、多くの子の場合は離乳食とともにお目にかかるスプーンへの関心あたりに、その芽生えがみられるようです。はじめのうちは、「手の操作」的扱いで、握ったままつついたり、テーブルに打ちつけて遊んだりなのですが、1歳を過ぎ、1歳半頃になると、もうスプーンらしい扱い（道具的扱い）になり、「プーン、プーン」と言って食事のときに使うものであることも理解します。

　そして2歳頃には、持ち方も、中指にのせ、人さし指と親指で支え、腕ごと近づけるというやり方で、手首を回転させながら使うことまではできませんが、一応それなりに使えるようになります。

　2歳～2歳半頃にははさみも使うようになり、チョキ、チョキと切り始めます。古い形の丸い握りばさみだと、ちょうど子どもの手にぴったり合い、手の開閉に合わせてはさみも開閉してくれるので、もう少し早く（2歳前後に）使用可能です。しかし、まだ切り口はぎざぎざで、連続的に切ったり、線にそって切ったりはできないのが普通です。道具の使用に合わせての指の分化がまだできず、手全体の開閉ではさみを使うのが精一杯だからです。しかし、それでも、はさみのしくみや動きのタイミングに合わせて手の開閉ができるようになったという点で、大きく成長したと言えます。

　『坂本廣子の台所育児』の著者である坂本先生は、手に合ったよい包丁を使えば、1歳台から包丁も使用可能であると言っておられます。たしかに、たとえばキュウリの輪切りのように、切りやすい素材を輪切りにするなどは、手の動き（手で持った包丁をものの上におろして押して切る）と作業の結果が見えやすく、イメージしやすいという点で、決して難しい道具の操作ではありません。

　とは言え、足元がしっかりし、すぐに転ぶようなことがないこと、こ

とばが通じること（ことばを話し，理解できること）が最低の条件として必要だろうと思います。もちろん，本人の意欲も必要です。そして，はさみも包丁も，いずれも身近な大人の指導や援助によってはじめて使用可能になります。したがって，この時期の道具使用に際しての大人の役割は，きわめて重要です。この点に関しての詳細は第7章をご覧ください。

かくして，乳児期にやっと自由にものがつかめ，つまめるようになった手，すなわち「つかむ手」は，ものを扱い，道具を使用する手，すなわち「つかう手」として高められ，勝手な扱い（手の勝手に合わせた扱い・手動的操作の段階）から，ものにそった道具的扱い（ものの論理にそった扱い・道具的操作の段階）へと大きく変わっていきます。

これは同時に，生物学的なヒトの手から，人間的・文化的手への飛躍であり，「文化を担う，人間の子ども」に育つ上での大きな関門でもあります。ここで子どもたちは，生まれてはじめて文化と直面し，文化を意識させられ，それぞれのものに込められている（対象化されている）知恵や技（文化）を，手にしっかり吸収（非対象化）していきます。

したがって，この時期，玩具類も大切ですが，それ以上に多くの生活用品や道具類（バケツやたらい，コップやおわん，スプーン，お箸等の食器類，電話や懐中電灯，ほうきやちりとり，はさみや鉛筆，洋服やはきもの等の子どもの身のまわり用品等々）がとても大切だと言われています。

たしかに，この時期に子どもたちが実際に扱えるものはそれほど多くはありません。しかし，子どもたちは，これからの生活において使うもの・道具の基本を，この時期にほぼ獲得するとも言われています。「生きる力」として2つめにあげた生活技能の獲得のはじまりです。これから先ずっと，「生きる」を支える大きな力となるはずです。

(3) ものに忠実な「つかう手」
――幼児前期は対象性獲得が優位な時代

　しかし，たとえば皿の代わりに紙を使うように，いつもと違うもの，似てはいても別のものであるものを代用しようとすると，子どもは「これは違うよ」「これはお皿じゃなくて，紙だよ」などと言います。この時期の子どもの手では，紙は皿の扱いにはならず，紙として扱ってしまうのです。子どもの手は，目の前にあるもの（ここでは紙）に忠実なあまり，そのものに縛られるのです。

　また，「ここにはないけどあるつもりで，ブラシで髪をとかしてみて」「お箸があるつもりで，このお豆をはさんでみて」などと指示しても，「ブラシで髪をとかす」や「お箸でものをはさむ」などの手元の再演はできず，5本の指をブラシにして髪をとかしたり，2本の指で豆をつまんだりしてしまいます。

　このように，この頃の子どもたちの手は，今，目の前にあるものの用途や使用法に忠実過ぎるほどに忠実で，対象からの規制を強く受ける（対象性優位）傾向にあるようです。それもそのはずです。自分勝手な扱いから，やっとものの論理に基づいた扱いが始まったばかりなのです。ものの論理に基づいてものを扱う，つまり「つかう手」を精一杯育てているのですから。

　対象性を獲得することが優位な時代であるからこそ，興味を持ったいろいろなものに挑み，そのものの論理を手に吸収することができるというものです。まさに「ものの系」なのです。そして，身近なもの・道具を通して，ものの理屈と操作を学び，ことばという道具を身につけるのです。それは，生きる技・技能の原型であり，知的発達の確かなはじまりです。

　そう言えば，前の段階の乳児期は，手の自由を獲得する時期，つまり手が随意になるときでした。手のままにものを扱いながら，手の自由と指の分化が進んだのでした。乳児期は随意性獲得が優位のときだったの

です。まずは乳児期で自由になった手で，次はものに挑み，ものの論理を学ぶのです。

そして，乳児期には，直接的情動的交通という「ひとの系」を場とする主導的活動の中で，生きる意欲のもとであり，人格の基礎でもある信頼感・有能感も大きく育ったのでした。

(4) 水，泥，砂，紙などで遊ぶ

一方で，この時期の子どもたちは，水や泥，砂，粘土，布，紙などの自然物（あるいは自然からできたもの）で，子どもたちが働きかけると形を変えてこたえてくれるものが大好きです。

雨上がりの水たまりで遊ぶ子どもたちのはしゃぎぶりとその生き生きとした様子は，他ではちょっとみられませんよね。ばしゃばしゃ，びしょびしょ，靴もズボンも，ぐっしょり濡れ，泥だらけになりながら，わざわざ水たまりを通って遊ぶのですから。

紙類なども大変よろこびますし，布なども大切な教材です。たたいたり，伸ばしたり，覆ったり，かぶったり，丸めたり，ちぎったり，破いたり，それぞれの素材に合わせた働きかけを工夫し，感触を楽しみ，覚え，身につけていきます（「ふれる手」の発達）。この時期に，水や砂，泥，紙で遊ぶことの重要性ははかり知れません。ものの性質・特徴・特質を手ざわり（感触）としても学びます。

丸めたとき，ものはどうなる？　そのときの感触は？　紙や布は丸めても手からはなすともとに戻るけど，泥や粘土は戻らない，紙はかさかさと音がするけど，布は違うなど，ものによる違いを楽しみながら遊び，手の力をつけていきます。

つまむ，握る，持ち上げる，引っぱる，つねる，ひろう，落とす，ちぎる，さく，破く，たたく，伸ばす，丸める，押す，折る，すくう，こぼす，回す，なでる，さわる等々の手の動き・作業を通して，手の多様な動きを身につけ，感触を覚え，手の力の基本・土台を獲得するのです。

これらは，お箸やはさみなどの道具を使う手の土台ともなります。

⑸　水・泥・砂はやがて合体……だんごやプリンに

　水道の水で遊び始めると，全身ずぶ濡れになっても，いつまでも遊びます。いや，この時期は，水そのものとたわむれ，楽しむときと言えます。手に水をためたり，手に流して水の感触を楽しんだり，水道の口をふさいでぴゅーっと水を飛ばしたり，水道から流れ落ちる水を手で切ったり……と，それぞれに形を変え，姿を変える水の「実体」を追い，楽しむのです。

　砂もそうです。手ですくったり，すくったのをさらさらとこぼしたり，コップやバケツ，ビンなどの容器にスコップで入れたり，出したり，運んだり，融通無碍に，形を変える砂と遊びます。

　　　　　＜サラ砂づくりに夢中になっている２歳児＞
　２歳になったばかりのＫチャンが丸い円盤（スポンジでできた，表面に凸凹のある板状のもの）を持ち，砂をザッと上に置いて，パンパンとはたき，残った細かな砂をお椀に集めています。そばで私たち保育士がＫチャンのことを話題にしていることをものともせず，集中して，作業をくり返しています。大きい子たちのまねをして，サラ砂を夢中でつくっているのです。
　しかし，サラ砂をつくるだけで，泥だんごをつくるところにまでは至りません。サラ砂づくりが目的のようです。　　　　　　（事例担当：奥尾祐子）

　やがて，水と砂を合体させ，さらなる遊びを展開させます。袖口のまわりだけでなくお腹まで，いやいや全身，砂まみれになったり，ぐっしょり，どろどろになったりして，無心に遊びます。

　しかし，砂や水，泥とたわむれていた手は，３歳を過ぎる頃には，その砂や泥をうまく使って，だんごをつくったり，プリンにしたり，花をあしらって見事なケーキに仕上げたりします。そしてその頃には，ずぶ濡れになったり，身体中泥だらけになることはありません。水や砂，泥と遊ぶ中で，性質を知り，使いこなせるようになったからです。十分遊んだからこそ知る，水・砂・泥の性質・特性なのです。

第4章 幼児前期の手

砂場で夢中になって遊ぶ3歳児。こねたり，丸めたり，つめたり，それだけで満足のようです。いろいろな道具も活躍しています。　　　（大西泰子撮影）

　ベテランの保育者から聞いた話です。3歳頃までに，水や砂，泥と十分遊んできていない子どもの場合，4，5歳になっても，形あるものをつくるに至らず，ずぶ濡れになったり，どろどろになって遊んでしまうというのです。大人からみると，無駄に泥だらけになっているかに思えますが，砂や水，土について，全身で楽しみながら，実は多くのことを学んでいるのです。

　次の事例をご覧ください。登場する子どもたちは，幼児後期を迎えたばかりの子どもたちです。無駄にみえた中に潜む，貴重な成長のあとをみることができます。

＜たこ焼きとケーキはいかが？＞

　年少組のSチャン（4歳）は，幼稚園の土山の一角でごちそうをつくっています。いろいろな型のカップにほどよく湿った土を入れ，手で上から押します。力の入れ具合にもコツがあるらしく，加減している風です。カップを逆さにして型を取ると，見事なプリンやコーヒーゼリーのできあがりです。
　少し前までは，なかなか形ができなかったり，崩れたりしていました。それでも，日々土まみれになって，土コネをしていたSチャンです。この頃ではコツを飲み込んだらしく，崩れることもなくなりました。
　そこに，同じクラスのFチャンが来ました。「一緒にする？」と誘うSチャン。やさしい誘いに，Fチャンは「うん」とうれしそうに答えます。一緒に

遊ぶ仲間ができて，2人ともとてもうれしそうです。

　仲間ができると，イメージもふくらむようです。「はいプリンができました。こんどはコーヒーゼリーにしましょうか」「ドーナツもできましたよ」「ケーキもつくろうか。今日はお誕生会があるけん」と会話もはずんでいます。「何やってんの？」と別の友だちも来ました。「ケーキつくってるんよ。たこ焼きもありますよ。たこ焼きとケーキはいかがですか―。」子どもたちの遊びはいつの間にか，お店やさんごっこになっていました。

（事例担当：大西泰子）

みんなでプリンやケーキをつくっています。とても楽しそうです。

(6) 基本的生活習慣の自立（身辺処理の自立）も
　　―この時期はいわゆる「しつけ」の最適期です

　こうした中で，子どもたちは大きく成長します。親がかりの生活から，身辺の自立を成し遂げます。

　ものや道具への興味・関心は，衣食住に関わるすべてのものに向けられます。洋服や靴，下着，ぼうしやかばん，皿や茶碗，スプーン，箸，コップや歯ブラシ，お風呂場のタオルや洗面器，掃除機にモップ，洗濯機……。あらゆるものに好奇心を持って挑み，大人のまねをし，教えられながら日々使っていきます。

　はじめは，ズボンをはいてからパンツをはいたり，大好きなキャラクターのTシャツを後ろ前に着たりします。それは，子どもからするとまずズボンが目に入るからであり，大好きなキャラクターをみながら着てしまうからです。興味を持ったものから，目でみたままに始めるので

はんこ（半纏）を上下逆さまに着ています

す。目にはみえないけど，ズボンの下にパンツをはいていること，目にはみえなくなるけど，キャラクターのついた表を下にしておいてから着ると，キャラクターが前にくること……を，大人に何度も教えられ，くり返し試み，やっと自分でできるようになります。ここでは，ことばの獲得も重要な要因です。ことばによって，「間」をおくこと（イメージし，記憶しておくこと）ができるようになるからです。ことばを添えて教えることが重要だと言われるのは，このためでもあります。

　そうこうしているうちに，気がつくといろいろなことを自分でできるようになっています。まだまだ大人の手助けと点検が必要ではありますが，自分のことは自分で，かなりの程度できるようになっています。対象的行為の中で，ものや道具をそれなりに扱う「つかう手」は，子どもの自立の要です。こうして手は，基本的生活習慣の自立を担い，生きる力の土台を支えます。もの・道具に関心を持ち，自分から挑むこの時期こそ「しつけ」の最適期なのです。

(7)「つなぐ手」の誕生

　2歳前後から，机をみんなで運んだり（手を添えているだけ，ということもしばしばですが），小さい子の靴を脱がせたり，手を引いてあげたりする姿がみられ始めますが，みていて何ともほほえましく，楽しいものです。自分のことさえ満足にできない子どもたちですが，小さい子の世話をやきたがります。このように，友だち同士あるいは小さい弱い者に対して手をさしのべ，手をつなぎ，励まし合い，助け合うことは，人間の，忘れてはならない，重要な面です。そこで大切な役割を果たしている手が「つなぐ手」です。

　表4-1は，発達検査や発達研究の中にみられる関連する項目を整理してみたものですが，この表からもわかるように，2～3歳頃に，すでに「つなぐ手」の誕生をみることができます。ただし，まだまだ，そのつもりではあっても，多くの場合，各人がマイペースで，なかなか息が合

表4-1 「つなぐ手」に関わる項目と可能になる年齢のめやす

幼い子どもに近づいて衣服にさわる	（1歳3カ月）
交差点をわたるとき，手をつなぐ	（1歳3カ月）
友だちのブランコをゆすってあげる	（1歳7カ月）
机をみんなで運ぶ	（1歳8カ月）
とられたらとりかえす	（1歳8カ月）
友だちの靴を脱がせてあげる	（1歳8カ月）
泣いている子の頭をなでる	（1歳9カ月）
友だちと手をつなぐ	（1歳9カ月）
子ども同士で追いかけっこをする	（2歳0カ月）
友だちや小さい子にごはんを食べさせてあげる	（2歳3カ月）
年下の子の世話をやきたがる	（2歳6カ月）
小さい子の手を引いてつれてくる	（2歳7カ月）
大きな紙に共同で絵を描く	（2歳8カ月）
友だちと順番にものを使う	（3歳6カ月）
2人でものを運ぶ	（4歳0カ月）
2人以上で協力して，砂場で山をつくる	（5歳0カ月）
目かくしした相手をリードし，ものを運ぶ	（5歳0カ月）
小さい子や弱い子の面倒をみる	（6歳0カ月）
2人でなわを回す	（6歳0カ月）
2人で掃除をする	（6歳0カ月）
友だちにはちまきをしてあげる	（6歳0カ月）
友だちの衣服を直してあげる	（7歳0カ月）

いません。やがて息が合い，「つなぐ手」が「つかう手」や「つくる手」「あそぶ手」と結合して，共同作業や共同製作が可能になるのは次の段階（幼児後期）です。

　手の働きや技（技術，技能）は，単に個人で使えるレベルではなく，集団の中で役割を分担し，共同・協力し合えるレベルまで到達してはじめて，本当に習得したと言えるのではないかと思います。今，とくにこの点を確認し，意識的に取り組むことが大切だと思われます。ひとりひとりももちろん大切ですが，みんなで協力し，共同し合うことも，幼児期に身につけさせたい重要な課題だからです。

(8) 手とともに，ことばも発達します

「あれは何？」をくり返し，何度も何度ももの・道具の名前を確認するのも，この時期の大きな特徴です。ものには名前があるらしいことを知り，興味津々なのです。同時に，「あれは何？」の中には，名前だけではなく，「何するもの？」（用途）「どうするもの？」（使用法）という意味まで含まれているようです。つまり，「あれは何者なの？」という意味なのです。「あれ，何？」をくり返しながら，ものや道具の決まり（名前，用途，使用法）を問いただしていきます。

そして，やがて，ものや道具の決まりがあるように，ことばにも決まりがあることを知り，ことばの決まりまでも習得していきます。

1歳頃には語彙はだいたい5つ程度で，「一語文」です。しかも発音もままならず，多くの場合いつも身近にいるひとの通訳を要します。「エンチンプン」（えんぴつ），「オソカラマンチ」（お子様ランチ），「ハカシロイ」（はずかしい）などのような類似音への変換や造語，あるいは「サダラ」（サラダ）などのような逆転，「コップポーン」（ポップコーン），「ヒホ」（ミホ）などのような組み換えや音韻転化など，独特の幼児語がみられる場合がしばしばだからです。

しかし，3歳を過ぎる頃には通訳なしでもたいていは通じるようになります。また，「○○だから，○○しよう」と従属文をつけて達者なおしゃべりができるようになります。「○○して」と言うと「何で？」とすかさず問い返したり，「○○したいなあ。だって，ユーチャンね，○○がだあいすきなんだもん」とか，「今ね，ユーチャンのとこ，雪がふっているよ。ふわっとして，つめたいんだよ。アーチャンのところはどう？」などと，一人前の口をきいたりします。

文化入門期であるこの時期は，文化の中でももっとも基本である「もの・道具とことば」の基礎を学ぶときです。ていねいなことばで話しかけてあげましょう。「ふん」と言ってものをわたしたり，「あ，それそれ」

などと言いながら指さしだけですませたりは，やめたいものです。「○○にある○○をとってちょうだい」とていねいに話してあげましょう。大人との会話の中や，大人同士の会話をまねて，子どもはことばを習得します。

　また，子どもの話はていねいに聞いてあげましょう。急かしたり，きちんと言いなさいと注文をつけたりすると，子どもは出鼻をくじかれて話す意欲をなくします。「また話したい」と思えるような楽しい雰囲気での会話にしてあげてください。無視なんてとんでもないことです。

(9)　「○だ」から「△ではなくて○だ」へ

　子どもがことばを覚えるとごまかしが効かなくなる，とよく言われます。

　ことばを使い始める前は，「あー，あー」とほしいものを指さします（「ほしいのはあれだよ」）。けれども，この頃はまだ，ことばで表現できないために，特定が弱いのです。だから他のものに容易に代替えできます。

　ところが，ことばを使うことによって，子どもたちのものの認識が「ほしいのは○で，△ではない」とはっきりするために，他のものでは容易に代替えが効かなくなるのです。「ぼくがほしいのは，おせんべいではなくて，チョコレートなの」と特定して自覚するのです。

　いったん主張し出したら，他のもの・こと・ところへとなかなか妥協してくれないこの時期には，「行きたいところは○かな？　それとも△かな？」と聞いてみてください。「○に行くのよ」というより効果的かもしれません。

(10)　「つもり」を大切に
　　　──反抗とけんかは「つもり」と「つもり」の食い違いと衝突

　手の発達とともに基本的生活習慣が自立し，自信を持った子どもたち，そして，ことばを獲得し，自分の要求や意思をことばで表現し，そのことによってそれらをさらに明確に意識できるようになった子どもたちは，

「自分」をアピールします。「自分はこうするつもり・こうしたい」という「つもり」(自我の最初の形)を主張するのです。しかし,まだまだ未熟な子どもたちの「つもり」は,そのまま通らないことが度々です。大人の「こうしてほしい」と食い違ったり(反抗),友だちの「つもり」と衝突したり(けんか)します。自分をコントロールして,大人の都合や,互いの言い分を理解できるのは,まだ先です。幼児後期の「ひとりごと」という「もうひとつのことば」の誕生をもって,セルフコントロール(自己抑制・がまん)が可能になります。その前に大事なことは,「つもり」を十分に育て,しっかり自己主張することができるように見守ることです。

(11) 「つたえる手」「まもる手」は

　ことばを使い始めるこの頃ですが,ことばと一緒に手を使って表現することもしばしばです。ところが,この頃の子どもたちの手の使い方は大まかです。両手を使って,形や大きさ等の外部を表現する場合が多いのです。指を使って細部にわたる表現をするようになるのは4歳を過ぎてからであることが多いようです。大まかではありますが,方向やそのものの指示だけではなく,そのものを表現するためにことばを補う「つたえる手」の成長をみることができます(詳細は次章および次章の図5-1,5-2参照)。

　「まもる手」についてみても,自分の視界をじゃますものをよけたり,いすの上のものをどけて座ったりと,しっかり自分を守る手に成長しています。

(12) しっかり歩く中でできる「土踏まず」
　　―まずは,利き足(多くは右足)から

　手のみでなく,それを支える足腰もめざましい発達を遂げます。この時期は歩行が上手になり,坂道や階段が大好きです。その中で,多様な歩行(上ったり下ったり,走ったり歩いたり……)ができるようになり,

少々のことでは転ばなくなります。

　この頃の子ども（女児では3歳頃，男児では3歳半頃）をふとみると，スキップをしていたりします。たいていは片足だけができて，もう一方の足は引きずっているようなスキップです。ほんの短い時間ですが，片足で立っているときもあります。そろそろ利き足（右足の場合が多い）に，土踏まず（足裏のアーチ）ができたしるしです。土踏まずができると，それによってクッションができ，重い身体を支え，長い時間歩いても大丈夫になります。

　また，手足が伸び，乳児の体型（短足のがに股，四頭身）から幼児の体型（五頭身，手足がややまっすぐ）になっているのにも気づきます。おむつもはずれることから，お尻も小さく，すっきりみえます。よくよくみると，少し前まではかたまりのようだった身体つきにも，腰らしきものが確認され，背中も曲線を描いているようにみえます。骨盤の前傾と脊柱の緩やかなS字状化が始まったのです。体重による足腰への負担が分散するしくみのはじまりです。

　土踏まずができることによって，手足が伸び，重心が高くなったにもかかわらず転びにくくなり，骨盤の前傾化と脊柱のS字状化によって，直立もしやすく，さらに歩きやすく，長時間の歩行に耐えられ，転びにくくなるのです。これらのしくみはしっかり歩く中でできていきます。

　続いて，幼児前期における，手とこころ・生きる力の発達のために大切なことについて，まとめておきます。できることから始めてみましょう。

2　手と生きる力のために，ここから始めてみよう！

⑴　もの・道具を使った遊びが大切

　身近にあるいろいろなもの・道具を使って遊ぶことはとても大事です。

第4章●幼児前期の手

おもちゃも大切ですが，日用品でも遊ばせてあげましょう。そしてその過程で，名前とともに，用途や使用法を，ことばを添えて伝えてください。やがて，そのものにそった扱いができるようになります。2歳頃からははさみも使えます。お誕生日のお祝いに専用のはさみをプレゼントしてはどうでしょう。そのときには，必ず，正しい使い方，しまい方をていねいに教えてあげましょう。

> 道具やものを使った遊びが大事です

(2) 水や砂，泥などの自然の素材は，子どものよい遊び相手

水や砂，泥などの自然の素材は，子どもの手にたくさんのことを教えてくれます。何よりも，自然の素材は，子どもの働きかけに形を変えてこたえてくれます。そして，ぬくもりと一緒に，ザラザラ，ヌルヌル，ベトベト，ツルツルなどの感触も知らせてくれます。自然は子どもの手にいつでもやさしいでしょう。

> 自然の素材は子どものよい遊び相手です

(3) 自分のことは自分でする（自立）習慣を

食事や衣服の着脱など，身辺自立のための習慣をつけるのは，この時期こそグッドタイミングです。また，食事をしたり，衣服を着たり，脱いだりなどの中で育つ手の多様さは抜群です。365日，日々くり返し，真剣にやるだけに，しっかり身につきます。多少手間どっても，見守ってあげましょう。

> 自分のことは自分でする（自立）習慣をつけよう

(4) 食事のマナーは大切な生きる技

「いただきます」や「ごちそうさま」の挨拶、お箸の使い方、お茶碗の持ち方など、食事のマナーは「みんなと快適に食事する（生きる）」上で大切なことです。気長に付き合ってあげてください。また、この時期の子どもは、模倣魔と言われるほど、大人の模倣をします。模倣をしながら学ぶのです。子どもの前ではとくに、大人もマナーに気をつけましょう。

(5) しっかり大地に足をつけて歩こう

歩行が始まると、子どもたちは歩くのが大好きになります。そして、たくさん歩く中で、3歳〜3歳半には利き足（多くは右足）に土踏まずが形成されます。6歳過ぎには両足に形成されます。足は、手の土台であると同時に、健康の要です。大地にしっかり足をつけて、たくさん歩かせましょう。

(6) 公園や図書館など、公共施設の利用の仕方も大事なマナー

日曜日などの休日に家族で出かける公園や図書館、児童館、コミュニティセンターなどについても、用途と使い方を伝えたいものです。みんなが使う場所を、みんなの迷惑にならないように使えるようになることも、「公共性を身につける」という大事な生きる技・生活技術です。

(7) ことばを大切に

手はことばとセットになって、より強力になります。手はことばを育て、ことばは手を育てます。互いに育ち合いながら、協力して、大活躍します。子どもは大人のことばを見習って覚え、使います。ていねいなことばで話しかけてあげましょう。また、子どもの話はじっくり聞いてあげましょう。

(8) 見守ろう！ 子どもの自己主張

身辺自立やことばの発達が進むにつれ、自己主張が強くなります。自己抑制（セルフコントロール）は、しばらく後になります。「まずは自己主張から」と心得ましょう。してはいけないこと、危険なことはきっぱり伝えながら、粘り強く、見守ってあげてください。

3 幼児前期の手とこころの発達環境の点検

(1) 手とこころの発達のための環境点検・日課の確立
―幼児前期は時間軸＋空間軸で

自分で移動できない乳児期は、かなりの程度大人に頼り、空間軸の意識はなかなかできませんが、自分の足で移動できるこの時期は、日課の軸に「空間軸」を加え、「○時になったら、○○で（に行って）、○○する」という形で確立することが可能となります。空間軸が加わることによって、心の準備（心構え）もでき、楽しいはずみとなって、リズムができます。

もちろん「大人の誰かと一緒」が基本です。しっかり見守りながら，必要に応じて，手洗いやトイレ，歯磨きの「やり方」を伝えてください。

日課の確立のポイント

乳　児　期…時間軸　　　　　○時になったら，○○する
幼児前期…時間軸＋空間軸　○時になったら，○○で（に行って），○○する

例）乳児期　・12時になったらミルクの時間。
　　　　　　・3時になったらおやつの時間。
　　幼児前期　・12時になったら洗面所に自分で歩いていって手を洗う。それから食卓のある部屋でお昼を食べる。
　　　　　　・3時になったら洗面所に自分で歩いていって手を洗う。それからおやつを食べる部屋でおやつを食べる。

　日課に，「○○で○○する」という空間軸を加えることは，住まいを使い分けること（部屋や住まう空間の用途）や，どのように使うか（部屋や住まいの空間の使い方のルールやマナー）という，住まいの文化を伝えることにもなります。ものの中には住まいもあることを意識し，この時期（文化入門期）にこそ，住まいの文化を伝えましょう。この時期に伝えられることは，住まいについてのほんの入り口かもしれませんが，日常に住まう部屋や空間の使い分けと使い方は，住まいの文化の基本です。

(2)　幼児前期の手の発達環境の点検
　　　　―台所・トイレ・洗面所は安全ですか？

　台所が大好きなのは幼児になっても同様です。いや，以前にもまして大好きになります。いろいろな色や形の野菜や缶詰，カレールーなどの食材や，お父さんやお母さんがそれらを調理してごちそうに変身させる道具類がたくさんあるからです。

　大好きな大人の模倣をしながら，台所にあるものを片っ端から使いたがります。戸棚を開けて食器を出したり，いすを持ち出して，高い流しで食器を洗おうとしたりと「大活躍」します。

　しかし，ものに興味・関心を持つこの時期の子どもたちにとって，家

第4章●幼児前期の手

庭の台所は「危険がいっぱい」の場所でもあります。流しの前には，しっかりした台をおき，子どもがその上にのって作業できるようにしたり，戸棚が簡単に開かないような工夫をしたりして，少しずつ，子どもにも台所に居場所をつくりながら，その中で，あぶないもの・ふれてはいけないもの（ガスや電気）についても，しっかり伝えることが肝心です。大人と子どもが住居や生活用品を共有していくためには，いろいろな配慮が必要なのです。

台にのってお手伝い。一人前になった気分でうれしい！

料理研究家の上田淳子先生は，「キッチンこそ子育ての最良の場」とし，あえて，台所（キッチン）を双子のお子さんに開放したそうです。上田先生ならではの英断と知恵に，感心させられました。詳細は第8章をご覧ください。

また，洗面所やトイレも，保育所・幼稚園では子どもサイズですが，一般家庭では大人サイズにできています。子どもにとっては大きすぎますので，それなりの工夫が必要になります。

何と言っても，子どもにとっては洗面所もトイレも魅力的な場所です。大好きな水が流れます。くるくると引っぱると限りなく続く紙（トイレットペーパー）があります。いつの間にか，トイレには紙があふれ，洗面所は水と石けんでびしょびしょです。

家庭では，大人用のトイレの上に子ども用便座をのせて使います。

でも，こうした時期を経て上手に使えるようになるのです。大目にみながら，トイレの使い方，手の洗い方を伝えてください。トイレの使い

方，手の洗い方は，食事に次いで重要な，生きていく技なのですから。

左の2枚の写真：
保育所の乳児さんのトイレ。
保育士の介助で使います。

右の2枚の写真：
保育所の2～3歳頃の
トイレ。4歳以降は仕
切りとドアがつき，個
室になります。

子どもと一緒に，ものや道具で遊ぼう・学ぼう！
次の絵本がお役に立ちます

❀お家にあるものや道具と遊ぶ
『おうちのともだち』（松成真理子，こぐま舎），『つかってつかってすりへって』（野坂勇作，福音館書店，「おおきなポケット」2003年11月号），『おとをつくろう』（浜田桂子，福音館書店），『じゃあじゃあびりびり』（まついのりこ，偕成社），『てのひらのおんどけい』（浜口哲一，福音館書店），『きょだいなきょだいな』（長谷川摂子，福音館書店），『わた』（宮川桃子，福音館書店）

❀水や砂，泥んこなどと遊ぶ
『じゃぐちをあけると』（しんぐうすすむ，福音館書店），『いしころであそぼう』『どろであそぼう』（野坂勇作，福音館書店）

❀野菜も友だち
『やさいでぺったん』（よしだきみまろ，福音館書店），『サラダでげんき』（角野栄子，福音館書店）

❀はさみ・お箸を使う
『ぼくのはさみ』（せなけいこ，金の星社），『はさみでちょきちょき』（ディック・ブルーナ，講談社），『きる・おる』（こすぎけいこ，福音館書店），『しばわんこの和のこころ』（川浦良枝，白泉社）

❀自立に向けて
『手で食べる？』（森枝卓史，福音館書店），『ぼくのおべんとう』『わたしのおべんとう』（スギヤマカナヨ，アリス館），『ひとりでできるよ』（ディック・ブルーナ，講談社），『ちょっとだけ』（瀧村有子，福音館書店），『くつがあったらなにをする？』（ビアトリス・シェンク・ドゥ・レニエ，福音館書店）

＊これ以外にも，参考になる手の絵本がたくさんあります。私（丸山）のホームページ「お茶しよっ！」（アクセス方法は243ページ参照）でご紹介していますので，ぜひ，ご覧になってください。

第5章

幼児後期の手
―手が上手に働く・共同作業も始まり社会的手へ・さらに人間らしく―

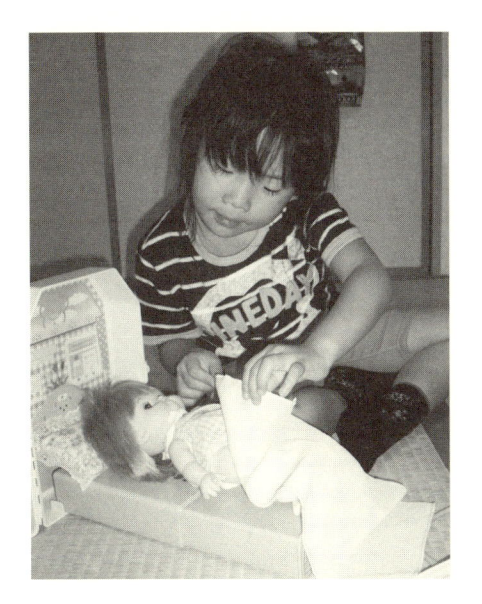

メルちゃんと遊ぶY。
やさしそうなお母さんになりきっています。
（仙台の自宅で）

1　幼児後期の手とこころの発達

(1)　大好きなごっこ遊び

　幼児後期になると，主導的活動は「ごっこ遊び」へと移行します。もの・道具の使用は幼児前期に大人の模倣をすることから始まりましたが，いろいろなものや道具が使えるようになった子どもたちは，3，4歳ともなると，ものや道具を使うだけでは物足りなくなるのでしょう。ものや道具を使って大人が果たしている役割までも模倣し，集団で演じるようになります。もの・道具の社会的機能（用途）・使用様式（使用法）という形式のみではなく，それらの持つ内容，つまり社会的意味にまで関心を高め，興味を持つと言うべきかもしれません。こうして誕生するのが「ごっこ遊び」です。

　子どもたちは「ごっこ遊び」の中で，それぞれのひとがものや道具を使いながら果たしている社会的役割，ひととひととの関係，社会的ルール等を模倣し，演じます。演じる中で，理解も深めていきます。

　2006年3月，KとYが再び仙台から徳島に里帰りしました。前年（2005年）の夏以来ですから，7カ月ぶりとなります。Kは5歳10カ月，Yは3歳5カ月になりました。私は2人の遊び方の変化をみて驚きました。

　とくにYの変化にはびっくりでした。第4章で紹介しましたように，前年の夏は「亀さんのトイレ遊び」に夢中でしたが，今回は明らかに違いました。兄であるKと対等に，色とりどりのビー玉とビーズ，野菜のミニチュア（焼き物のおいもやきゅうり，なすなど），小さい積み木を使って，ごちそうづくりごっこをしていました。大きなざるの中で，お箸や木ベラを使って何やら必死でつくり，できあがると小さいざるやかごに並べ，盛りつけて，私たちに「おいしいですから，食べてください」と言って持ってくるのです。「これは何ですか？」と聞くと，Kのまねを

して，「特別の色つきごはんです」と答えます。まるで料理人にでもなったかのように，その役になりきっています。

ときどき，材料のとり合いでもめていましたが，原因は，どうやら「貸してって言わなかった」とか，「貸してって言っても，どうぞって言わないの」といったことのようでした。「ぼくが遊んでいたのに，ユーチャンが，入れてって言わなかった」「言ったけど，どうぞって言わなかった」という場面もありました。

そのやりとりを聞いていて，私は今でも「仲間入りの儀式」が健在であることもうれしく思いました。簡単なものであれ，このようにして，ルールや仲間入りのためのスキルが習得され，伝承されていくことも大切なことです。感心しながら，楽しく見物させてもらった数日でした。

こうした子どもたちの「ごっこ遊び」は，はじめは子どもの目からみた大人の現実の世界の再演（模倣）ですが，やがて，「こうあったらいいなあ」「こうなったらいいのに」という仮想の世界も含めて，ごっこの世界を展開していきます。これには，後に述べる「もうひとつのことば」である「ひとりごと」が深く関わっています。

(2)「つかう手」は「つくる手」「はたらく手」「あそぶ手」に分化し，成長する

この時期の子どもは，幼児前期において身につけたもの・道具の使い方を，生活の中に生かし始めます。大好きな「ごっこ遊び」の中で使うものをつくったり，サラダのためにきゅうりやにんじんを切ったり（「つくる手」），おそうじ等のお手伝いをしたり（「はたらく手」）し始めます。

遊びの中でも，あやとりをしたり，コマを回したりの技もみせます（「あそぶ手」）。つまり，「つかう手」は，幼児後期に入ると，「つくる手」「はたらく手」「あそぶ手」に分化し，成長するのです。また，「つなぐ手」と結合して，共同作業や共同製作，集団遊びへと展開します。

そして，この時期の「つくる手」「はたらく手」による活動は，もはや「手による遊び」と言うより「手の労働」と言うべき，生産・生活活動

でもあります。人間が人間らしく生きる場合のもっとも基本を成すものです。ここまで来ると、「生きる力」を構成する生きる技・生活技能もかなり本格的になったと言えます。

(3) 「手の労働」という生産・生活活動

　ものや道具を使い，素材を加工して目的意識的に何かをつくり出し，ごっこ遊び等の実際の場で使用したり，手の技能を目的意識的に日々の生活に生かし，生活に役立てていく活動は，「手の労働」と言われ，幼児後期の子どもたちにとって，遊びとともに重要な活動として位置づけられています。

　この活動では，途中で放棄したり，好き勝手をしたりすることは許されません。目的を達成するために最後までやり抜かなければならないのです。

　たとえば，サラダに入れるきゅうりを切るなら，責任を持って最後までそれらしく切らなければなりません。靴を並べる行為も，最後まで，各靴の左右を揃えて並べてはじめて「お仕事」になります。また，少し前までは，はさみで切るだけだったり，泥をこねるだけだったりでしたが，この時期になると，たとえば「仮面ライダーのベルト」や「泥だんご」など，「形あるもの」をつくり上げます。幼児後期になるとそれができるのです。

<このマフラー，自分で編んだんよ！　インディアン編みに挑戦！>
　年少組のAチャン（4歳）は，担任の保育者にインディアン編みを教えてもらいました。それ以来，連日インディアン編みに挑戦しています。仲よしの年長組のBチャン（5歳）も一緒です。
　この幼稚園では，この時期（11月下旬頃）には，毛糸を使った編み物を保育に取り入れています。用意された太めの毛糸の中から，2人は大好きなピンクと白を選びました。
　最初は保育者が，左利きのAちゃんには右手に毛糸をかけて，編み方

をていねいに教えました。その様子をじっとみていたやはり左利きのBチャンも，右手に毛糸をかけて，編み方を教えてもらって編み始めました。

～インディアン編み中～

編み方はすぐに覚えました。編んでいくにつれ，だんだん長くなります。2人は夢中になって編み，とうとう，60〜70センチぐらいになりました。先生に止め方を教わって，マフラーのできあがりです。

この日2人は，おそろいのマフラーを首に巻いてお家に帰りました。とてもうれしそうでした。自分でつくったマフラーです。うれしいに違いありません。自分の身につけるものを自分でつくる経験を，これからも重ねていってほしいと思っています。

●●● 保育のヒントなど ●●●

◇毛糸は，年少さんでは太い方が編みやすいようです。年長さん（5，6歳）になったら，細い毛糸を2，3本合わせて，色のバリエーションを楽しむこともできます。
◇材料を用意したら，はじめにていねいに編み方を教えましょう。コツがのみこめるまで，粘り強く指導・援助をしてください。
◇完成したらほめてあげてください。マフラーやベルト，ヘアーバンドなどの実用品に仕上げ，身につけて楽しみましょう。

(事例・ヒント担当：大西泰子)

インディアン編みを発展させた，リリアン編みも子どもたちは大好きです。さらに，リリアン編み機の巨大版(直径15〜16センチのゴミ箱の

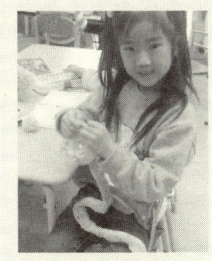

リリアン編み中〜　　ジャンボリリアン編み機　　かわいいマフラーと帽子だよ。

> 縁のまわりに，割り箸をガムテープで貼りつけると簡単にできます。写真中央）で編み，先を閉じてぽんぽんをつけると，かわいい帽子になります。
> （事例担当：奥尾祐子）

　こうした活動には，手や手の技はもちろんのこと，自分を励まし，自らをコントロールする力も必要です。それを担うのは，次に述べる「ひとりごと」です。

⑷ 「もうひとつのことば」である「ひとりごと」の誕生

　この時期において特徴的な「ごっこ遊び」や，あやとりなどの細かで技を要する遊び，包丁などの高度な道具の使用，そして泥でおだんごやプリンをつくったり，共同で机を運んだり等の「手の労働」には，手の発達，指の分化とともに，「ひとりごと」という「もうひとつのことば」の誕生が深く関わっています。

　「ひとりごと」とは，大人の内言と同様，思考と行動の調整（セルフコントロール）のためのことばです。この時期の「ひとりごと」は，機能は内言ですが，十分に内化されず，形は外言（がいげん）のままというものです。「ひとりごと」は，いわば，内言への過渡的言語なのです。

　「ひとりごと」は，3歳を過ぎた頃から始まり，4〜6歳が最盛期と言われます。ぶつぶつ言いながら作業したり，かけ声をかけ合って持ち上げた後も，自分に言い聞かせるように「1，2，1，2，」ととなえながら運んだりする光景をよくみます。やがて，7，8歳頃になると，「ひとりごと」はめっきり減り，消えるかにみえますが，決して消えるのではありません。内言に転化（内言化）するのです。

　「ひとりごと」がみられたら，まだ直観的なレベルですが思考が始まり，行動の調整（セルフコントロール）が始まったと言えます。

　2005年10月末，Yが3歳になって間もない頃のことです。「反抗期」も最高潮に達していました。「そろそろお風呂に入ろうね」と言うと，「ユーチャンはお風呂に入らないっ！　もっと遊ぶのっ！」と言い張り，な

第5章●幼児後期の手

かなか入ってくれません。やっと入っても，3歳児には深いバスタブに入るのを手伝おうと，こちらがちょっとでも手を出そうものなら，「ユーチャンが自分で入るのっ！」と力み，最初からやり直しになります。

そんなある夜のことです。夕飯をすぐ近所の図書館（せんだいメディアテーク）の中にあるレストランで食べることになりました。

いつもより混んでいて，にぎやかに食事が始まろうとしたときです。「ユーチャン，おしっこに行く。ひとりで行くから，ついてこないで！」と言って，すたすたといつも行くトイレに向かいます。立ち上がった私に気がついたか，振り返って，「アーチャン，ぜったい来ないでね。ついてきたら，ぜったい，ぜったい，ダメだから！」と念を押してさっさと行ってしまいました。けれども，席からみえなくなるし，広いところでもあり，何かあってもということで，私が密かについていきました。

赤いマーク（婦人用）のドアを押して開け，中に入るのをみて，私もそっと入りました。すると，大きなトイレ（親子でいつも入るトイレ）に入り，ドアを閉めたところでした。

ドアに近づいてみると，Yは，何とひとりごとを言いながら，ズボンを脱ごうとしているらしいのです。「ズボンを脱いで，……それから，パンツを脱いで……」と自分で「実況放送」をしながら，おしっこをし，終わると，パンツとズボンをはいて，水を流し，手を洗い，出てきました。その間，ずうっとひとりごとを言っており，今何をしようとしているのか，すべて手に取るようにわかりました。

途中で，しばらくの間ひとりごとがやんで静かになったので，心配になりましたが，チョロチョロと流れる音にホッとしたものです。

ひとつひとつ，自分が今していること・次にやろうとしていることを「ことばに出して」確認しながら，「はじめてのひとりトイレ」という大冒険は，無事に終了したのでした。席に戻る後ろ姿はいかにも得意そうで，いつになく，堂々としているように私にはみえました。

やあ，「ひとりごと」ってすごい！「自分の行動を調整し，自分を励

ますことば」って言われるけど，本当だ！　私は感心させられっぱなしでした。強い自己主張が目立っていたYですが，それだけのものが育ちつつあることを実感させられたひとときでもありました。

⑸　「ひとりごと」によって細かな作業の調整が可能に！

　「ひとりごと」によって，手・手指の細かな調整も可能になります。それによって，子どもたちの手や指の動き・作業にはしなやかさ・器用さが目立つようになります。

　お箸を上手に使って食事ができるようになります。また，はさみで丸や三角などを線にそって切ることができるようになり，その切り口もなめらかになります。「ひとりごと」の発達とともに，指が分化し，指同士の微妙な調整が可能になるからです。はさみの柄の２つの指孔（一方には親指が入り，もう一方には人さし指，中指，薬指が入ります）に入っている各指が，それぞれ微妙に調整し合って働くようになるのです。

　ナイフや包丁も使えるようになります。とくにナイフが使えるようになるのは，「ひとりごと」の誕生・発達によるところが大きいのです。刃の先をしっかりみつめながら，左右の手の動きを調整（コントロール）しなければならないからです。

　ナイフで鉛筆などを削るに際しては，右の手で握った柄の先にある刃を，左手の４本の指で持っている鉛筆などにあて，その４本の指と左の親指を協応させて削ります。右の手首と腕の使い方にもコツがいります。

　大人には何でもないことですが，子どもにとっては，はさみよりも高度な左右の手の分化・協応，指の分化・協応，それに，集中力とイメージ力を要します。「ひとりごと」が十分育ってくると，それができるようになるのです。

　さらに，ナイフや包丁ばかりでなく，腕や手首のばねの力，足や全身まで使うかなづちやのこぎりも使えるようになります。

　しかし，いずれも，刃が直接的にむき出しになっている場合が多いの

第5章●幼児後期の手

で，はさみ以上に，大人のきちんとした指導が必要となります。詳しくは第8章をご覧ください。

(6) 共同作業・製作―めざましい「つなぐ手」の発達・結合

この時期には，「つなぐ手」もめざましく成長します。子ども同士で一緒にものを運んだり，砂場では一緒にダムをつくったりします。ことばをかけ合うことによる互いの調整が可能になる上に，イメージを共有できるようになるからです。

<ここにはトンネルをつくろうな！>

5，6歳になると，園の砂場ではダイナミックな遊びが展開されます。「ここに大きな山をつくろう」「ここにはトンネルをつくろうな」と，N君とK君がアイディアを出し合い，遊びに集中しています。そのすぐ近くでは，別の2人がスコップで砂を掘っています。「水をくんできて」「いいよ」「もっと」「うん」「待ってよ，あっちまで掘っていこう」「よ～し」などと言い合いながら，友だちとともに目を輝かせて思い切り遊んでいる彼らは，手も足も，頭も，いや全身を使って，生き生きと活動しています。

そして，自分の考えや意見を言うだけでなく，相手の言うことを受け入れたり，自分の考えを調整したりしながら，共同でつくろうとするもののイメージを共有していきます。そして，大きな山とトンネルは，見事に完成したのでした。

(事例担当：大西泰子)

みんなの力を合わせて，大きな山とトンネルをつくります。

(7) 目かくしした友だちをリードしながら共同でものを運ぶ

　この時期でとくに注目したいのは，目かくしした相手をリードしながら，共同でものを運んだりできるようになることです。しかも，その際には，運ぶものにも気を配りながら，目かくしした相手に注意したり（「ここあぶないじょ」「しゃがまんと頭打つじょ」など），ことばで指示をしたり（「まっすぐだよ」「曲がって，曲がって」など）します。

　水がたっぷり入ったバケツを運ぶ子どもたちの目は，バケツにも注がれ，水がこぼれないように注意しながら慎重に運びます。身体の動きもしなやかになり，相手に合わせながら，臨機応変に移動します。目かくしした仲間を気遣い，バケツにも気を配り，「あぶないよ」と声をかけつつ運ぶのにはびっくりです。（表5-1〜5-3，丸山，1992）

　目かくしされ，リードされる方も，リードしてくれる友だちの指示に忠実に従い，無事に目的地に到達します。ここでも，「ひとりごと」によって可能になった「イメージ化する働き」（表象機能），とくに「イメージの共有」が深く関わっています。

　つまり，互いにことばで表現し合うことによって，よりいっそう明確なイメージとして，動作・作業を，個々のものから分離させ，共有し合うことができるのです。これは対象の扱いをしっかり自分のものにした（対象性を伴った）上で，さらに言語化した高い随意性の結果であると言えます。こうして，「つなぐ手」とことばとの協働によって，見事なまでに共同作業ができているのには感心させられます。

　「ごっこ遊び」で集団で役割を演じ合ったり，一緒にものを運んだり，目かくしした友だちをリードして水が入っているバケツまで運ぶのですから，この時期の子どもたちの共同性もたいしたものです。

　同時に，「生きる力」としてみた場合，「目かくしした友だちに気配りする」面も垣間みられたことは，注目に値すると思われます。いろいろなハンディのある友だちに気配りしながら共同することも，「つなぐ手」

表5-1 「2人で水の入ったバケツを運ぶ」*運び方と調整し合う際の主な発言内容

3歳児	2人とも目かくしなしで	目かくしした相手と	自分が目かくし
①	15.4%	46.2%	0.0%
②	7.7%	0.0%	84.6%
③	53.8%	15.4%	15.4%
④	23.1%	38.5%	0.0%
④のことばの調整し合う主なもの	「頭うつよ」 「曲がるんえ？」 「ひとりでよう持つよ」	「頭うつよ」 「もうすぐしたら頭うつよ」 「まだ曲がるんじゃないよ」 「まだまだ真っすぐだ〜」 「あら，またうっちゃったね」 「曲がるんだよ」	

4歳児	2人とも目かくしなしで	目かくしした相手と	自分が目かくし
①	8.3%	25.0%	8.3%
②	8.3%	0.0%	41.7%
③	50.0%	0.0%	33.3%
④	33.3%	75.0%	16.7%
④のことばの調整し合う主なもの	「横に入らんで」 「水をこぼしちゃいかん」 「おまえ先に行け」	「トンネルに行くよ」 「頭下げて真っすぐ」 「真っすぐ……しゃがむ」 「真っすぐ，そこはしごがあるけん」 「気をつけろ〜」 「頭上げていいよ」 「こっちこっち」 「ちゃうちゃう，こっちだよ」	「回んの？」 「おまえ先に行け」

5歳児	2人とも目かくしなしで	目かくしした相手と	自分が目かくし
①	15.4%	15.4%	0.0%
②	0.0%	0.0%	46.2%
③	76.9%	0.0%	15.4%
④	7.7%	84.6%	38.5%
④のことばの調整し合う主なもの	「痛かった？」 「水まかしたら（こぼしたら）いかんよ」 「こんなのかるいかるい」	「ここ持って（バケツを持たせながら）」 「何でこんな重いもの持つのよな〜」 「こぼれるよ」 「曲がるんじょ」 「ジャングルの中だから持ってけないよ」 「頭うつから気いつけて〜」 「あ〜あ，こぼしちゃった」 「さあ着きましたよ，おしまいです」	「あ，またぶつかるよ」 「ぶつかったらこまる」 「ここどこなんだよ」 「曲がんのどっちだ？」 「右？」 「真っすぐ？」 「ああ，行けた」 「鉄（ジャングルジムの脚部のこと）どこにあるん？」

①：マイペース ②：ついて行くのみ ③：調整し合う（ただし無言） ④：ことばで調整し合う
*これは，2人で水の入ったバケツを持って，ジャングルジムをくぐり，通り抜ける実験です。

表5-2 「2人で大きな積み木を運ぶ」*運び方と調整し合う際の主な発言内容

3歳児	2人とも目かくしなしで	目かくしした相手と	自分が目かくし
①	15.4%	38.5%	0.0%
②	15.4%	0.0%	100.0%
③	53.8%	23.1%	0.0%
④	15.4%	38.5%	0.0%
④のことばの調整し合う主なもの	「あ, 行けれん」 「ぶつかるよ, 真っすぐ行ったら」 「トンネル, トンネルだよ」 「いや, 頭曲がっちゃう」 「こっち, あぶない〜」	「ぼくぶつかったらみてるから」 「もう行けるよ」 「しゃがんだらいい」 「あぶないから, まだだぞ〜」 「あ, 頭うつ, あ, あ」	

4歳児	2人とも目かくしなしで	目かくしした相手と	自分が目かくし
①	33.3%	33.3%	8.3%
②	8.3%	0.0%	58.3%
③	33.3%	0.0%	16.7%
④	25.0%	66.7%	16.7%
④のことばの調整し合う主なもの	「あのトンネル深いけん通れんわ」 「ほっち回るの?」 「回るん?」 「行ける?」	「まだ真っすぐ」 「しゃがむ, しゃがむの」 「はしごやけんな, 気いつけ」 「よっしゃ言うまでしゃがむの」 「しゃがみ, しゃがみ」 「まだ真っすぐ」 「こんどは後ろ」	「まだ?」 「曲がるんで?」 「こっちに曲がるん?」 「下げる?」 「あ, 痛」

5歳児	2人とも目かくしなしで	目かくしした相手と	自分が目かくし
①	7.7%	7.7%	0.0%
②	0.0%	0.0%	69.2%
③	84.6%	7.7%	23.1%
④	7.7%	84.6%	7.7%
④のことばの調整し合う主なもの	「できた, ああせこ〜(つかれた)」 「あ, ちょっと待ってえ」 「落としたらいかんでよ」	「こっちこっち」 「N君たらこっち」 「真っすぐ, 真っすぐ」 「次曲がるぞ」 「ぼくの方が頭うっちょんで」 「曲がって, しゃがんで, あ〜」 「さあ入ってきたよ」 「しゃがみ, しゃがみ」	「これ?」 「ぼくわかるよ」 「頭うったら痛いけん」 「右? 左?」 「あ, よかった」

①:マイペース ②:ついて行くのみ ③:調整し合う(ただし無言) ④:ことばで調整し合う
*これは, 2人で大きな積み木を持って, ジャングルジムをくぐり, 通り抜ける実験です。

第5章 幼児後期の手

表5-3 「3人で大きな腰掛けを運ぶ」*運び方と調整し合う際の主な発言内容

3歳児	3人とも目かくしなしで	1人が目かくし	自分が目かくし
①	30.7%	15.4%	0.0%
②	15.4%	7.7%	38.5%
③	0.0%	46.2%	61.5%
④	53.9%	30.8%	0.0%
④のことばの調整し合う主なもの	「曲がるよ」 「あぶないっ」 「暗い！ トンネルだ」 「落ちる、落ちるってば」 「クマさん落ちるよ」 「ひっかかるよ」	「ここ持って（持たせながら）」 「ぶつかるよ」 「落ちたよ」 「ああおまえな〜」 「落ちたらあぶないってば」 「どこ行きよる」	

4歳児	3人とも目かくしなしで	1人が目かくし	自分が目かくし
①	6.7%	0.0%	0.0%
②	0.0%	0.0%	6.7%
③	73.3%	33.3%	93.3%
④	20.0%	66.7%	0.0%
④のことばの調整し合う主なもの	「Mちゃん木にぶつかるよ」 「またげ」 「ぼく抱っこするよ」 「いや、こっちか？」	「真っすぐ、真っすぐ」 「あっ木がある」 「ぼくが持ってあげるか」 「木のところにくるけん、よけて」 「Nちゃん横、こっち回って」 「あ、あぶないよ」 「ちゃうちゃう、こっちだよ」 「はいここでストップ」	

5歳児	3人とも目かくしなしで	1人が目かくし	自分が目かくし
①	8.3%	8.3%	0.0%
②	0.0%	0.0%	50.0%
③	50.0%	16.7%	16.7%
④	41.7%	75.0%	33.3%
④のことばの調整し合う主なもの	「ちょっと後ろ後ろ」 「落とさんようにすんだよ」 「Kさんがんばりよもう一息」 「おい、後ろあぶないぞ」 「あらま、また木があるよ」	「足、もうちょっとこっちに」 「はい、これたよ」 「あ、あ、そこに木があるんだよ」 「ちょっとトンネルの中におります」 「木があるからまたぐの、Kさん」 「あぶない、あぶないよ」 「木がありますよう」 「へいきへいき、はいストップ」	「あっ真っ暗だ」 「何だ今変なものにさわったな」 「こんなのどけて」 「いまどこ？」 「なんか真っ暗だね」 「真っすぐ？」 「まだ？」

①：マイペース　②：ついて行くのみ　③：調整し合う（ただし無言）　④：ことばで調整し合う
＊これは、2人がけのベンチにクマのぬいぐるみを座らせて、途中に木がある7mほどの距離（園庭内）を3人で運ぶ実験です。

113

の重要な側面であることを忘れてはなりません。

(8) 「つたえる手」のめざましい成長—伝達は細部にわたる

この時期にはまた,「つたえる手」もめざましく成長し,指や指先を使って細やかな表現をするようになります。かなり的確に,しかも細部にわたる伝達を,指を上手に使って行うのです。主に大まかな手振りで表現していた幼児前期と対照的です。

図5-1,5-2（島田,宮本,1982）は,車,家,木などが描かれた絵カード（7枚）をみながら,描かれているものを友だちに説明する実験で,説明する際にことばとともに手がどのように使われたかを示したものです。実験の対象は3〜5歳の幼児14〜16名です。どの年齢でも手は大活躍で,「こんな形で……」「ここに窓があって……窓はこんな形で……」などと,手を使って説明していました。

しかし,その手の使い方には,年齢が進むにつれて,大きな変化がみ

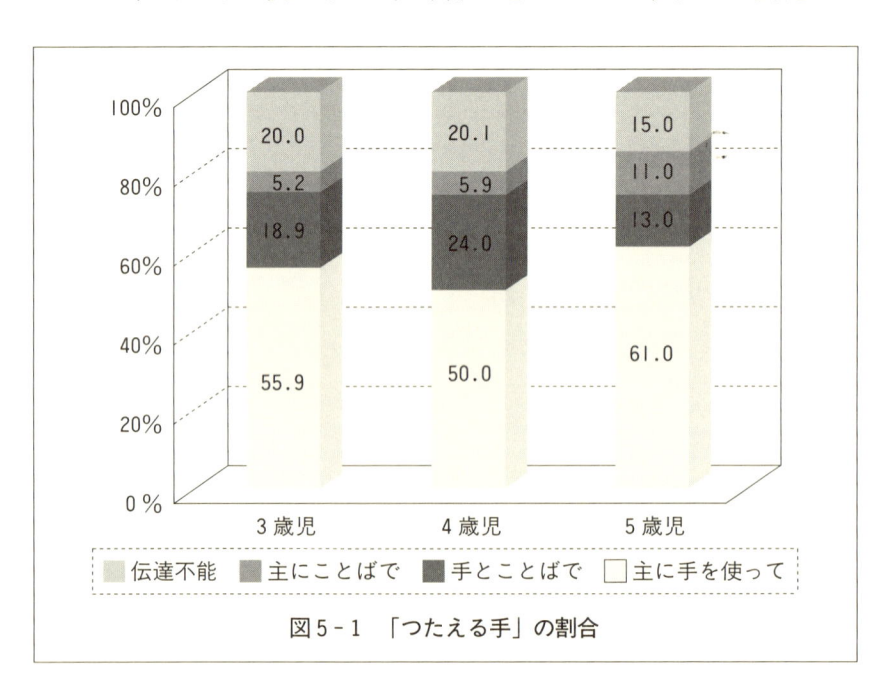

	3歳児	4歳児	5歳児
伝達不能	20.0	20.1	15.0
主にことばで	5.2	5.9	11.0
手とことばで	18.9	24.0	13.0
主に手を使って	55.9	50.0	61.0

図5-1 「つたえる手」の割合

図5-2 「つたえる手」の使い方

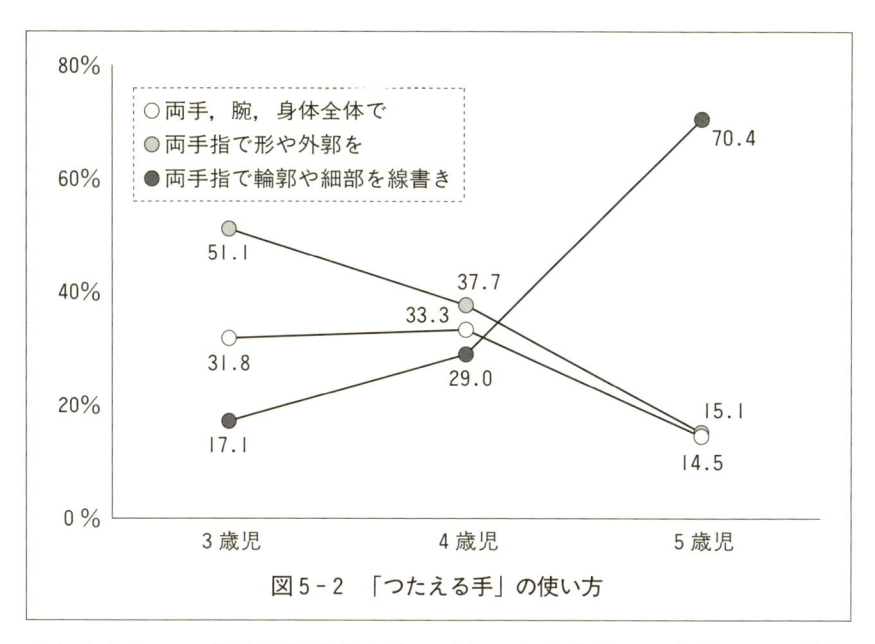

凡例:
○ 両手，腕，身体全体で
● 両手指で形や外郭を
● 両手指で輪郭や細部を線書き

データ:
- 3歳児: 51.1／31.8／17.1
- 4歳児: 37.7／33.3／29.0
- 5歳児: 70.4／15.1／14.5

られました。3歳児は両手指や腕，そして身体全体で，全体の形や外郭を表す場合が多いのに対して，5歳児になると，両手や腕，身体全体を使っての大まかな表現は少なくなり，両手指を使って輪郭や細かな部分の形や模様の様子にまでふれ，両手指でなぞったり，線書きしながら説明するのが目立ちました。指を使って形をつくり，「こんな形」と説明する姿もみられました。4歳児では，3歳児と5歳児それぞれの手の使い方がほぼ等分にみられ，転換期を思わせます。

5歳児ではまた，ことばで伝える内容も細部にわたっていました。それだけ細部まで観察し，表現できるようになった証でしょう。やはり，「ひとりごと」のおかげと言えます。

(9) しなやかに，自由に，そして「みたて」も
― 再び随意性獲得優位の時代へ

この頃になると子どもたちの手にはしなやかさがみられ，上手にものや道具を扱います。ものを使いこなし，ものから自由になった印象です。

ままごとなどでは，葉っぱをお皿に，木の棒をスプーンに，紙をお盆

に「みたて」たりして，ものを自由に使いこなしています。随意で，しかもものの論理を獲得した手は，再び自由にものや道具を使いこなすのです。

<みんなでドミノ！>

　5歳児のクラス（就学前クラス，5，6歳児）は午睡がなくなるので，午後1時から3時の間は5歳児だけの時間になります。その時間の活動で，ちょっとしたブームになったのがドミノでした。

　はじめは，リズム室の床に，1列に長く並べるだけでした。「わたしはこっちからやるけん」「ぼくはこっちから行くよ」と，友だちと協力しながら並べています。

ドミノを並べるのは難しい。次はどうする……？
慎重に，慎重に。

　やがて，基地をつくったり，高さをつけ始めました。かまぼこ板やカセットケース，本などを見つけてきては並べています。さらには，ビー玉やボールを転がして，あてて倒すなどの工夫も始まりました。

　そこで，「明日の参観日に，お母さんやお父さんにみてもらおう」ということにしました。

　子どもたちは，大変なはりきりようです。声をかけ合って，みんなで熱心に並べています。いろいろな板をさがしては，みんなで工夫を重ね，机も坂道にして，夕方の4時頃までかかってやっと完成しました。

　いよいよ参観日当日，お父さんやお母さんたちの見守る中，スタートです。どの子の目も，期待に満ちあふれています。みんなで並べたドミノをみつめる子どもたちの目は，今までにみたことがないくらい，真剣そのものです。

　最後のところで風船を割るという仕掛けでしたが，残念ながらほんの少しのズレで風船は割れなかったものの，それ以外は大成功でした。お父さんやお母さんたちの大歓声に，子どもたちは大満足でした。

（事例担当：月岡多恵）

第5章 幼児後期の手

　ドミノを並べるには，形とともに，高さや全体の空間関係を把握することが必要です。友だちと相談し，工夫し合いながら，みんなの知恵を集めてドミノを並べていきます。

　せっかくみんなで並べたドミノを途中で倒してしまわないように，ドミノ同士をほどよい距離に並べて（立てて）いくには，コツがいります。ドミノを軽く持ち，真っすぐに安定した頃を見計らって，手をすっと放すという，ドミノと手の呼吸を合わせる掛け合いが大切です。ドミノとの間をとりつつ，手を随意に使いこなせる，この時期ならではの作業です。

　また，この時期になると，実際にはそこにないものや道具を使う手の動きを再演することもできます。ヘアブラシやお箸，スプーンなどのものや道具を，手の動きの先にあるものとしてイメージしつつ，手だけを動かせるのです。ここでは，指がブラシの先になったり，お箸になったりすることはありません。手を動かしながら，使っているはずのブラシやお箸を，手の先にしっかりイメージしているのです。

　これはまた，対象性を身につけた（伴った）上での随意性という，乳児期とは違う（乳児期はまずは随意になる段階で，対象性を伴わない随意性でした），一歩進んだ随意性と言えます。

　対象から距離（間）をおき，それを使いこなしているのです。おそらく，ものの論理をわかった上で，そのものの論理を自分なりに消化・内化しているのでしょう。いろいろな使い方や用途を，個々のものから分離させてイメージしたり，そのイメージを再びものにあてはめたり，ものから分離した「手」を再演したり，すでに述べたように，そのイメージをことばに表したり……。「ひとりごと」という「もうひとつのことば」を持つからこそ可能な，新たな「随意性」を獲得したと言うべきでしょう。

　これは，次に述べる自律にも関わります。自由になったものの扱いや，ひととの関わりを，自分・自分たちでイメージしたように演じます。そ

のためには，多少の妥協やがまん（セルフコントロール）もできるのです。これらは，ひとと組み，ともに知恵と力を出し合って生きる力の大きな成長であり，自律という人格の重要な柱ともなります。

⑽　ひとりごとによって自立から自律へ

上でも述べたように，「ひとりごと」はセルフコントロールにも大きく関わり，貢献します。自分のことは自分でできる（自立）だけでなく，自分からできるようにもなり，やがて，がまんすること（セルフコントロール）もできるようになります（自律）。

こうした子どもの変化（成長・発達）はまた，両手交互開閉の発達の経過にもみることができます。京都の田中昌人先生（故人）の研究を参考にしながら，まとめると，次のようになります。子どもたちと一緒に，左右の手を交互に開閉させながら，試してみてください。

❖ 2歳半〜3歳半	❖ 3歳半〜4歳半	❖ 4歳半以上
開閉ができない（できているつもり）→つもり行動	ゆっくり（確認しながら）ならできる →ながら行動	スムーズにできるようになる →けれども行動
●けんか・反抗が目立つ	●けんか・反抗がやや穏やかになる	●折り合いをつけてけんか・反抗おさまる
●共同作業・マイペース	●同じ動作による共同作業なら可	●異なる動作による共同作業でも可
●身体の動きが硬く，ぎこちない		●身体の動きが柔軟で，しなやか
自立 ……………………………………▶ 自律		
〔おしゃべりのことばが中心〕 ⇨頑なさと自己主張		〔ひとりごとの最盛期〕 ⇨心身に自由としなやかさ

こうしてみますと，人間が生きていく上で大切な自立と自律，共同を担うのは，「手」と「ことば」，そして「身体」であることを実感します。「手」と「ことば」と「身体」は，まさに生きる力の源です。

⑾ 「まもる手」と「自らをはげます手」の発達

　5歳になったばかりの頃のKと，新幹線に乗って，仙台から岩手（一関）に行ったときのことです。仙台駅で新幹線の到着を待っていました。「新幹線はどっちから来るの？」と聞かれて，とっさに答えられず，私は，「どっちかな」と少しだけ身をのり出しました。すると，Kは，「あぶないよ，アーチャン」と言って，私の身体をつかまえました。思いのほか真剣な顔をしているKでした。

　そう言えば，妹のYと一緒のときも，ときどき，Yの前に右手を伸ばしながら「ユーチャン，あぶないよ」などと言っています。妹を守っているつもりらしいのです。「まもる手」も成長しているなあと感心します。

　また，この頃には，Kはパパと腕ずもうをして負けたときなどに，握りこぶしをつくって「ううん，くやしい」と言ったり，「そうか，そうか」と首のところに手をやってうなずくようなことをしたりもするようになっていました。悔しさがにじみ出ていると同時に，それに耐えているようでもあり，負けた原因に思い当たり，納得しているようでもありました。いろいろな手のしぐさをしながら，「自分の気持ちをおさめている」のです。

　以上のように，「まもる手」にも「自らをはげます手」にも，ずいぶんと成長がみられます。とくに，「自らをはげます手」は，ひとりごととともに育ったセルフコントロールが外に現れた姿であると思われ，興味をそそられます。そして，「がんばっているね」と，思わず，その手を握りしめたくなってしまいます。

⑿ 手足がさらに伸び，少年・少女の体型に

　6歳頃になると，手足がすっきり伸びて，体型がだいぶ変わります。つまり，幼児の体型（五頭身で，手足が少し曲がっている）から，少年・

少女の体型（六頭身で，手足がすっきりのびる）になるのです。

　それと関連して，両足に土踏まず（アーチ）ができ，骨盤の前傾，脊柱の緩やかなＳ字状化が進みます。重心がさらに高くなるのに転びにくくなり，しなやかな身体の動き，細やかな手足の作業を支えます。ダン

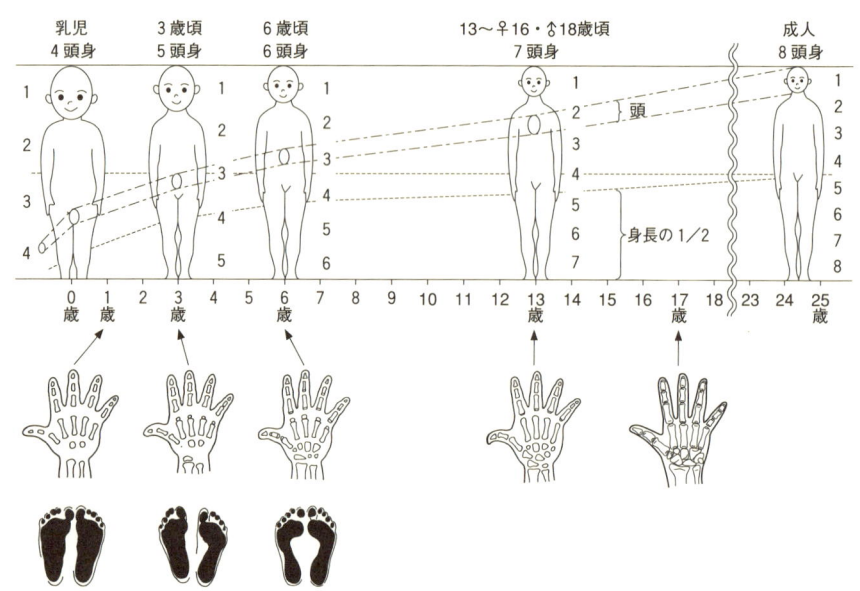

|乳児 4頭身|3歳頃 5頭身|6歳頃 6頭身|13〜♀16・♂18歳頃 7頭身|成人 8頭身|

（土踏まずなし）　（利き足に土踏まず）　（両足に土踏まず）

図5-3　体型，手の骨，足（土踏まず）の発達・変化

　乳児の体型は4頭身で，短足のがに股です。3歳を過ぎると手足が伸び，5頭身となります。その後，成人に至る過程で手足がさらに伸び，全体として8頭身の体型に近づいていきます。

　手は，はじめは骨が軟骨であるためにふにゃふにゃしていますが，骨化が進む（骨組織ができて，硬い，しっかりした骨になる）につれて，しっかりした手になっていきます。骨化は13歳頃にはほとんどの骨でみられますが，その後もなお骨の成長は進み，通常，第二次性徴が成熟する頃（男性ではほぼ18歳，女性ではほぼ15歳半）に完了すると言われます。

　足は，はじめは全体として柔らかく，曲がっていますが(O脚)，歩行が始まる頃からまっすぐに伸び始めます。足の裏も，はじめは土踏まずもなく，ぷよぷよと柔らかいですが，歩行とともに硬くなり，3歳頃には利き足（多くは右足）に，6歳頃には両足に土踏まずが形成されます。

　同時に，歩行が進む過程で，脊柱のゆるやかなＳ字状化と骨盤の前傾が始まります（これは思春期いっぱいかかってほぼ完了します）。こうした歩行しやすい条件の整備がなされることも大事なことです。

スや体操でもしなやかさがみられ，指先まで真っすぐに伸ばして演じます。両足に土踏まずができた頃（男児では6歳半頃，女児では6歳頃）にはスキップも上手にできます。

なお，骨盤の前傾，脊柱の緩やかなS字状化は思春期の頃まで続き，思春期いっぱいかかってほぼ完了すると言われています。その頃には，少年・少女の体型から男性らしい／女性らしい体型（七頭身）になり，やがて，成人すると，ほぼ八頭身となります。

図5-3は，乳児から成人までの体型の変化，手の骨の骨化の様子，土踏まずの形成について図示したものです。

続いて，幼児後期における手とこころ・生きる力の発達のために大切なことをまとめておきます。できることから始めてみましょう。

2　手と生きる力のために，ここから始めてみよう！

(1)　楽しいごっこ遊びを

はじめは模倣ですが，やがて，「こうあったらいいなあ」「こうなったらいいのに」という仮想の世界も含めてごっこの世界を展開します。ただし，経験や知識が未熟であるために，「とんでもない飛躍」や「現実と仮想のごちゃまぜ」がみられます。みていておかしくなりますが，本人たちは真剣そのものです。ごっこの基本は日々の家族や友だちとの生活です。家族で，友だちと，いろんな経験をさせてあげてください。

(2)　つくったもので遊ぼう！　つくったものを使おう！

紙などを，ただ切るだけでなく，形あるものをつくり始めます。つく

ったものは遊びや生活の中で使いましょう。園でつくったおひな様は家庭でも飾りましょう。園で編んできたマフラーは首に巻いて使いましょう。ブロックでつくったコマなども，園や家庭で一緒に使って遊びましょう。それが何よりの励みになるはずです。

　　つくったもので遊ぼう！つくったものを使おう！

(3)　共同作業・製作・集団遊びで「つなぐ手」を育てよう！

　子どもたちは，「共同」が大好きです。友だちと一緒ということで，はしゃぎ過ぎたりしますが，それだけうれしいのです。大目にみながら，いろいろな場面で，「共同」を楽しませてあげてください。ひとりではできないことでも，みんなで力を合わせればできることはたくさんあります。そんな体験は，これから生きていくための大きな財産です。

　　共同作業・製作・集団遊びでつなぐ手を育てよう！

(4)　ひとりごとを大切に！

　「黙って描きなさい」とか，「ぶつぶつ言わないの」とか言わないでください。自問自答しながら，考えをまとめたり，自分をコントロールしているのです。ときには，ひとりごとをそっと聞いてみましょう。何を考え，何を思っているかがわかります。こちらまで楽しくなってきますよ！

　　ひとりごとは自律と考えることの要です！

(5)　「なぜ？」は考える第一歩です。一緒に考えよう！

　少し前まで「あれ何？」を連発していた子どもたちですが，いつの間

にか「なぜ？」「どうして？」「何で？」を連発して大人たちを困らせます。ひとりごとともにまだ直観的なレベルではありますが，科学的思考（論理性の追求）がそろそろ始まったしるしです。日々のこと，身体のことなどいろいろなことに「なぜ？」を投げかけます。ごまかしてしまったり，面倒がったりせずに，一緒に考えましょう。自分の生きる世界についての疑問は，考える第一歩です。

(6) 日課を自律的（自分から）に！

「○時になったら（○○のテレビが終わったら），○○で，○○をする」ということを意識しながら活動できるように手伝ってあげてください。小学校入学までには，自分からできるとよいですね。入学までには，登校前におしっことうんちができるようになることも，大切な身体の習慣です。これらの習慣のためには，朝の時間がたっぷりあることがとても大切です。

(7) 利き手について

利き手は6歳頃にほぼ定着します。多くは右利きですが，最近では左利きのひとも多くなりました。以前ほど気にされなくなったからです。左利き用の道具もつくられるようになりましたし，気にする必要はありません。あるいは，右手も使えたら，両手が使えて，もっと便利かもしれません。

3　幼児後期の手とこころの発達環境の点検

(1)　幼児後期の手の発達環境の点検・その1―お手伝いの後や何かつくった後，きちんと評価し，ほめてあげていますか？

　子どもがお手伝いをしたら「ありがとう，すごく助かったわ」と感謝の気持ちをことばにしたり，何かつくり上げたら「なかなか上手にできたね。ちょっとみせて」などとほめてあげたりしたら，子どもはどんなにうれしいでしょう。

　「よくできたね」「ありがとう，またお願いね」という一言はとても大切です。決して，「ああ，また散らかってしまうのに」とか「かえってじゃまになるだけ」などと言わないことです。

　また，注文したいことがあったら，十分感謝し，ほめた後で，「こうしてくれたら，もっともっと，うれしいなあ」とか，「ここをもう少し工夫したら，きっともっと上手になると思うよ」と言ってあげてください。そう言われたら，きっと，もう一息，がんばれると思います。

> **＜目下，泥だんごづくりに夢中＞**
>
> 　園児の間で「泥だんごづくり」が流行するときがあります。
> 　年長児クラスの誰かがつくった泥だんごをみて，「私もつくりたい」と4歳児のMチャンが土だんごをつくり始めました。はじめはなかなかうまくつくれません。砂，サラサラの土，少し湿った土などを工夫して，毎日のようにつくっていましたが，このごろではうまくつくれるようになり，クラス中の注目の的になりました。
> 　「どうやるの？」とたずねるAチャンに，「ちょっと水を入れるんよ。それからこれ（サラサラの土）を，こうするんよ」と，一生懸命教えています。でも，Aチャンの手の中の土は丸くなりません。手の中で土を丸めていくためには，微妙な力の入れ具合と手の動き，指の動きが要求されます。
> 　土の感触の心地よさもあるのでしょう。2人は来る日も来る日も夢中

になって泥だんごをつくり続けます。やがて，Aチャンも，上手につくれるようになりました。するとまた，別の友だちが興味を持ち，泥だんごづくりの輪に加わります。こうして，いつの間にか，泥だんごづくりの輪が広がります。あちこちで，友だち同士，技を伝え合っている姿もみられます。

　できあがるともう宝物です。大切そうにそっと持って，先生や友だち，お迎えにきたお母さんにもみせて回ります。とてもうれしそうです。「すごいね」と認めてもらうと，その一言を励みにまたつくります。うまくできたという満足感と充実感があり，さらにみんなに認めてもらうと，よろこびは倍増するようです。

　子どもたちのつくった宝物を大切にしてあげたいという保育者の思いで，さっそく，牛乳パックで「泥だんご入れ」がつくられました。牛乳パックを底から5〜6センチのところでカットし，布を敷けばできあがりです。

　泥だんごをひとつひとつ「泥だんご入れ」に収めて，園庭に面した下駄箱の上に飾りました。子どもたちは大よろこびです。こうした大人のちょっとした配慮が大切だとしみじみ思いました。

　ある朝のことです。我が子がつくった泥だんごを，ペットボトルでつくった透明のバッグに入れて，「こんなのができました」と登園する子どもと一緒にみせに来てくれたお母さんがいました。

　バッグはペットボトルを底から5センチほどのところでカットし，縁にビニールテープを貼り，両側に穴を開け，ひもが通してありました。提げられるようになっているそのバッグの底には薄いピンクの布が敷か

泥だんごをつくるには，コツがいります。みんなで教え合ってつくります。

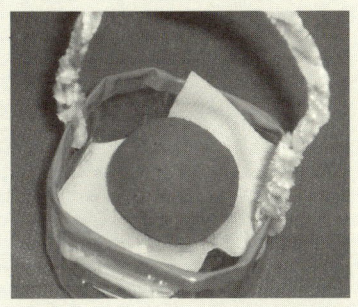

お母さんが泥だんごを入れるバッグをつくってくれました。

れ，その上に泥だんごが大切そうに入れられています。ペットボトル製なので，透明で，全体が透けてみえ，泥だんごがさらに輝いてみえました。子どもが，すごくうれしそうにしていたことは言うまでもありません。

子どもがつくったものを，園でも家庭でも，いろいろな形で認め，大切にしてあげることの重要な意味を教えられたような気がしました。

(事例担当：大西泰子)

(2) 幼児後期の手の発達環境の点検・その2
― 年齢だけで子どもの発達をみてはいませんか？

子どもを「○歳だから○○ができない」「○歳だから○○ができる」と年齢だけからみることは間違いです。すでに述べましたように，子どもの発達段階・発達内容について考えるとき，年齢は無視できない重要なめやすになりますが，あくまでそれは「めやす」です。個々の子どもたちがたどる道は，いろいろな条件の中で，多様です。「何歳だから○○はできない」とか，「○○ができるはず」と一概には言えないのです。

＜S君，D君に教えられたこと＞

私たち保育者は，保育経験を重ねる中で，「これはこの年齢ではできる。しかし，あれはこの年齢では難しい」というふうに，自分なりに，子どもの年齢と発達段階・発達内容を固定的に結びつけて考えてしまうことがあります。

しかし，兄弟姉妹との関係や友だちとの関係等の人的環境の違いによって，個々の子どもの発達のあり方は異なります。このことを，私は，子どもたちから教えられたことがあります。そのことについて紹介したいと思います。

S君（2歳4カ月）には5歳のお兄ちゃんがいます。D君（1歳10カ月）には，間もなく3歳になるお姉ちゃんと4歳のお姉ちゃんがいます。

異年齢の活動を重視する保育（年齢ごとの保育ではなく，全年齢の全員での交流を重視する保育）をしていたときのことです。S君やD君たちは，お兄ちゃんやお姉ちゃんたちがコマ回しをするのをうらやましそうにみていました。まるで，自分自身が回しているかのようにうれしそ

うな表情をしています。それをみた保育士が，S君やD君たちにコマを渡して一緒にひもを巻き，ひもを引いてコマを回してやったところ，とてもうれしそうでした。

　それから何日かした頃，今度は，自分でひもを巻こうとしている意欲的な姿がみられるようになりました。巻き方がわからないために，ただぐるぐる巻くだけの巻き方をしています。保育士がていねいに巻いてみせましたが，なかなか最後まで巻けません。やっと巻けても，いざ引こうとするときになると，ひもが笑って（ゆるんで）しまい，最初から巻き直さなければなりません。巻いては巻き直し，また巻いては巻き直し……を何度も何度も，あきらめずに，くり返していました。そのうちに，何とか，うまく巻けるようになりました。

　次は，ひもを引きながら，コマを投げることです。これも，お兄ちゃんやお姉ちゃんのまねをして，投げては失敗し……をくり返していました。すると，その姿に気がついたお兄ちゃんたちが，ひもの持ち方を教えてくれました。

　お兄ちゃんたちに教えられながら，一生懸命に練習するうち，とうとうコマが回りました。手から離れたコマが回ると，大よろこびです。苦労をともにしたS君とD君はもちろんのこと，それをみていた友だちも，手をたたいてよろこび合っています。それを機に，2人とも，巻き方も回し方も俄然うまくなり，失敗なく回せるようになったのでした。

（事例担当：西岡節子）

　上の事例のように，子ども自身がその気になって，意欲を持って活動に取り組む機会があると，2歳にしてコマが回せるようになるなど，めやすとされている年齢よりも早くその活動ができるようになる一方で，そうした機会に恵まれないと，6歳になってもコマが回せず，お箸も使えないといったように，「いつまでたってもできない」ということになりかねません。

　子どもが「その気になる」には，兄弟姉妹の存在や友だちの影響，親や保育者のちょっとした働きかけなど，人的な環境が大きく関わってくることを上の事例は示しています。

もちろん，何でも早くさせた方がよいというわけではありません。一般的には無理せずに，年齢相応でよいと思いますが，同時に，年齢だけでみずに，いろいろな条件の下で，やろうとする意欲を大事にしたり，励ましたりもしてあげてほしいのです。
　今時の子どもだって，その気と，その機があれば，ちゃんとやれるんです。このことについて，次に述べます。

(3)　幼児後期の手の発達環境の点検・その3
　　―今時の子どもたちは……と決めつけていませんか？

　私たちは，ついつい，「今時の子どもたちは……」と言ってしまいがちです。たしかに，みている大人たちにそう言わせてしまいそうな傾向を，多くの子どもたちが持っています。
　でも，それは，しばしば大人の思い込みだったり，もとをただせば大人の怠慢のせいだったりします。子どもたちは，きっかけや，「こんなこともあるよ」「こんなこともできるんだよ」という大人たちからのヒントを待っているのです。子どもたちはチャンスさえ与えられれば，大人を「さすが！」と感心させるような場面をたくさんみせてくれます。

> **＜今時の子どもとともに＞**
> **―まずは本物にふれることから―**
>
> 　今の子どもたちは，豊富な知識を持ち，ことばも達者で，大人のような言い回しをしたりします。でも，本物をみたり，ふれたり，味わったりする経験が不足していて，手も不器用です。ことばが達者にみえても，実は，自分の言いたいことを素直に言えなかったり，ひととのつながりをつくるのが苦手だったりするように思います。
> 　そこで，まずは，本物にふれる体験をさせることから始めてみようと思い立ちました。
> 　まず，**春**に，よく行く散歩コースで見つけたよもぎの葉で，布を染め，こいのぼりをつくることにしました。よもぎの葉をたくさん摘み，それを鍋で煮て，その煮汁をバケツにあけます。
> 　その間に，子どもたちは布にビー玉を包んで，輪ゴムでとめ，さらに

糸でぐるぐる巻きにします。思いがけない子が、輪ゴムをくるくると器用にねじってはとめていき、まるで職人さんのような手さばきなのには、びっくりしました。子どもによって差はあったものの、どの子も興味を示し、真剣に取り組みました。それを先ほどの煮汁に浸けて、染めるのです（染め方の詳細は、209ページ「しぼり染めのやり方」参照）。

ビー玉を布にくるんで輪ゴムでとめ、その後をひもでぐるぐる巻きます。

　染め上がった布を縫い合わせて、こいのぼりにしました。こいのぼりは、園庭の空いっぱいに、元気よく泳ぎました。
　夏です。牛乳パックから、再生和紙をつくることにしました。
　牛乳パックは、家庭から持ってきてもらいました。牛乳パックをちぎり、コーティングのフィルムをはがし、水と一緒にミキサーにかけます。どれもとても手間のかかる作業でしたが、友だちと一緒に、おしゃべりをしながら、楽しそうに作業をしていくので、どんどん進みました。
　ミキサーにかけた後たらいに移した、どろどろになった牛乳パックにおそるおそるさわる子どもたち。しかし、一度さわった後は、「おもしろいな」「でも、ちょっとだけ、気持ち悪そう」などと言いながら、指でぐるぐる混ぜたり、手ですくってみたり、両手でグニュッと握ってみたり、いろいろなやり方で感触を確かめていました。
　いよいよ、最後の工程「紙すき」です。はがき大にした型に、どろどろの牛乳パックをすくっては流し、すくっては流しして、それぞれのはがきをつくりました。型に流し込んだときモコモコと盛り上がっていくのをにこにこしてながめたり、「これで本当に紙ができるん？」と不安げだったり、子どもたちの反応はいろいろでしたが、できあがると大変なよろこびようでした。はがきは思い思いの絵を描いて「絵手紙」にしました。
　秋には、布製のひもを三つ編みにして、なわとび用のなわを編みました。自分の背丈の2倍くらいの長さの、幅10センチ程度のひもを3本用意し、一生懸命編みました。几帳面にきちきちと編み過ぎてなかなか進まない子、布が絡み合って困っている子、そうした友だちを「だいぶで

きたね，もうちょっとだからがんばろう」と励ましたり，「こうすればいいんよ」と言って絡んだひもをほどくのを手伝ったりしている子もいます。

それぞれに編み上げたなわで，たくさんなわとびをしました。自分で編んだなわでとぶのはまた格別なのでしょうか，どの子も楽しそうにとび，そのなわは，卒園するまで，大切に使いました。

3本の布を三つ編みに。友だちに手伝ってもらうと楽チンです。

　冬，ひとりひとりではできないことも，友だちと一緒ならできると気づいた子どもたちは，一輪車乗りにチャレンジしました。はじめはしり込みしていた子も，友だちに助けてもらいながら，見事に乗りこなすことができました。

　とっかかりは面倒がり，おっくそうにみえますが，やり始めると，どんどんのめり込み，夢中になってやりこなしていく子どもたちです。保育者がきっかけをつくってさえやれば，子どもたちのパワーは全開になります。子ども同士が助け合って，最後までやり抜く姿に，こちらがどれほど励まされたかわかりません。「この頃の子どもたちは……」とどこかで決めつける前に，子どもたちと一緒に，一歩踏み出してみることの大事さを思い知らされました。

（実践担当：森本百合子）

(4) 幼児後期の手の発達環境の点検・その4
　――砂遊び・泥んこ遊びを楽しく思いっきりできる公園がほしいなあ

　最後に，P&Gが実施（丸山，奥尾，大西が協力）した子どもたちの遊び・公園についての調査をもとに，保護者と保育者が公園，砂場・泥んこ遊びに対して抱く懸念・心配やほしい施設等を紹介しながら，砂場・泥んこ遊びが思いっきりできる理想の公園について考えてみます。

　調査の対象は，東京および神戸，大阪周辺に住む3歳以上の幼児を持つ保護者（母親）844名（男児の母親416名，女児の母親428名）と，保育者436名（今回は全員幼稚園教諭，公立36名，私立384名，不明16名）で，実施時期は2005年4～5月です。

① 公園で遊ばせる頻度と人気の遊具は？

まず、保護者の回答（複数回答可）から「子どもの遊び場」についてみてみますと、圧倒的に「自宅の中」が多く（70％）、次いで多いのが「マンションや自宅の敷地内」（26％）、「公園」（14％）でした。公園で遊ぶ子どもは少なそうな印象を与えますが、実際には、59％の保護者が、週に1回以上公園に子どもと一緒に行っており、それ以外にも、兄姉や祖父母が連れて行っている場合もあるようで、合わせると、全体では60％を超える幼児が、少なくとも週に1回は公園に遊びに行っていると言えそうです。やはり、公園は、子どもたちにとって重要な遊び場のひとつのようです。

また、保護者からみた子どもに一番人気のある遊具は、「ぶらんこ」と「すべり台」で、群を抜いていました。そして、「砂場」は、それらに次いで第3位の人気でした。

② 砂場遊び、泥んこ遊びについて―保育者と保護者のジレンマ

また、「砂場遊び、泥んこ遊び」に関する考えを聞いたところ、保育者と保護者との間で差がみられました。まず砂場遊びに関しては、保育者では全員が「子どもの発達によいことなので、たくさん遊ばせたい」と答えているのに対して、保護者では20％ほどのひとが「あまり遊ばせたくない」と答え、ためらいがみられました。保護者がためらっている理由は、衛生面の懸念（「汚いから」「細菌感染等が心配だから」）がほとんどでした。

続いて、泥んこ遊びに関しては、やはり、保護者の20％ほどのひとが「あまり遊ばせたくない」と答え、理由は砂場遊びの場合と同じ衛生上の懸念に加え、「洗濯するのが大変なので」がありました。

「泥んこ遊び」については、保育者でも5％のひとが、「あまり遊ばせたくない」と回答しており、その理由を探ってみると、衛生面の懸念や設備上の問題に加えて、「洗濯が大変という保護者からのクレーム」を気

にしており，保護者のためらいと対応していました。それぞれの中に，あるいは互いの間に，ジレンマがあるようです。

　砂や泥んこで汚れた手や洋服は，洗えばきれいになります。ぜひ，砂場遊びや泥んこ遊びの大切さを認識して，たっぷり遊ばせてやりたい，遊ばせてやってほしいと思わずにはいられません。

③　砂場遊びや泥んこ遊びを楽しく思いっきりできる理想の公園

　続いて，「公園にほしい遊具，設備」についてみてみます。保育者，保護者ともに，「すべり台」「ぶらんこ」「砂場」「鉄棒」などの遊具の他に，「清潔な砂場」「清潔なトイレ」への強い要望もありました。

　また，「泥んこ遊びや水遊びができる設備」「手足が洗える水道設備」など，水場に対しても強い要望がありました。水道設備はどの公園にもあるにはありますが，砂場から遠い場所に設置されていて，蛇口が高く，子どもの手が届かない場合がほとんどです。乾いた砂だけでは，せっかくある砂場も，楽しさや発展性が限られてしまいます。そこに水が加わることによって，砂場はもっと楽しく生まれ変わり，遊びも発展します。

　さらに，その一角に「泥んこ遊びの場」が加わったら，どんなにか楽しいでしょう。砂や泥んこで遊ぶことは，2歳頃から6歳を過ぎるまでの広い年齢層に好まれ，そこでは年齢段階に応じていろいろな遊びが展開され，子どもたちの手やこころの発達にとってきわめて重要なものであることはすでに述べました。とくに，家庭にいることが多い3歳未満児を含むかなりの子どもたちが，週に1回以上は公園に遊びに行くことを考えますと，安全面や管理上の問題とあわせて，水場とセットになった「砂場」や「泥んこ遊びの場」の設置の検討と実現が強く望まれます。今では，公園以外に，そのような場がなかなか望めないのですから。

　また，子どもたちが公園で事故や犯罪に巻き込まれたという報道を耳にする機会が増えつつある昨今の状況を反映し，安全性の強化に力を入れてほしいという意見も自由回答の形で記述されていました。もっとも

なことと思われます。保護者の付き添いだけでは事故や犯罪を防ぎきれないことへの不安が痛いほどわかります。遊具の安全性への配慮・管理とともに，今後検討されるべき大きな課題と言えます。

以上のことから，子どもたちに人気の遊具に，保護者，保育者の意見を加えて考えると，砂遊び・泥んこ遊びを楽しく思いっきりできる「理想の公園」とは表5-4のような設備をそなえたものになります。

表5-4　保護者からみた子どもに人気の遊具類と，保護者・保育者が望む設備

保護者からみた子どもに人気の遊具類	保護者・保育者が望む設備
♪すべり台 ♪ぶらんこ ♪砂場 ♪鉄棒 ♪ジャングルジムなどの大型遊具 ♪アスレチック 　（幼児でも使用可能なものを含む） ♪集団で遊べるグラウンド・空間	☆水場の近くにある清潔で安全な砂場 ☆泥んこ遊びができる設備 ☆水遊びができる設備 ☆手洗い場と水飲み場 ☆木や芝生などの自然空間 ☆木陰 ☆テーブルやベンチ ☆清潔で安全なトイレ ☆夜間の照明 ☆警察や管理人の詰め所 ☆警察や管理人の連絡先の明示 ☆いざというときの防犯ブザー

こんな公園，本当にほしいですね。こんな公園が近くにあったら，どんなにか楽しいでしょう！

子どもと一緒に，つくることやごっこ遊びを楽しもう！
次の絵本がお役に立ちます

❦ものや道具のしくみについて考える
『ちえのあつまりくふうのちから』(かこさとし，童心社)，『どうぐ』(加古里子，福音館書店)，『これさえあれば―だれのどうぐ？』(杉山亮，福音館書店)

❦ものをつくる
『どろだんご』(たなかよしゆき，福音館書店)，『なぞなぞすなあそび』(きうちかつ，福音館書店)，『たたんでむすんでぬのあそび』(平野恵理子，福音館書店)，『かみとはさみでだましっこ』(佐伯俊男，福音館書店)，『ひらひらころころあきまつり―くさばなおみせやさんごっこ』(長谷川摂子，福音館書店)

❦クッキングを楽しむ
『おいしいものつくろう』(岸田衿子，福音館書店)，『ひもほうちょうもつかわない平野レミのおにぎりブック』(平野レミ，福音館書店)，『まぜて，とかしておりょうりしよう』(西巻茅子，福音館書店)，『ばばばあちゃんのなぞなぞりょうりえほん　むしぱんのまき』(さとうわきこ，福音館書店)

❦みんなで遊ぶ
『あそぼうよ！　もりのなかで』(松竹いね子，福音館書店)，『わたしもいれて！』『いろいろおにあそび』(加古里子，福音館書店)

❦「なぜ？」にこたえる
『からだのふしぎ』(赤藤由美子，フレーベル館)，『おおきくなるの』(ほりうちせいいち，福音館書店)，『どうぶつのて』(小森厚，福音館書店)，『しっぽのはたらき』(川田健，福音館書店)

＊これ以外にも，参考になる手の絵本がたくさんあります。私(丸山)のホームページ「お茶しよっ！」(アクセス方法は243ページ参照)でご紹介していますので，ぜひ，ご覧になってください。

第6章

今時の子どもたちの手
―とくに，道具を使う手と「ふれる手」の実験から考える―

じゅず玉でネックレスを製作中のTちゃん（5歳）。
手首には，すでに，じゅず玉でつくったブレスレットが！
（徳島市内の保育所で／森本百合子撮影）

1 今の子どもの手はどのように不器用か
―今時の子どもたちの手の不器用の中身

(1) 今時の子どもたちの手の様子

　これまでも述べてきたように，子どもたちの手が不器用になったと言われますが，その実態はどのようなものでしょうか。

　たしかに，ひも結びができない子，リンゴの皮がむけない子が増えました。その意味で，「不器用になった」ことは否定できません。子どもに限らず，大学生と食事をする機会もあり，観察するに，お箸の持ち方が正しくない学生も確実に増えています。「よくそれで食べられるね」と思わず言ってしまったりします。不思議な鉛筆の持ち方をする学生もいます。

　しかし，パソコンを打つ手は速いし，マウスも巧みに使い，的確です。パンやケーキをプロ並みにつくる学生もいます。レース編みの達人もいます。

　また，これまでにみてきたように，4歳児や5歳児が見事な泥だんごや砂のプリンやケーキをつくり，インディアン編みもします。機会さえあれば，5歳児にして，和紙づくりをしたり，布で三つ編みのひもを編んでなわとび用のなわをつくります。1歳児や2歳児でも，コマが回せました。みんなで力を合わせて，ドミノを見事に成功させた5歳児もいました。

　こうした様子から，子どもたちの手は以前と比べてすべてにおいて不器用になったわけではなく，器用さの中身が以前とは違うのではないかと思ったりします。

(2) 豆をつまむ実験・1978年と2005年の結果の比較から
　―不器用の中身

　それでは，器用さの中身はどのように違うのでしょうか。そして，今

第6章●今時の子どもたちの手

の子どもたちの手は，何が，どのように不器用なのでしょうか。また，今の子どもたちの手の問題点は何なのでしょうか。今時の子どもたちの手の不器用の中身について考える手がかりとして，2つの実験を紹介したいと思います。

ひとつめは，5歳児と6歳児各20名を対象として実施した「豆をつまむ」実験です。豆を「素手でつまむ」「手袋をしてつまむ」「目かくしをしてつまむ」「お箸ではさむ」「手袋をして，お箸ではさむ」ことがどの程度できるかをみる実験です。同じ実験を1978年に行いましたが，今回（2005年）も同じ条件で実施し，1978年の結果と比較してみることにしました。実験者は1978年と同様，丸山と近藤隆子です。

1978年と言えば，子どもの手の不器用が指摘されて数年が経ち，各地でさまざまな取り組みがなされている真っ最中でした。お箸やひも結びなどが保育の現場でも見直され，子どもたちの生活の中に徐々に戻りつつありました。ちょうど，今のお母さんたちの子どもの頃（幼児時代）にあたります。

図6-1-1，6-1-2は，「豆をつまむ」実験の結果を，1978年と2005年について比較したものです。図からわかりますように，今（2005年）の子どもたちは，お箸は苦手のようでしたが，手でつまむ場合は，むしろ，「素手」でも「目かくし」をしても，「手袋」をしても，1978年当時の子どもたちよりたくさんできていました。平均で10個から20個も多くつまめています。5歳児の「目かくし」「手袋」では1978年の2倍以上です。

ところが，お箸を使うと逆転して，1978年の3分の1以下になってしまうのです。今の子どもたちは，お箸がとても苦手のようです。

素手では器用に豆をつまみ，手袋をしても，手袋を通して感じ取る筋運動感覚によって，数こそ減りますが器用さは衰えていません。目かくしをしても同様です。ときどき2個ずつつまむ子もいましたが，たいていは1個ずつ上手につまめました。それなのに，お箸になったとたんにできなくなり，手でつまむ場合の4分の1から5分の1に減ってしまい

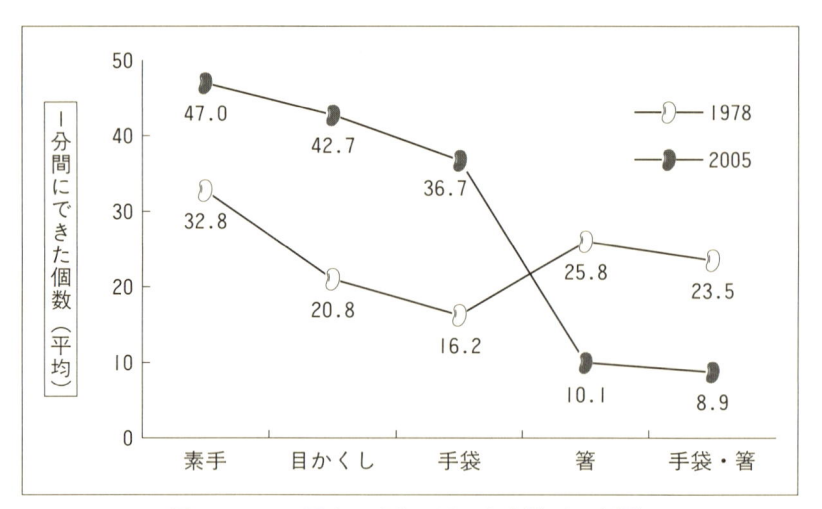

図 6-1-1　豆をつまむ・はさむ実験（5歳児）

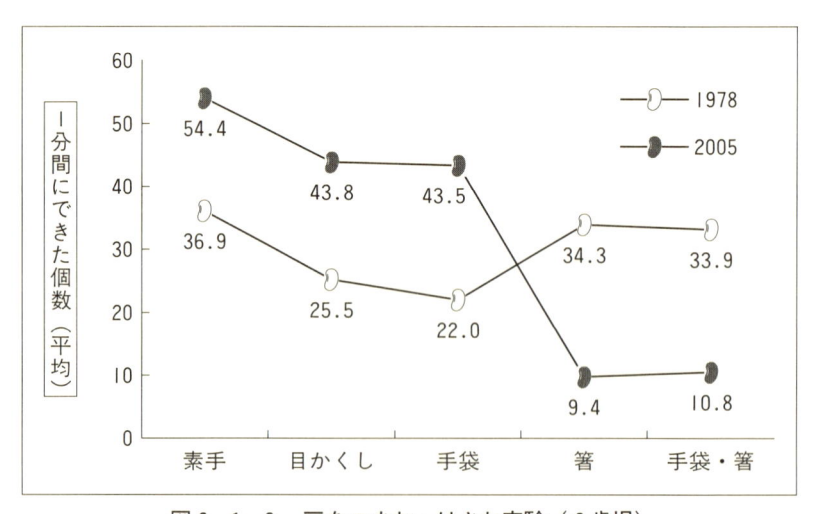

図 6-1-2　豆をつまむ・はさむ実験（6歳児）

　右の，お箸を持つ手をご覧ください。これは，2005年に実施した実験において観察されたほとんどの子どもたちのお箸を持つ手です。このような持ち方では，豆をなかなかはさめないはずです。

手袋・箸

ます。お皿の縁にそって豆を押し上げるようにしてはさむなど，四苦八苦です。

お箸の使い方をみると，どの子も握り箸は卒業していますが，親指と人さし指，中指を中心としてはさむやり方で，全体で握るようにして豆をはさもうとするために，お箸が交差し（図6-1-2の下のお箸を持つ手の図参照），その拍子に豆がポロリと落ちます。お箸を平行に保ちながら，その間に豆をのせるようにして持ち上げる子や，お箸の先でつかむようにしてやっとはさむ子もおり，どの子も苦労していました。

さらに手袋をすると，「難しい〜」と悲鳴を上げていました。

(3) 不器用の原因は経験不足と技の伝達不足

お箸を使う子どもたちのあまりにもぎこちない様子から，子どもたちがお箸をうまく使えない原因は，もともとお箸の使い方を正しく伝えられていないことと，お箸を使い慣れていないことであると思われました。

素手で「つまむ」ことが上手にできるように育っていることは確かです。それは，手袋をしても，目かくしをしても，筋運動感覚として手に残っている記憶を手がかりにつまむことができることからもわかります。

つまり，手の基本的な力と言うか，土台となる底力は十分育っているにもかかわらず，大人たちからお箸の使い方を伝えられていないために，そして，お箸を日常的に使わず，慣れていないために，お箸で豆をはさめないのです。お箸等の「道具を使う」という新たな経験や技の習得は，大人の指導の下で，日々大人とともに試みて，はじめて可能になります。「技」，とくに道具を使用する経験と技能の伝達に不足があるのではと懸念されます。

この実験の結果は，今時の子どもの手に関する重要なことを語っています。「ひととの関わりの中で，ともにすること」を通して技を伝えられることが，やや疎かにされているかもしれないということです。このことは，次に述べる「宝さがし」の実験でも別の形で示されました。

2 「ふれる手」の発達についての「現実」を知る
―1964年，1978年，2005年の比較から

(1) 「ふれる手」の実験（「宝さがし」の実験）の内容

さて，2つめは，1964年，1978年，2005年に実施した「ふれる手」についての実験（「宝さがし」の実験）です。実験の結果の比較から，「ふれる手」の現状について考えてみたいと思います。

この実験は，2つの穴があいた箱（それぞれの穴から右手，左手を入れて箱の中を探ります）の中にあるもの（石，積み木，粘土，ビン，ティッシュペーパー，ハンカチ，わた，画用紙，広告紙，折り紙の10個，2005年には，後に述べる携帯電話他5個を追加）にひとつずつ手でさわっただけで，「それが何か」を当てる実験です。

子どもたちには「これから宝さがしをします。さあ，この箱の中には何が入っているかな。手でさわっただけで，それが何か当ててね」と教示します。あいまいな回答の場合には，適宜確かめます（たとえば，「紙」とだけ回答した場合には，「どんな紙かな？」「何に使う紙かな？」と確認するなど）。個々についての回答を得た後で，その都度，「どうして○○と思ったの？」と，その根拠について聞きます。

対象は4～6歳の幼児（1964年は，仙台市内私立A幼稚園，私立T保育園，市立S保育所の，4歳児54名，5歳児65名，6歳児47名，1978年は，徳島市内市立I保育所，私立D保育園の，5歳児20名，6歳児20名，2005年は徳島市内市立U保育所，市立S幼稚園の，4歳児23名，5歳児40名，6歳児45名）です。実験者および記録者は，1964年は丸山と伊藤智子他（記録），1978年は丸山と近藤隆子（記録），2005年は丸山，近藤隆子と大塚美由里（記録）です。

なお，箱の中に入っているもの（材料）の内，1964年においては，ティッシュペーパー（ティッシュ）はちり紙（はな紙）を，広告紙はつや

紙（つるつるした色紙）を使用しています。

(2) 1964年と2005年の比較—「わた」や「紙」がわからないばかりか，「根拠」が言えない今の子どもたち

まず，40年前（1964年）の結果と今（2005年）の結果を硬いもの

凡例：
- ■ 間違い・わからない
- □ 近い命名・状態の説明
- ▨ わかっても根拠が言えない
- □ わかって根拠も言える

図6-2〜6-4共通

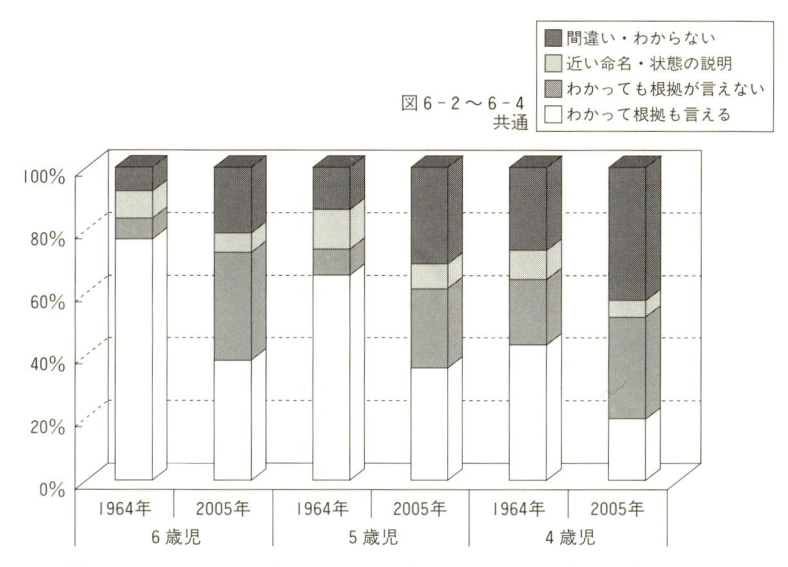

図6-2　硬いもの（石，積み木，粘土，ビン）の年代比較

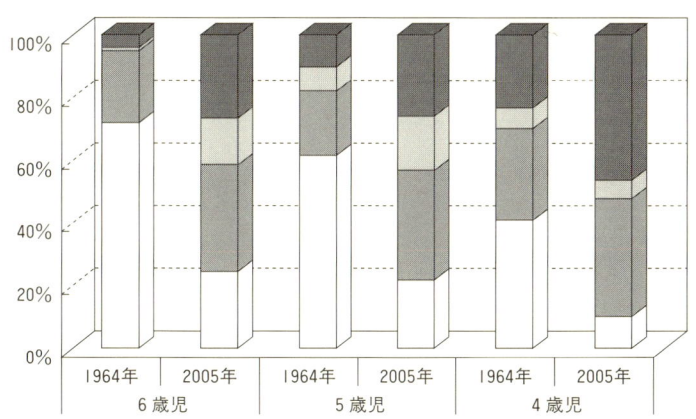

図6-3　柔らかいもの（テッシュペーパー，ハンカチ，わた）の年代比較

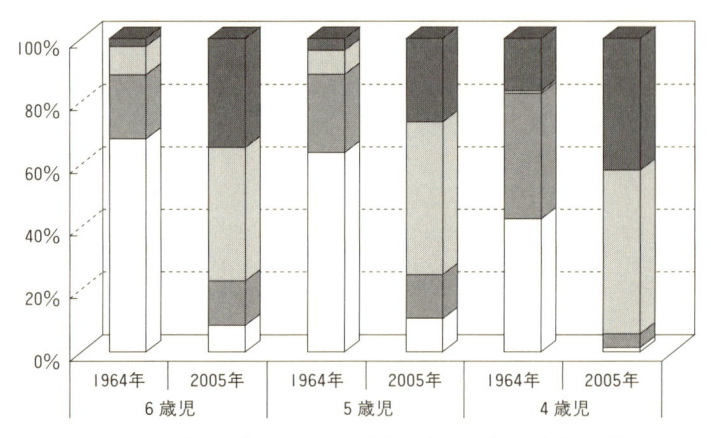

図6-4　紙類（画用紙，広告紙，折り紙）の年代比較

（石，積み木，粘土，ビン），柔らかいもの(ティッシュペーパー，ハンカチ，わた)，紙類 (画用紙，広告紙，折り紙) の３つのグループに分けて比較してみます。

　図6-2〜6-4をご覧ください。はじめに，「わかって根拠も言える」子に「わかっても根拠が言えない」子を加えて，「とりあえず（それが何か）わかる」子としてみますと，硬いものでは，今（2005年）の子どもと40年前（1964年）の子どもの差は10％程度で，それほど大きな差はないようです。つまり，硬いものでは，今の子どもも40年前の子どもとそれほど大きな差はない程度に，手でさわっただけで，それが何かわかっていると言えそうです。ところが，「わかっても根拠が言えない」子が大幅に増えているのです。

　一方，柔らかいものと紙類では，何か「わかっても根拠が言えない」子の増加とともに，5，6歳児では，近いもの（多くは同じグループ内のもの）と混同しての命名（わたを手にして「これはね，ティッシュ」と命名したり，折り紙を手にして「これは，普通の紙」と命名したり）が増えています。これはとくに紙類で目立っています。紙類の場合は，「紙」とだけ答え，3種類の紙を区別できない子が多数いました。そして，どのグループでも，「間違い・わからない」が増え，4歳児で顕著で

す。

　個々のものについて実験結果を比較したのが，図6-5-1〜6-5-10です。上と同様に，「とりあえず（それが何か）わかる」子についてみますと，硬いもののグループの石や粘土，柔らかいもののグループのティッシュ（1964年ではちり紙）などでは，40年前（1964年）の子どもとほぼ同様に，今（2005年）の子どもも，そのものが何であるかはわかって

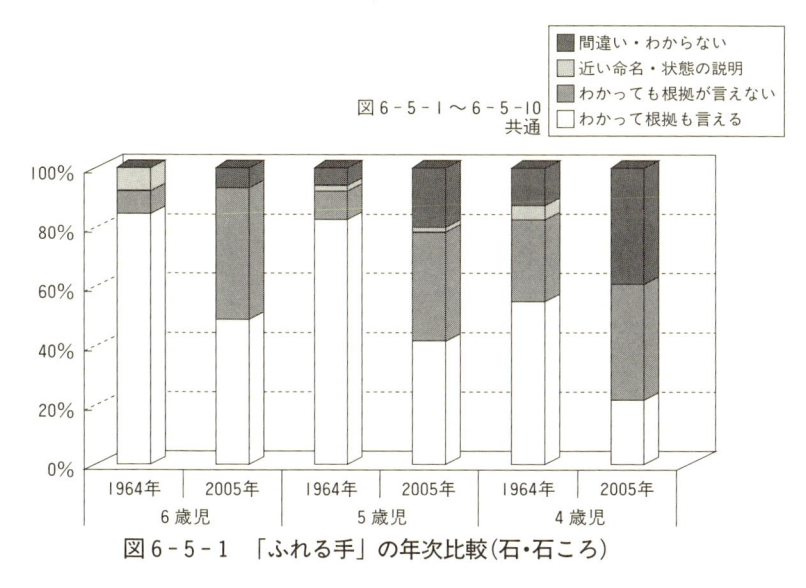

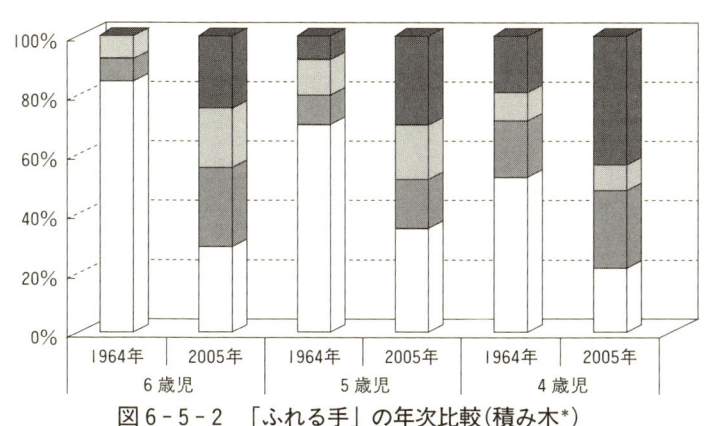

凡例（図6-5-1〜6-5-10共通）:
- 間違い・わからない
- 近い命名・状態の説明
- わかっても根拠が言えない
- わかって根拠も言える

図6-5-1　「ふれる手」の年次比較（石・石ころ）

図6-5-2　「ふれる手」の年次比較（積み木*）
＊四角い木，木，木のブロックでも可

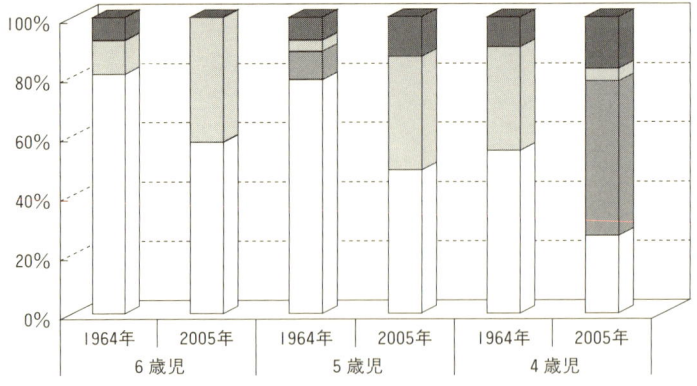

図6-5-3 「ふれる手」の年次比較（粘土*）
＊粘土，粘土するヤツなどでも可

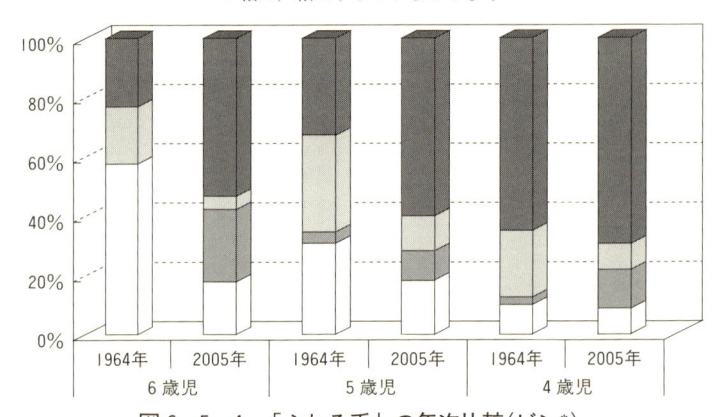

図6-5-4 「ふれる手」の年次比較（ビン*）
＊クスリのビン，塩を入れるビン，お化粧を入れるビン，コショウを入れるヤツなどでも可

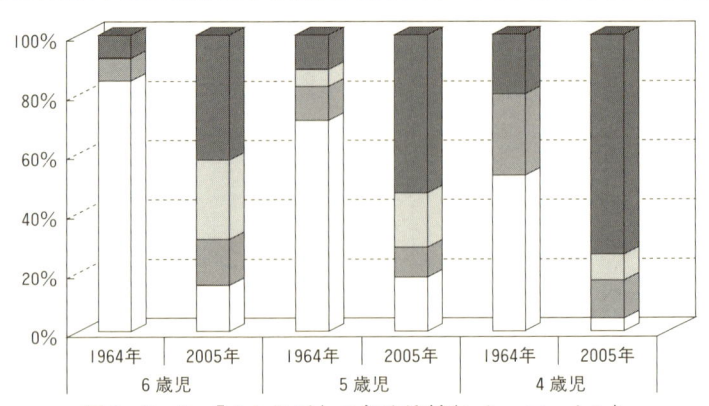

図6-5-5 「ふれる手」の年次比較（わた・コットン）

第6章●今時の子どもたちの手

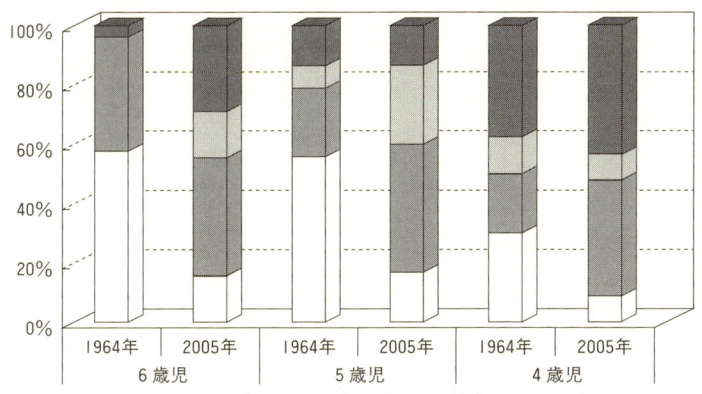

図6-5-6 「ふれる手」の年次比較(ハンカチ*)
＊布，きれなどでも可

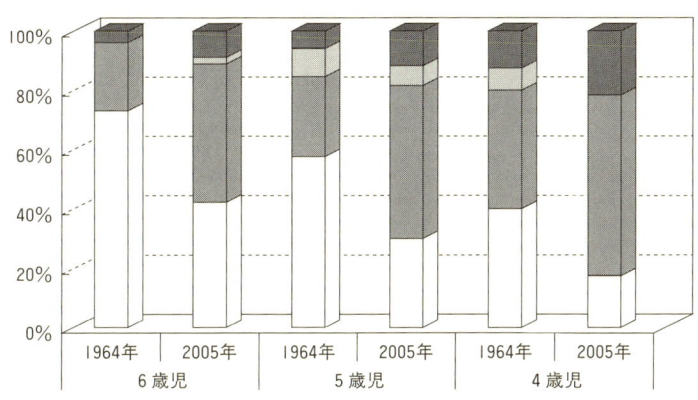

図6-5-7 「ふれる手」の年次比較(ちり紙・ティッシュ*)
＊はな紙，鼻をふく紙などでも可

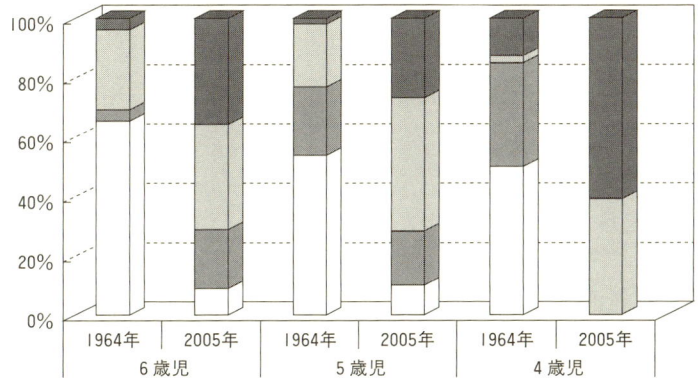

図6-5-8 「ふれる手」の年次比較(画用紙・厚紙*)
＊絵を描く紙，厚い紙，スケッチブックの紙などでも可

145

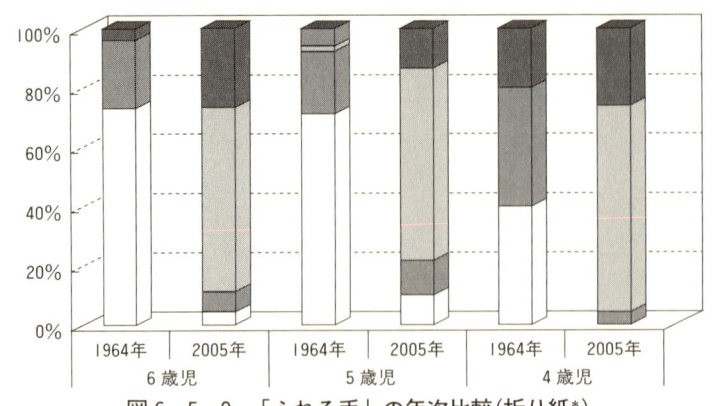

図6-5-9 「ふれる手」の年次比較(折り紙*)
＊折り紙をする紙，ツルを折る紙，手裏剣をつくる紙，真四角の紙，四角い紙でも可

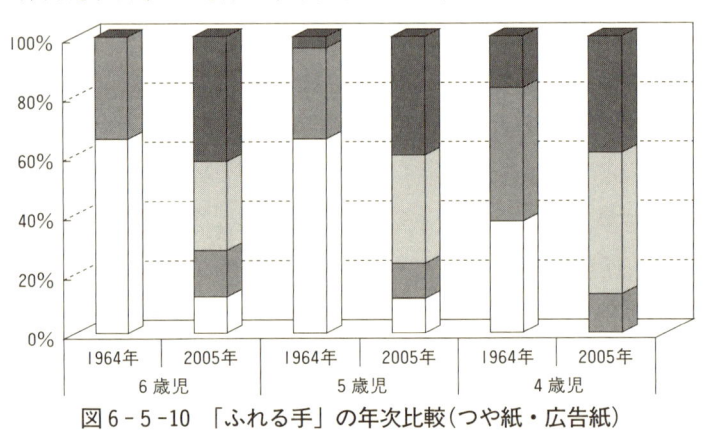

図6-5-10 「ふれる手」の年次比較(つや紙・広告紙)

いるようです。とくに「粘土」に至っては，6歳児の全員が粘土であることがわかり，40年前の子どもよりできているようにもみえます。

　しかし，それ以外では，積み木やハンカチのような身近なものと考えられるものでさえ，それが何であるかわかる子どもは減り，さらに，「わかって根拠まで言える」子となると，粘土を含めたすべての材料において大幅に減少しています。それは同時に，そのものが何かわかっても，根拠までは言えない子どもが増加しているということでもあります。「これは〇〇だ」という認識はできても，「これは，〇〇だから，〇〇だ」という認識にはなかなか至らない場合が多いようです。

意外であったのは，先にもふれたように，画用紙や折り紙，広告紙（つや紙）など，紙類でのかなりの落ち込みです。たしかに，1964年の場合も，石や積み木に比べてわかりにくいようでしたが，6歳児では60〜70％，5歳児では50〜70％，4歳児では40〜50％を超える子どもたちが，それぞれの紙を区別し，根拠も言うことができています。ところが，2005年では，それができる子どもは5，6歳児でも10％前後で，4歳児では全員ができない場合（「画用紙」「広告紙（つや紙）」）さえありました。多くは「紙」と言うだけで，紙の種類の識別までには至りませんでした。
　広告紙については，「広告紙！」と特定し，「つるつるしているから」「すこしすべる感じがするから」と根拠が言える子，「シールが貼ってあった紙」と特定し，「だって，硬くて，すべすべしているもん」と根拠を言う子など，今時の子どもらしい命名をし，しっかり根拠が言える子がいる一方で，「どんな紙？」「何に使う紙？」と聞いても，広告紙も折り紙も画用紙も「普通の紙」「白い紙」と答え，区別できなかったり，折り紙を「字を書く紙」，画用紙を「段ボール」，広告紙を「紙は紙」と答えるなどしていました。
　他のもの（たとえば石など）では，4歳児でも，それが何かわかり，その根拠も説明できているのに，紙類ではできないということは，こちらが何を求めているのかがわからないわけではないと言えます。

(3) 祖父母・父母・子ども三世代の比較
　　―1964年，1978年，2005年の比較

　続いては，データが揃っている分に関してのみですが，1978年の結果も加えて考えてみたいと思います。図6－6〜6－8は，硬いもの，柔らかいもの，紙類の3つのグループについての，1964年，1978年，2005年の実験結果を5歳児と6歳児について比較したものです。これは，ほぼ，祖父母・父母・子どもの三世代の比較に相当します。
　これらの図によりますと，身近なものでさえそれが何か「わからない」子や「わかっても根拠が言えない」子の増加とともに，「わかって根拠も

言える」子が大幅に減少している傾向は，1978年からすでにみられることがわかります。紙類での近い命名（紙類同士の混同もしくは「紙」とだけ答える）の増加もみられます。また，5歳児の硬いもののグループと柔らかいもののグループでは，1978年より2005年の方が「わかって根拠も言える」子の割合がやや高くなっていますが，それ以外（5歳児の

図6-6〜6-8 共通

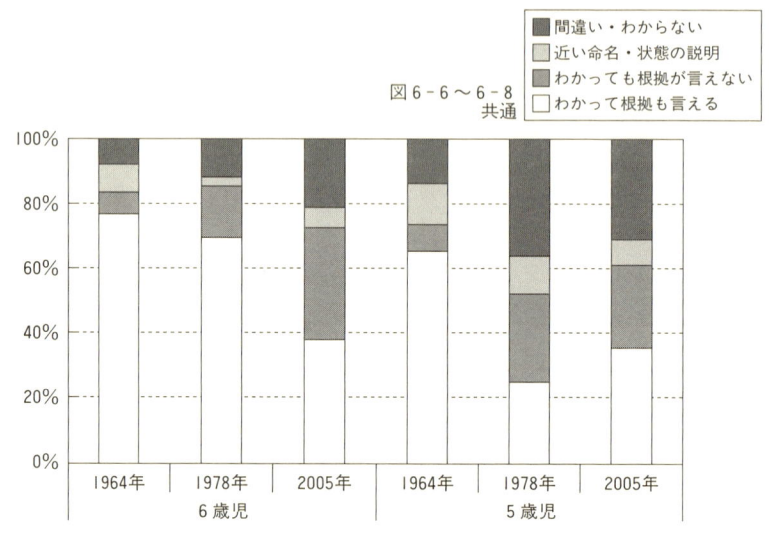

■ 間違い・わからない
▨ 近い命名・状態の説明
▨ わかっても根拠が言えない
□ わかって根拠も言える

図6-6 硬いもの（石，積み木）の年代比較（1964，1978，2005）

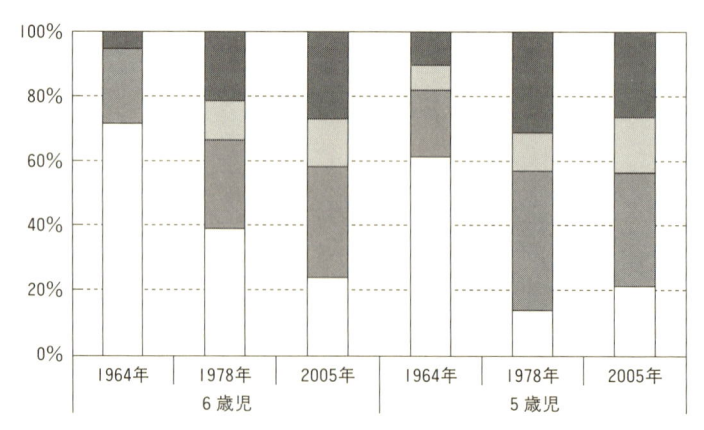

図6-7 柔らかいもの（布，わた）の年代比較（1964，1978，2005）

第6章●今時の子どもたちの手

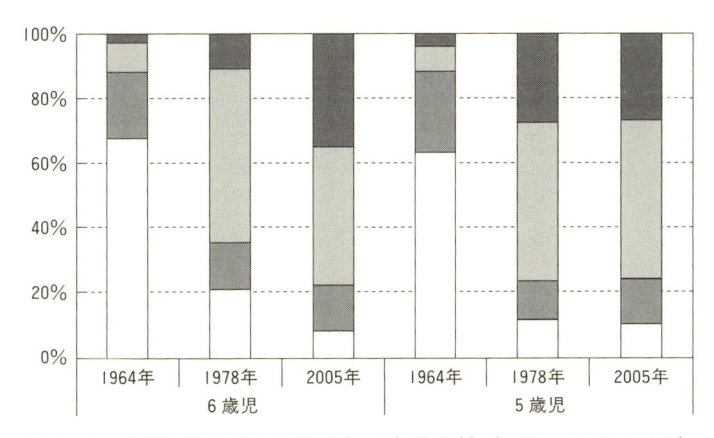

図6-8　紙類（折り紙，画用紙）の年代比較（1964，1978，2005）

紙類，6歳児の全グループ）では，1964年＞1978年＞2005年というように，年代とともに低くなっています。

このように，2005年にみられたいくつかの傾向は，1978年，すなわち今の親たちの幼児時代にすでに始まり，年々進行して現在に至っていると言えます。「手の異変」が言われたのは，1970年代になって間もない頃のことでした。当時指摘されたのは，多くは「ひも結びができない」「お箸が使えない」など「つくる手」に関わる面に関してでしたが，「ふれる手」においても見直すべき点があったようです。

(4)　手は時代を映す鏡―もの・ひととのふれあい再考

なぜ，これほどまで子どもたちにとって，ものがわかりにくくなったのでしょう。子どもたちの生活をみると，たしかに以前ほど四角いだけの「積み木」や「画用紙」は使われなくなりました。ハンカチも布地からタオル地に代わりました。手でふれてそのものが何かわかる子どもの減少は，こうした子どもの生活の変化に由来するのかもしれません。

そこで，2005年の実験の後半に，今の子どもたちにとって身近と思われる今風のものを追加することにしました。追加したのは，「携帯電話」

「ミニタオル」「ぷちぷち（空気の入った丸い突起が並んだビニール製の緩衝材）」「電卓」「テレビ用リモコン」の5つです。

すると，興味深い結果が得られました。たとえば，「携帯電話」では，「とりあえず（それが何か）わかる」子は，どの年齢でも80％を超えていました。（図6-9）。つまり，ほとんどの子どもが，それが「携帯電話」であることはわかったようです。ところが，根拠まで言えた子は，5，6歳児でも40％弱，4歳児では10％弱でした。やはり，「わかって根拠も言える」子は少ないと言わざるを得ませんでした。とは言え，それが「携帯電話」であるとした根拠は，「押すところがある」「ボタンみたいなとこがある」「四角い押すところがある」「ピピッとしたらいいとこがあった」「ぷっと押したらつぶれそうだった」などで，これらの根拠をどの子も生き生きと，うれしそうに答えていました。

次に注目したいのは「ぷちぷち」です。「ぷちぷち」がわかる子は，6歳児で最も多い（「とりあえず（それが何か）わかった」子は62.2％，「わかって根拠も言える」子は31.1％）ものの，何であるかがわかった子に近い命名をした子を加えると，4歳児でもっとも多くなっています

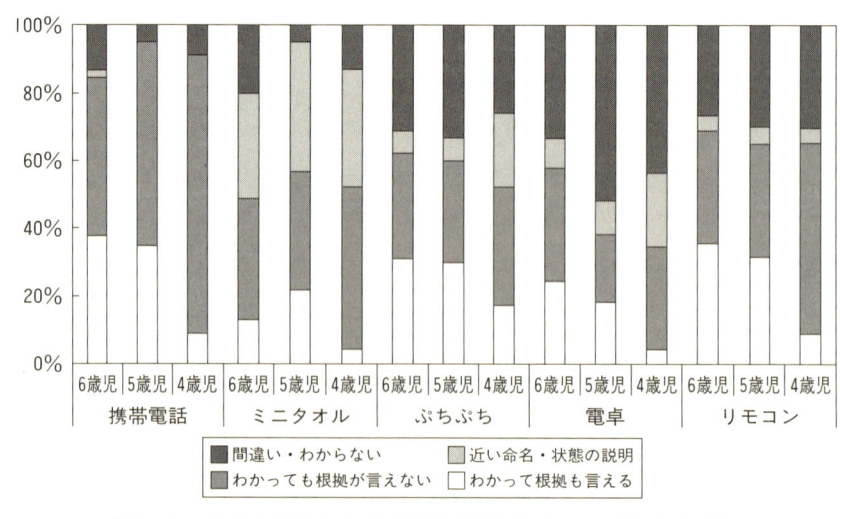

図6-9　今風の材料にみる2005年の子どもたちの「ふれる手」

第6章 ●今時の子どもたちの手

（73.9％）。近い命名では，「ビニールの袋」と答えた子が20％ほどいました。ビニールの感触はすぐにわかり，見当がついたようです。

「わかって根拠も言える」子の割合を正解率として，正解率の高い順に並べたのが図6-10-1～6-10-3ですが，4歳児では，「ぷちぷち」は「ティッシュ」とともに，「携帯電話」よりも上だったのです。「ぷちぷち」がまだまだ大好きな，4歳児らしい結果と言えます。一方，5，6歳児では，「携帯電話」の方が「ぷちぷち」よりも，正解率がわずかですが高くなっています。

では，次に，図6-11-1～6-11-3をご覧ください。これらの図は，1964年の実験の結果を，正解率の高い順に並べたものです。図6-10-1～6-10-3とあわせてご覧ください。

先に，40年前（1964年）の結果を6歳児についてみますと，トップが石，積み木，わた（いずれも正解率84.6％），ついで粘土（80.8％），そ

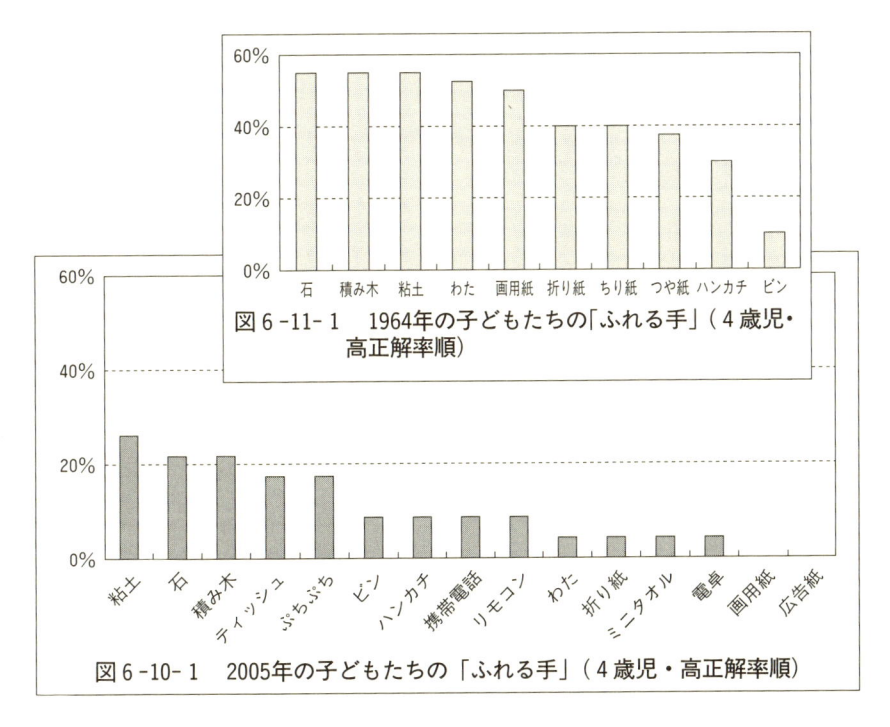

図6-11-1　1964年の子どもたちの「ふれる手」（4歳児・高正解率順）

図6-10-1　2005年の子どもたちの「ふれる手」（4歳児・高正解率順）

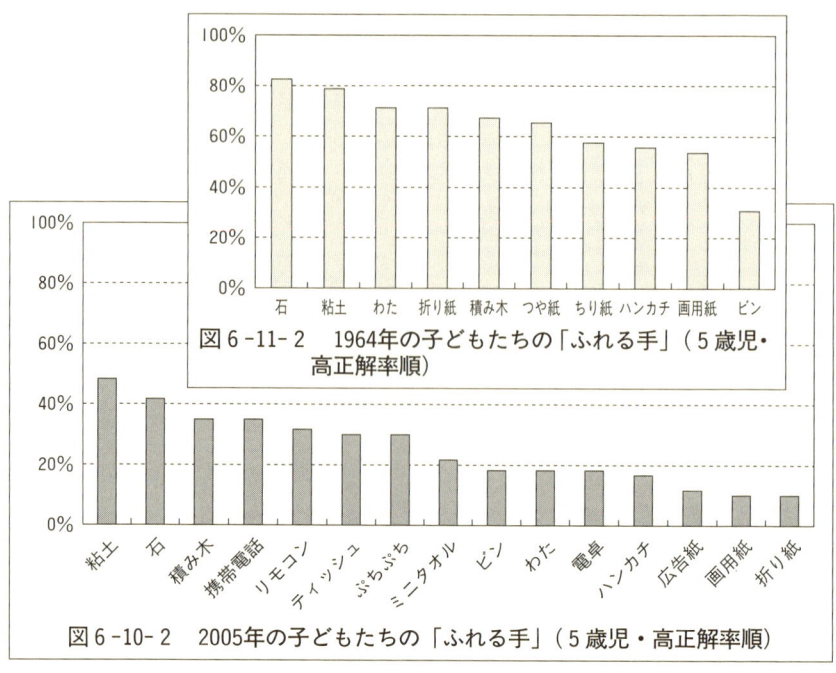

図6-11-2　1964年の子どもたちの「ふれる手」（5歳児・高正解率順）

石　粘土　わた　折紙　積み木　つや紙　ちり紙　ハンカチ　画用紙　ビン

図6-10-2　2005年の子どもたちの「ふれる手」（5歳児・高正解率順）

粘土　石　積み木　携帯電話　リモコン　ティッシュ　ぷちぷち　ミニタオル　ビン　わた　電卓　ハンカチ　広告紙　画用紙　折り紙

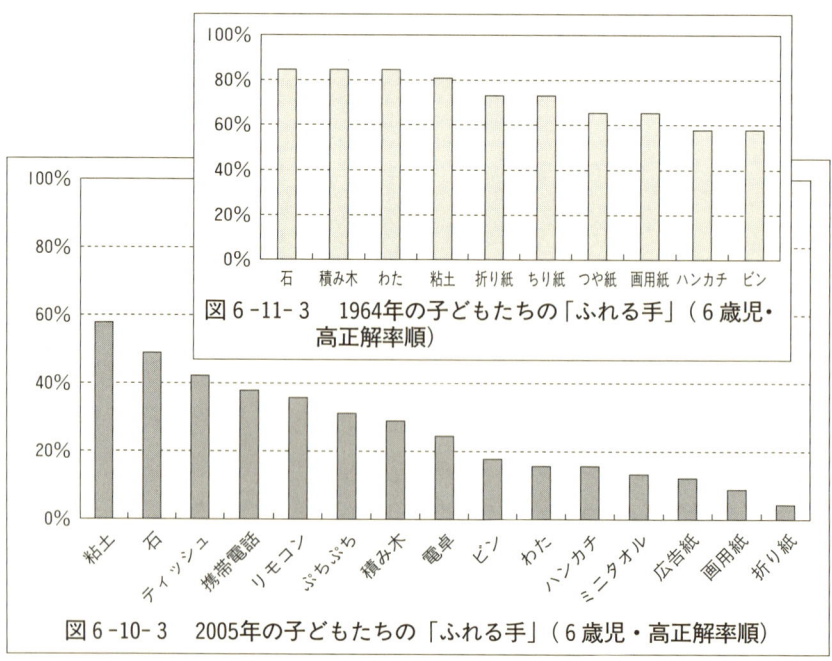

図6-11-3　1964年の子どもたちの「ふれる手」（6歳児・高正解率順）

石　積み木　わた　粘土　折紙　ちり紙　つや紙　画用紙　ハンカチ　ビン

図6-10-3　2005年の子どもたちの「ふれる手」（6歳児・高正解率順）

粘土　石　ティッシュ　携帯電話　リモコン　ぷちぷち　積み木　電卓　ビン　わた　ハンカチ　ミニタオル　広告紙　画用紙　折り紙

して折り紙，ちり紙(2005年ではティッシュ)(いずれも73.1％)，つや紙(2005年では広告紙)，画用紙(いずれも65.4％)，ハンカチ，ビン(いずれも57.7％)の順になっています(図6-11-3)。

ところが，今(2005年)の6歳児では，トップが粘土(57.8％)，ついで石(48.9％)，ティッシュ(42.2％)，携帯電話(37.8％)の順になり(図6-10-3)，40年前には正解率84.6％でトップであった「わた」では正解率はわずかに15.6％でした。「これね，お化粧のとき使うコットン！」と今風に言った子もいましたが，根拠までは言えませんでした。

このことは5歳児，4歳児でも同様でした。そして，5歳児，4歳児の正解率は，全体としてさらに低くなり，4歳児では，もっとも高いもの(粘土，石，積み木)でさえ20％台(1964年では50％台)でした(図6-10-1，6-10-2，図6-11-1，6-11-2)。

さらに，意外にわからないのが，すでに述べたように，画用紙，折り紙，広告紙(つや紙)と，ハンカチでした。広告紙は，ちょうど実験を行っていた頃には「剣」と称して，細く筒状に丸めたもので遊んでいる子が多かったのですが，わかりませんでした。「新聞のやつ」などの答えの他に，「剣をつくるやつ」と答えた子もいましたが，多くは「紙」でした。これも，日常の中で，「紙」と命名され，通用し，使われているためではないかと思われます。

なお，説明(表現)することばを知らないということも考えられたため，「折り紙を探して」(「名前から探す実験」)，あるいは「硬いものはどれ？」(「材質から探す実験」)というふうに，ものもしくは材質・触感を指定して，すべてのもの(材料)を入れた箱の中から手で探らせ，ものを探させるという逆パターンの実験もしてみました。

「名前から探す実験」では，ほとんどの場合探し出すことができましたが，やはり，紙類(画用紙，折り紙，広告紙)と布類(ハンカチとミニタオル，ハンカチとティッシュ)では，グループ内での混同が少しみられました。しかし，「つるつるしたもの」(つや紙，石でも可)，「ふわふ

わしたもの」（わた，ハンカチ，ティッシュなど）などのように，「材質・触感から探す実験」では，いずれもそれなりのものを探し出すことができています。ただ，「ざらざらしたもの」では，リモコンや電卓を選んで，キーのような凹凸のところを「ここ」と示す子もおり，「ざらざら」と「でこぼこ」との間で混乱を示す子も少なからずみられました。

　これらのことから，ことばを知らないせいとばかりは言えないものの，「ざらざら」と「でこぼこ」のように日常的に使われていると思われることばでも，きちんとした区別ができていない場合もあることがうかがわれました。また，紙類のように，識別が甘くなっている面もあるようです。ことばが「もの」や「状況」とセットになって日常的に使用されず，子どもたちの中に定着していないのではないかと気にかかりました。

　気にかかると言えば，「ミニタオル」です。（布地の）ハンカチとの混同がみられ，どちらも「ハンカチ」と言う子もいました。箱の中から取り出した「ミニタオル」をみて，「やっぱりハンカチだ」と言うのです。2つ並べて「同じ？」と聞くと「同じ！」と答えます。区別せずに，「ハンカチ」として使用していることがよくわかります。逆に，「ハンカチ」を「タオル」と言う子もいましたが，それはわずかでした。

　とくに，最近では，「ハンカチ」と「タオル」の使い分けには，あいまいな面があります。「ハンカチ」と言えば，綿素材の布地のものしかなかった1960年代と違って，今では，多様な素材が出回り，子どもたちのハンカチも，吸湿性がよく，扱いの簡単なタオル地のものが主流になりつつあります。そして，呼び方も，「ミニタオル」「プチタオル」「ミニハンドタオル」「ミニハンカチ」「タオルハンカチ」といろいろです。その意味では，「近い命名」も「とりあえず（それが何か）わかる子」に含めてもよいかもしれません。そうしますと，「携帯電話」に次いで多くの子どもたちがとりあえずわかるものとなり，さすがに，毎日使うものだけのことはあると言えます。

　とは言え，きちんと最初から「タオル」と答えた子もいること，「ハン

カチ！」と答えた子に、「どんなハンカチだった？」と聞くと、「タオルのようなハンカチ」「おてふきタオル」「顔ふくタオルの小さいヤツ」などと答える子がいたことなどから、ここでは「タオル」にこだわり、このままにしておきます。

　いずれにせよ、子どもに何がわかりやすいかは、その時代において、子どもたちが何を、どのように（どのように命名して）使い、何になじんでいるかによるようです。「子どもの手は時代を映す鏡」なのです。

　そう言えば、2006年夏の全国高校野球で日本中をわかせ、「ハンカチ王子」としてすっかり有名になった斎藤佑樹選手が、ポケットから取り出していた「ハンカチ」も、実は、青い「ミニタオル」（タオルハンカチ）だったとか。「タオル王子」ではなく、「ハンカチ王子」になったあたりに、おしゃれなと言うか、清楚なスマートさを感じさせると同時に、まさに「今」を思わせます。

⑸　「ふれる手」はことばとセットになって、さらに「敏感」になる

　私たちはものを区別し、説明するときに、形や色を表すことばを使います。そして、形にしても色にしても、それを表すいろいろなことばを知っていると、厳密な区別がしやすくなります。目もそれにしたがって鋭く働くようになります。

　同じように、手もことばを伴うことによって、細やかで厳密な区別ができるようになります。

　「こっちはざらざらした紙だけど、そっちはつるつるした紙」というように、表すことばを知っていれば、異なる種類の紙の触感の違いも区別することができます。また、区別しながら、紙を探ることもできます。

　そして、手もことばも、日常的に使ってはじめて有効に働きます。いろいろなもの・道具を使う。いろいろなもの・道具にふれる。ことばを添えながら……。

　子どもがこうしたことをするには、大人たちの援助が必要です。大人

たちがことばを添えて働きかける。それとなく話しかけ，ものの感触や，ときには安全のために注意することも伝える。このような日々のさりげないふれあい・コミュニケーションの中で，手とことばがセットになって，「これは，○○だから，○○だ」と認識していくのではないでしょうか。こうした日々のコミュニケーションが，今，不足しているのかもしれません。

(6) 「ふれる手」は，いざというときには危険を察知する

　「ふれる手」が，生活の中でいろいろな活動をするに際して，手の目の役割を果たすことはすでに述べた通りです。このことは，日常的な場面ではあまり意識されていませんが，たとえば，停電で暗くなったときや，夜，明かりがついていない部屋で，手探りで電気をつけようとするときに，手の威力を感じます。いつもの部屋なら，だいたいの見当で手を伸ばし，スイッチを押すことができます。手と身体の感覚で「覚え」があるのです。そこにたどり着く過程でさわるものについても，それが何であるか，だいたいの見当がつきます。所定のところにさえあれば，懐中電灯を出すために，引き出しや戸棚の中を探すこともできます。

　このように，「ふれる手」は，日常ではもちろんのこと，いざというときにも，目の代わりになって，道案内をしてくれます。変化に気づき，危険を察知することもできます。危険を察知し，道案内をしてくれる手を，曇らせることはできません。

　敏感な「ふれる手」を育て，いざというときにはいのちを守り，「生きる」を支え，頼りになる，研ぎすまされた感覚の手にしたいと思います。そのためには，何よりも，幼いときから，ものを判別する名前や，材質や特徴を表すことば，さらには状況を捉えることばもしっかり添えながら，手をしっかり使い，いろいろな経験，いろいろな記憶を手に積み重ねることです。

　同時に，手を守り，大事にいたわることも大切です。そのことについて，次章で考えてみます。

第7章

手を守る・その1
―＜手を洗う＞―

寺脇住子さんが蛤の殻をもとにつくった何ともかわいいおひな様。
台を兼ねた箱入り。つくり手のセンスが光ります。

1　＜手を洗う＞意味

(1)　＜手を洗う＞ことを通して，いのちと向き合う

　私たちは，毎日の生活の中で，かなり頻繁に手を洗います。しかし，日常の生活においては，「手を洗う」ということを意識することは少ないのではないでしょうか。
　ところが，外出先や旅先，子どもの遠足や運動会等に参加したときなどのような，いつもと違う環境で手を洗う際になると，手を洗うことを強く意識します。「しっかり洗う」ことができるとホッとします。
　さて，一般的に，「手を洗う」のは，「清潔にする」「汚れを落とす」「除菌する」ときです。一番多いのはトイレの後でしょう。その他，外出から帰ったとき，子どものおやつの用意や家族の食事の準備の前，お茶や食事の前，庭の手入れの後，ゴミを出した後などなど，手を洗う機会はたくさんあります。大切なものにふれる前にも，手を洗います。生まれたばかりの赤ちゃんにさわるときなどは，ていねいに洗います。
　子どもでは，トイレの後，おやつの前，食事の前，外出から帰ったときの他に，砂や泥，粘土で遊んだりした後，絵の具などで絵を描いた後にも洗います。
　また，風邪が流行しているときなどは，大人も子どもも，外出から帰ると真っ先にていねいに手を洗い，うがいもします。かなりの予防になることはご存じの通りです。
　「殺菌する」ことを目的に手を洗うときもあります。調理するときがそうです。有毒なものや病原菌にふれたときも，殺菌・消毒を目的に，ていねいに，石けんや消毒剤を使って洗います。とくに，手術をする前のお医者さんの手の洗い方には，「殺菌洗浄」ということばがぴったりです。手袋をするというのに，ブラシを使ってごしごしと丹念に洗います。

「手を洗う」ことを通して、もろにいのちと向き合っているのです。

　以上のように、「手を洗う」ことの最大の目的は、手を清潔にする、あるいは除菌・殺菌することを通して、手を守り、自分を守ること、そして相手を守ることです。「生きる」上で、とても大切な行為です。

⑵　手を洗うのは、「手を清潔にする」ためだけではありません

　「手を洗う」ということが、手を清潔にするという衛生上の目的で行われる以外に、儀式的な意味を持つ場合もあります。

　神社や寺院には、鳥居や山門をくぐった参道のわきに、必ず「手水舎」（「ちょうずや」または「てみずや」）があります。参拝の前に、身を清めるために、手を洗い、口を漱ぐところです。まず、右手にひしゃくを持って水を汲み、左手を清めます。次に左手に持ちかえ、右手を清めます。また右手に持ちかえ、左の手のひらで水を受け、それを口にふくみ、口を漱ぎます。もう一度左手に水をかけ、最後にひしゃくを真っすぐに立て、柄に水を流して柄を清め、ひしゃくを戻します。ひしゃく一杯の水ですが、それだけで、気持ちがピシッとします。

　手水舎で手を清めることを「手水を使う」と言うそうですが、「手水（てみず）をつける」と言うと、お寿司を握るときに、酢を入れた水（手水）を右手につけることを意味します。

　また、私の郷里・岩手県南部は日本一の餅文化の地ですが、お餅つきのときの「杵とり」が、餅をこねるに際して手に水をつけることも、「手水をつける」と言います。バケツや手桶に水をたっぷり入れて用意し、手水をつけながら、手際よく杵とりをします。手に水をつけるのは、蒸し立ての熱い餅米をこねるのに手を冷やすためと、お餅が手につかないようにするため、そして、餅の柔らかさを調整するためです。

　手水（ちょうず）には「トイレ」という意味もあります。トイレのそばに手を洗う場所を設けたことに由来するそうです。手水とか手水場（ちょうずば）とかは、トイレの遠回しの言い方です。私たちがよく使う「お

手洗い」もこれとよく似ています。そして，手水鉢（ちょうずばち）はトイレや洗面所にある手を洗う水を入れる鉢のことです。もっとも，今では手水鉢はめったに使われません。水道から直接水を流して使うからです。

古いお庭には，石でつくられた手水鉢（つくばい）があります。多くは野ざらしになっていますので，手を洗うとか，身を清めるために使うというより，庭の風情をつくりだす大事な小道具といった感じです。雨上がりなどに，水があふれんばかりに入っていて，まわりの緑を映し出している手水鉢をみると，手は洗えなくとも，目が洗われるように思います。緑の葉っぱが1枚浮かんでいたりすると，こころまで洗われる感じがします。

手水場の立て札。長野県小谷村の，塩の道の途中に立てられていたもの（2006年）。

私の夫の郷里・長野の家の庭にも，手水鉢があります。今では手入れされることもなく，荒れたままです。それでも，まぎれもなく，庭の大事な一部になっています。

茶道と華道をたしなんでいた義母は，生前，お茶をたてる前とお花を生ける前に，お茶室の前にある洗面台で，必ず手を洗っていました。これなども，気持ちを改める儀式に近いものだったかもしれません。

フランス料理等でコースの途中で出てくるフィンガーボールも，多分に「マナー」という儀式の重要な一部と言えるかもしれません。フィンガーボールの水を「間違って飲んでしまった！」というお決まりの笑い話がありますが，私の兄夫婦も，フランスを観光旅行したとき，フィンガーボールの話は聞いていたものの，レストランで実際に出てきたときは，ころりと忘れてしまい，本当に飲んでしまったそうです。周囲を笑わせることの大好きな兄の話ですから，事実かどうかはわかりません。

義姉に確かめようにも，もう亡くなってしまったので，今となっては確かめようがありません。

(3) 脳に直接伝わる，手を洗う水の冷たさ

　暑い日に手を洗うと涼しくなります。暑さに弱い私はしょっちゅう洗います。顔の汗を洗い流しながら，手も洗うのです。手は脳と深く関わっていますので，手を水で冷やすと，ひんやりした感触は脳に直接伝わります。

　逆に，寒いときには，暖かい火に手をかざして身体を温めますが，暖かいお湯で手を洗うとそれ以上の効果があることは，誰でも経験していることです。

　手を洗うと，気持ちも落ち着きます。何か落ち着かないとき，いらいらするときなども，私はよく冷たい水で手を洗います。「頭を冷やす」よりずっと効果があるように思います。

　何かを始める前に手を洗うと，気合いが入ります。とくに書きものをするときなどは，目の前で動く手がさっぱりしていると，とても気持ちが落ち着き，はかどる気がします。反対に，汚れたままだと気になって集中できません。

　手を洗いながら，元気になるときもあります。山歩きの途中でちょろちょろと流れる湧き水に出会ったときは，その代表です。思わず，手を伸ばし，手を洗い，その手で水をすくい，口に含みます。湧き水の澄んだ冷たさに，こころからホッとし，くたびれは吹きとんでしまいます。

　また，手を冷やすことによって，胃液などの分泌が盛んになり，食欲が増進するという効果もあるそうです。一説には，女性の平均寿命が長いことには，食事の準備などで水で手を洗い，手を冷やす機会が多いことが関わっているとか。「手を洗う」ことには「いのちを永らえる」役割もあるようです。

(4) 「手を洗う」と「足を洗う」

　ところで，「手を洗う」に対して「足を洗う」ということばがあります。日本では，一般的にはあまり好ましくないことをやめること，そのことから離れることを「足を洗う」と表現しますが，英語では「wash one's hands」と表します。中国語でも「洗手不干」(手を洗ってやめる)と言うそうです。お隣の韓国では，日本と同じく，「足を洗う」だそうです。

　おもしろいのは，ロシアのことわざ「Рука руку моет (手が手を洗う)」です。普段は「手が手を洗う」と言っていますが，正しくは，その後に「そして両方の手が白くきれいになりたがる」と続きます。「悪事をかばい合う」(ごまかしを隠し合い，両方ともシロだと言い合う)という意味だそうです。

　「手を洗う」と言えば，きれいになり，さっぱりするということを意味すると単純に思っていましたが，さっぱりしきれない重い意味の場合もあるようです。いったん悪に手を染め，「汚れた手」の汚れは，そう簡単には，洗い流されないということでしょう。

　もちろん，泥んこや砂で楽しく遊んだ子どもの手は，どんなに汚れていても，水や石けんでしっかり洗えばきれいになります。そして，子どもの「手が手を洗い」，両方の手がきれいになりますが，決してそれ以上の意味はありません。

　「手を洗う」ことについて，あらためてみてみますと，奥の深さを感じます。

(5) 手洗いを見直そう！

　従来，子どもの生活や発達を考えるに際して，「手を洗う」ことは「基本的生活習慣のひとつ」程度の捉えられ方でした。その大切さは認識されていても，日常的にはあまり意識されていませんでした。

　しかし，1990年代に入り発生したO-157による集団食中毒をきっかけ

に，手洗いや消毒が徹底されました。以後，それ以前に比べ，保育者の手洗いの徹底とともに，子どもたちの手洗いも意識されるようになりました。

当時，保育所等では子どもたちの給食やおやつのみでなく，保育の内容に至るまでもがきびしくチェックされ，制約を受けました。その後も，何かあれば責任を問われる大人の立場からの判断で，給食やおやつはもちろんのこと，保育の内容（たとえばクッキング）などについての制約が今でも残ったままのところが少なくありません。

たしかに，今時，いろいろな意味で，自分（たち）を守り，生きるすべを身につけることは必須です。けれども，だからと言って，あまりにも神経質になり，日々の生活や保育が必要以上に制約を受けることは避けなければなりません。

そんな中で，水や石けんでしっかり手を洗うことは，自分を守るためのもっとも基本的で，大切な習慣です。これを乳幼児期から習慣として身につけ，正しい手の洗い方を学ぶことは，大変意義深いことだと思います。

そこで，手を守り，自分（たち）を守り，「生きる」こと，「いのちに向き合う」ことにつながる「手を洗う」ことについて，乳幼児期の発達と指導（育てる）を中心に，考えてみたいと思います。これを契機に，大人も，「手を洗う」ことについて考え直していただければと思います。

2　＜手を洗う＞の発達

自分で手を洗うことができるようになるのは，1歳を過ぎた頃です。とは言え，はじめはただ水をかけるのみで，おやつや食事の前の儀式のようなものです。この時期は，濡らしたタオルで拭いてもらう方がまだ多いかもしれません。

ここで，子どもの手洗いがどのように発達するかを保育所での様子か

らみてみましょう。

　あと10日で1歳のお誕生日を迎えるK君は，自分で蛇口をひねることはできません。しかし，手を洗うのは大好きです。ついでに水で遊べるからです。左手で，流しの縁につかまり，右手だけ洗いました。その後は，流しで水をかき回して遊び始め，なかなか左手を洗うところまでいきません。保育士に「もうおしまいね」と水を止められてしまっても，まだ遊びをやめません。

　1歳2カ月のD君も，まだ自分で蛇口をひねって水を出すことはできません。保育士が蛇口をひねって出した水の下に，まず，右手だけ伸ばし，水をかけます。左手は流しの縁をしっかりつかんでいます。少しすると，右手で縁をつかみながら，左手を伸ばして水をかけます。保育士に足を流しの下の台にしっかりつけてもらうと，安心したように，そっと両手を伸ばして両手に水をかけ，しばらく水を流して手洗いは終了です。その後，蛇口を閉めようと，蛇口の上に手を伸ばして回そうとしますが，回せません。「手を拭いてね」という保育士の声に，流しの横にぶら下げてあるタオルで手を拭き，自分の席にスタスタ……。

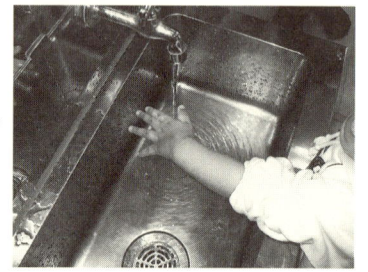

　1歳4カ月のO君は，蛇口を自分で開けることはできませんでしたが，両手を一緒に伸ばして水をかけています。両手を合わせてぱちぱちたたくようにして，水をかけ，それだけで終了でした。

　2歳1カ月のR君は，直前までしていたお絵かきのクレヨンが，顔にまでついています。手の指にも，つめの間にもクレヨンがついています。蛇口を自分で開けて水を出し，両手を組み合わせ，水をかけ，つめの間につまっているクレヨンを落とそうと必死です。右の親指と人さし指の

第7章 ●手を守る・その1

　つめで，左の中指のつめの間のクレヨンをとろうとしますが，なかなかとれません。しばらく挑戦していましたが，とれないままです。両手にしっかり水をかけて，終了となりました。しかし．蛇口は閉められませんでした。横にあったタオルで，手はしっかり拭いています。
　2歳4カ月のG君は手を洗うのが上手です。両手の指を組み合わせ，ごしごしと指をこすり合わせながら，ていねいに洗っています。水をざぶざぶ流すその下で，何度もていねいに，しかも手際よく洗っています。パン屋さんをしているお父さんをしっかり見習っているようです。蛇口をしっかり閉めて，終了です。タオルでしっかり拭いています。
　2歳10カ月のKちゃんは，まず腕まくりをしてから蛇口を開け，洗います。網に入れて蛇口の口近くにぶら下げてある石けんを，両手で握るようにしてつけ，泡立て，両方の手の甲や手のひらを，互いにすり合わせながら，ていねいに洗っています。その後，石けんが落ちるまでしっかり水をかけています。あまりに上手なので，「もう1回やってみせて」と言ったら，調子にのったらしく，ていねいに泡立てて，手をこすり合わせ，なかなかやめません。保育士に「あら，そんなにしてたら，手が溶けちゃう！」と言われてあわてて水を流して，おしまいになりました。蛇口もしっかり閉めることができました。

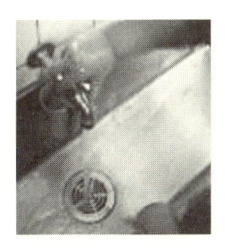

　3歳4カ月のMちゃんは，腕まくりをして，蛇口を開け，石けんをつけて，泡立て，両手の指を組み合わせ，

165

こすり合わせて，指の間までていねいに洗っています。指の動きはやや硬い感じですが，石けんもきちんと落として，きれいになりました。蛇口もしっかり閉めました。

4歳になったばかりのS君，蛇口を開け，手に水をかけ，石けんをつけて，泡立て，両手を組み合わせて洗っています。指の間まで泡が行き渡り，手際のよい洗い方です。もう，腕まくりしなくても，袖口を濡らすこともありません。蛇口も指先をからませてしっかり閉めました。

間もなく5歳の誕生日を迎えるH君は，指の硬さもなくなり，上手に洗います。石けんをつけた後は，しっかり泡立て，両手を組み合わせて，何度もくり返しこすり合わせています。指の間まで泡が行き渡り，とても手際のよい洗い方です。水もしっかりかけ，洗い流し，その後蛇口もしっかり閉めました。

5歳6カ月のIちゃんは，石けんをつけて，両手を組み合わせ，指も手の甲も洗って，水を流した後，両手の指の先をパッパッとはじくようにして水を切っています。その指は，指の先までしっかり伸びています。その後，蛇口を閉め，タオルで指の先までしっかり拭いて終了です。

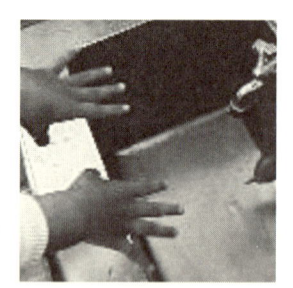

6歳4カ月のJ君は，つめまで洗いました。右手のつめの先を左手の手のひらでこすり，左手のつめの先は右手の手のひらでこする……というようにして，しっかり洗ったのでした。手早く洗い，タオルで拭くのも手慣れたもので，まわりに水をこぼすこともありません。

6歳5カ月になったNちゃんとOちゃんは，蛇口にぶら下がっている石けんを，蛇口のすぐ下に持ってきて，水を流しながら，両手でもむようにして手につけ，両手を合わせてよ

第7章●手を守る・その1

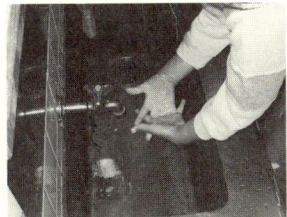

く泡を立て，手の甲も互いにこすり合わせて洗っています。Oちゃんは，指も組み合わせ，こすり合わせて，なかなかの手際のよさです。指の動きにも柔軟さがみられます。大人でも見落としがちな親指まで，ていねいに洗っています。

以上の様子から，4歳頃までは，まだ指の分化が不十分であるために，細かなところまでは行き届かないことが多いようです。しかし，手の甲や手のひらを，そして，左右の手指を組み，こすり合わせるようにして，指まで洗おうとします。やや硬い印象が残りますが，指まで意識されているのがよくわかります。

4歳を過ぎると，指の間まで洗い，指の動きもダイナミックになります。手際よく洗うのには感心させられます。5歳になる頃には，指がしなやかに動き，指も手の甲も，互いにこすり合わせ，指の先まで洗っています。やがて，6歳ではつめや親指まで洗えるようになるのです。大人の指導や子ども同士の学び合いがあってのことであると思われます。

以上は，保育所という集団保育の場での様子です。洗面台の高さが子どもに合わせてあるだけに，歩き出すともう一人前に，洗面台まで歩いてきて，手を洗うことができます。3歳頃にはかなり上手に手を洗うのには驚かされます。ただ，6歳児にとっては低すぎるらしく，右の写真のように，腰をかがめる姿勢で手を洗っている子どもが，少なからず見受けられました。

一方，家庭では，3歳前は，蛇口に手が届かないこともあり，抱っこ

されながら洗うか，あるいは，おしぼりで拭いてもらうだけのことが多いかもしれません。

　3歳を過ぎる頃から，台などにのって，背伸びして，やっと蛇口に手が届き，自分で蛇口を開くことができるようになります。その頃から，何度も何度も，蛇口を開き，水を流し，手を洗い，蛇口を閉めて，また開く……をくり返し，手を洗うことを楽しみます。手が届き，自分で蛇口を開くことができるのがうれしくて仕方ないのです。石けんがあるとさらにうれしく，手を伸ばし，手につけ，泡も出ないうちに水で流したりします。

　遊んでしまう面もかなりありますが，おやつや食事の前，外出から帰ったときには，手を洗うものと思っているのがうかがえるようになります。どんなときに手を洗うかということが認識され始めているのです。

　指や手，身体が全体としてしなやかになる5～6歳頃には，指の間，指の先，つめまで，だいぶ上手に洗えるようになります。もちろん，大人の指導が必要です。

3　＜手を洗う＞を育てる

　私たち大人は，ていねいに指先まで手を洗うことの大切さはわかっていながら，子どもの手洗いは本人まかせになっていることが多いのではないでしょうか。ほんの少しの指導で，ずいぶん上手に洗えるようになります。ぜひ，手の洗い方の指導をしてください。

　その場合，次のポイントを押さえておくと，確信を持って指導できるでしょう。

　家庭でも，保育所・幼稚園でも，子どもたちと一緒にポイントを押さえた上で，楽しく手を洗ってください。そして，手を守り，自分を守る手だてを伝えてください。

第7章 手を守る・その1

●手はなぜ洗うの？

　手には，汚れと一緒に，目には見えませんがたくさんのバイキン（有害な細菌とウイルス）がついています。そのままにしておくと，食べ物やおもちゃと一緒に，口を通って，バイキンが身体に入ります。お腹が痛くなったり，下痢をしたり，バイキンによっては高熱を伴うこともあり，大変です。ゴミやチリ，花粉などが身体に入ると，アレルギーを起こすこともあります。

　このようなことを防ぐために，外から帰ったときや，おやつや食事の前には，手をしっかり洗って，汚れやバイキンを洗い落とします。トイレの後にも手を洗います。外から帰ったときはうがいも必要です。

●洗う前の手はどのように汚れているの？

　ここで，洗う前の手がどのように汚れているかを，科学の目でみてみましょう。後に紹介する「"いっぱいさわって，いっぱい学ぶ，ちっちゃな手"を応援します!!」（174ページ）とあわせてご覧ください。なお，P&Gの石上真由さんには，以下171ページまでの執筆にもご協力をいただきました。

　右の写真は，手洗い前の手から移した一般細菌を，寒天培地上で培養したものです。普段の手をそのまま検査・測定したものです。手洗い前の手にはたくさんの細菌がいるということがわかります。

　図7-1は，汚れの指標であるATP（アデノシン三リン酸）量を，手洗い前の子どもの手で測定し，部位別に比較したものです。親指の指先がもっとも汚染度が高く，続いて各指の指先，指では親指が一番高くなっているのがわかります。

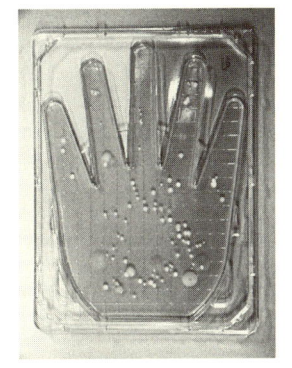

―P&G薬用石鹸ミューズ 参考資料―

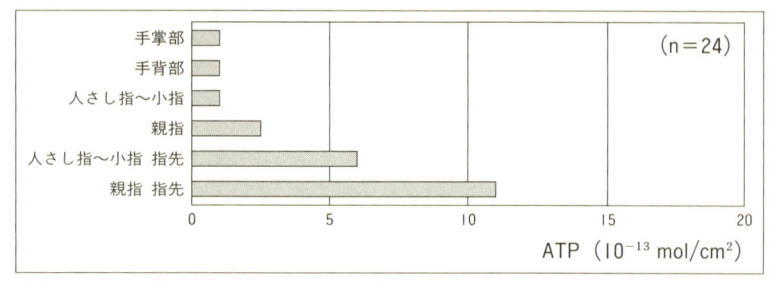

図7-1　手洗い前の子どもの手の各部位におけるＡＴＰ量
　　　　―兵庫県立大学看護学部・山本恭子先生による（P&G 提供）―

(横軸: ATP (10^{-13} mol/cm²)、n＝24)
手掌部
手背部
人さし指〜小指
親指
人さし指〜小指　指先
親指　指先

●手を洗ったらどうなるの？

　それでは、手を洗うと、どうなるのでしょう。ゴミやチリ、バイキンがかなり流され、さっぱりして気持ちよくなります。石けんで洗うとなお効果的です。

　バイキンだけでなく、手についている、粘土のぬるぬるや、砂のざらざら、絵の具なども落ちて、きれいになります。

　けれども、どのくらいきれいになるかは、洗い方によって違います。しっかり洗ったつもりでも、つめの先や親指、手首などの汚れが落としきれない場合が多いのです。次に紹介する、薬用石鹸ミューズが推奨する正しい手の洗い方で洗うと、洗い残しがありません。正しい手の洗い方をマスターして、指先までぴっかぴかにしましょう。

●手の正しい洗い方は？

　図7-2をご覧ください。これは、先ほどふれた、薬用石鹸ミューズが推奨する正しい手の洗い方を図示したものです。図にしたがって、指先までぴっかぴかにする手の洗い方を説明します。

　まずは、手に流水をかけて、汚れを落とします（①）。次に、手のひらで石けんや洗浄剤をしっかりこすりながら泡立てます（②）。手のひら、親指、指と指の間を、また指の背面から指と指の間にもう一方の手の指を入れて、よくこすります。親指は手のひらで包みこむようにしてこす

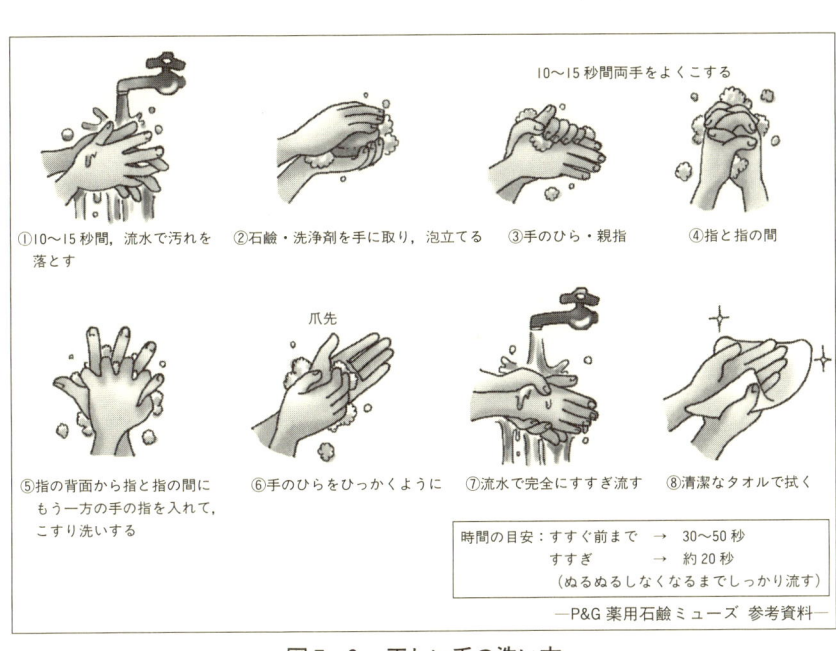

図7-2　正しい手の洗い方

①10〜15秒間、流水で汚れを落とす
②石鹸・洗浄剤を手に取り、泡立てる
③手のひら・親指（10〜15秒間両手をよくこする）
④指と指の間
⑤指の背面から指と指の間にもう一方の手の指を入れて、こすり洗いする
⑥手のひらをひっかくように（爪先）
⑦流水で完全にすすぎ流す
⑧清潔なタオルで拭く

時間の目安：すすぎ前まで　→　30〜50秒
　　　　　　すすぎ　　　　→　約20秒
　　　　　　（ぬるぬるしなくなるまでしっかり流す）

—P&G 薬用石鹸ミューズ 参考資料—

りましょう（③〜⑤）。手のひらを、つめの先でひっかくようにして、こすります（⑥）。これで親指、つめの先まできれいになります。とくに親指やつめは、子どもたちは目をこすったり、指をくわえたりすることも多く、感染症の接触感染の経路となる場合もありますので、もっとも注意してあげたい部分です。続いて、流水で泡をしっかり洗い落とし、さらに仕上げに、もう一度すすぎます（⑦）。最後に、清潔なタオルで拭いておしまいです（⑧）。

　面倒くさいようにみえますが、慣れるとそうでもありません。子どもと一緒に、固形の石けんや液体の洗浄剤が泡に変わっていく様子や、石けんや洗浄剤の色にかかわらず、泡の色が白かったり、汚れによっては茶色かったり、赤かったりと、いろいろな変化をみせるのを楽しみながら、正しい手洗いが習慣になるよう見守りましょう。そして、子どもと一緒に手を洗うときは、正しい手の洗い方をことばを添えてきちんと伝えましょう。

4 ＜手を洗う＞を楽しもう！

　理屈はさておき，子どもたちは，手を洗いながら水とたわむれるのが大好きです。石けんがあると，楽しさはさらに数倍にもなるようです。泡の感触を感じ取り，時間とともに変化する泡の色の違いや，泡がだんだん小さく，細かになっていく様を楽しんでいるようにみえます。
　さんざん遊んだ後のさっぱり感も，覚えてほしい感触です。
　まずは，楽しむことから始めましょう。

＜おせんたくごっこをしながら，水と石けん・泡を楽しもう！＞

　5月のお天気のよい日を選んで，「おせんたくごっこ」をしました。
　子どもたちならではの遊びを展開しながら，たっぷり石けんの泡を楽しんだ後は，ふきんをすすぎ，しぼって，干しました。こうして，楽しい「おせんたくごっこ」は終わり，子どもたちも気持ちよさそうです。そのときの様子を写真とともに紹介します。石けんのつけ方や遊び方には，年齢による違いもみられました。
　　　　　　　　　　　　　　　　　　　　（実践担当：奥尾祐子）

さあ！　おせんたくごっこのはじまり，はじまり！大きなたらいの前に集まります。待ちきれない子もいるようです。

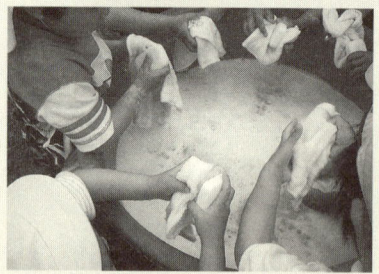

一度手を水でぬらした後に，いよいよ石けんの登場です。
4歳児は，ふきんに石けんをこすりつけました（左の写真）。5，6歳児は，ぬらしたふきんに石けんをくるみ，もむようにして泡立てました（右の写真）。

第7章 ●手を守る・その1

石けんの泡を楽しむ子どもたち。
5，6歳児は会話がはずみましたが，4歳児は遊ぶのに夢中で，会話はあまりありませんでした。

泡ってすごいぞ～！

たけのこの皮がむけたとこだよ！

こんなになごう（長く）なった！

ピストルだぞ～！

うわっ，おだんごができた！ みて，みて！

これからすすぎます。

「せんたくきみたい！」と言って，ぐるぐるかき回す5歳児。

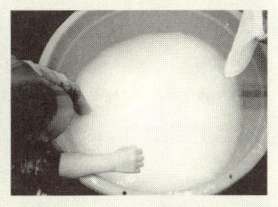

「牛乳みたい」「こんなお風呂に入りたい」と思いを言い合う5歳児たち。

最後は，しっかりしぼって干しました。しぼるのがとくに上手なHちゃんは，4歳児ですが，いかにも慣れていました。
「またしたいなあ！」と満足げな子どもたちでした。

"いっぱいさわって，いっぱい学ぶ，ちっちゃな手"を応援します!!
―さまざまな調査に基づく薬用石鹸ミューズの手洗い推進運動―

P&G　石上真由

はじめに

薬用石鹸ミューズは，1953年に，日本初の殺菌効果を持つ薬用固形石鹸として誕生しました。1983年には，液体ハンドソープが開発されました。

50年以上もの間，子どもたちの手をバイキンから守り続けてきたわけですが，同時に，私たちは，手洗いの重要性を伝えていくため，さまざまな調査をしながら，その推進活動を展開してきました。

年々衛生意識が高まるにつれ，私たちが行う消費者調査の中でも，子どもたちに「汚いもの」にはさわらせたくないという保護者の声がよく聞かれます。たしかに，私たちのまわりには，さまざまな菌やウイルスなどの微生物がいます。それらの中には，O-157やインフルエンザウイルスなどのように，人間の身体に悪さをするものもいます。

好奇心旺盛な子どもたちは，いろいろなものをさわったり，口に入れてみたりすることが多いので，一般的に菌やウイルスに感染しやすく，さらに免疫系がまだ不完全で抵抗力が弱いため，発症する可能性も高いと考えられています。保護者の方のご心配はもっともなことだと思います。

しかし，私たちは，それなりの注意やケアをした上で，子どもたちにいろいろなものにたくさんさわってほしい，さわらせてあげてほしいと願っています。

以下に，私たちが行った調査や実験の結果を紹介しながら，手洗いの大切さについて述べたいと思います。

1　子どもたちのまわりにはバイキンがいっぱい

① 子どもたちの周辺に潜む微生物調査から

子どもたちを取り巻く環境には，さまざまなバイキンが潜んでいます。その実態を知るために，上田成子先生（女子栄養大学教授）のご協力を得て，砂場や鉄棒，ブランコ，積み木など，子どもたちが大好きな遊び場や遊具・玩具には，どのようなバイキンがいるのかを調べてみました。

その結果，とくに大きな害のない一般細菌の他に，食中毒の原因菌であるセレウス菌や，糞便性由来の大腸菌群が検出された砂場や，同じく食中毒の原因菌である黄色ブドウ球菌が検出されたトイレの蛇口などもありました。

もちろん，すべての砂場やトイレで有害な菌が検出されたわけではありません。しかし，子どものまわりにはこのような危険も潜んでいるということを認識し，遊んだ後や，帰宅後の手洗いを徹底してあげてほしいと思います。

② 汚れの指標，ATP（アデノシン三リン酸）ふき取り調査から

ATPとはアデノシン三リン酸の略記で，食品製造業の衛生検査等で，汚れの

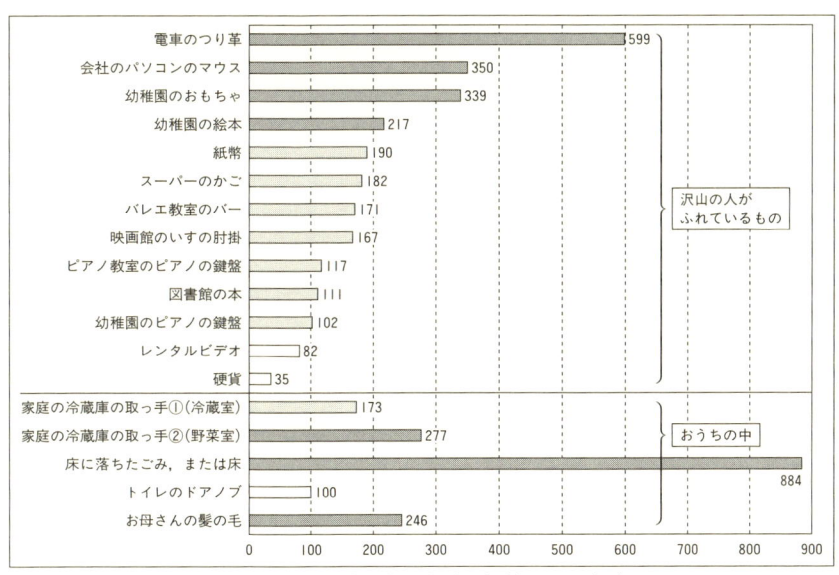

図A ATP測定の結果（上）と汚染レベル（下）

項目	ATP量
電車のつり革	599
会社のパソコンのマウス	350
幼稚園のおもちゃ	339
幼稚園の絵本	217
紙幣	190
スーパーのかご	182
バレエ教室のバー	171
映画館のいすの肘掛	167
ピアノ教室のピアノの鍵盤	117
図書館の本	111
幼稚園のピアノの鍵盤	102
レンタルビデオ	82
硬貨	35
家庭の冷蔵庫の取っ手①（冷蔵室）	173
家庭の冷蔵庫の取っ手②（野菜室）	277
床に落ちたごみ，または床	884
トイレのドアノブ	100
お母さんの髪の毛	246

（沢山の人がふれているもの／おうちの中）

◎10cm²あたりのATP量に基づく汚染レベル

ATP基準値	汚染レベル
200～1000	汚染度A　汚染されている
100～200	汚染度B　少し汚染されている
100以下	汚染度C　あまり汚染されていない

指標として広く用いられています。山本恭子先生（兵庫県立大学看護学部）のご協力も得ながら，室内外で，子どもたちや家族がふれる可能性のあるもののATP量を調べてみました。

その結果，ひとが集まる場所や，不特定多数のひとがふれるもの，また，ふれる頻度が高いもの，たとえば電車のつり革や，幼稚園のおもちゃや絵本などは，ATP量が多いことがわかりました。外出から帰ったら子どもたちだけでなく，お父さんやお母さんも手を洗って，家族をバイキンから守ってほしいと思います。

また，大人の目線では見落としがちな，冷蔵庫の野菜室なども意外と汚れているようでした（図A）。

2 正しい手洗いで風邪予防

① 手は風邪やインフルエンザの感染経路

冬になると流行する風邪やインフルエンザは，主にウイルスによって感染しますが，ウイルスの感染経路は2つあります。感染しているひとの咳やくしゃみによってウイルスが飛び散り，それを気道に吸い込んで感染する"飛沫感染"と，ウイルスが付着しているものにさわって手にウイルスが移り，その手で目や口などの粘膜をさわってしまうことによって感染する"接触感染"です。手洗いはこの"接触感染"を予防するのに非常に効果的です。

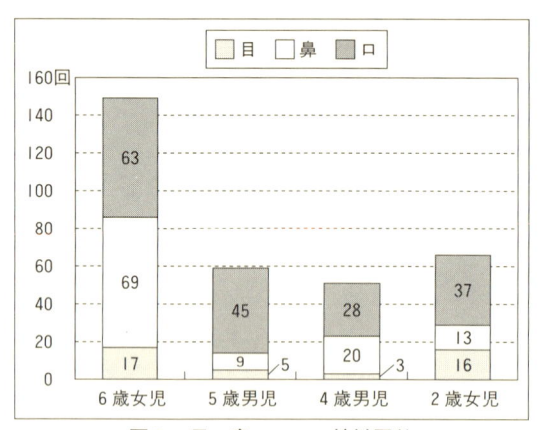

図B　目・鼻・口への接触回数

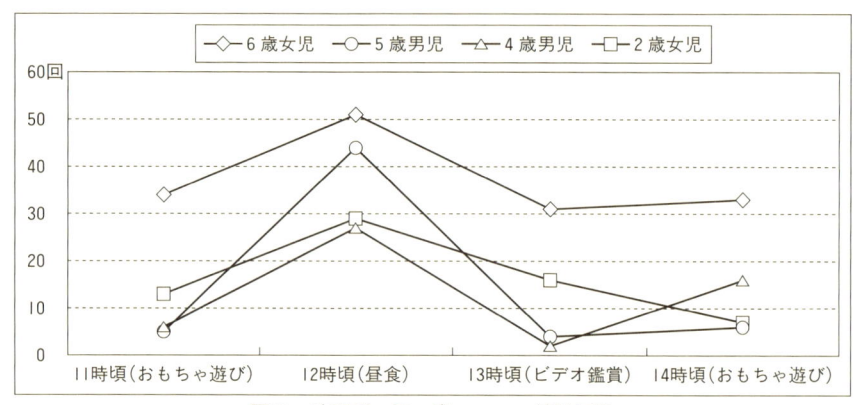

図C　時間別　目・鼻・口への接触回数

② 幼児の行動調査の結果から

　目，鼻，口などの粘膜は，接触感染における最終経路です。そこで私たちは，幼児の接触感染について，幼児が頻繁に目をこすったり，口に手を入れたりする行動に着目して，2003年6月に幼児の行動観察調査を行いました。

　対象は，東京都内在住の2～6歳の男女児各2名で，午前11時～午後3時までの間，おもちゃなどで遊ぶ，昼食をとる，ビデオをみるというような日常の行動を観察し，その中で，各幼児の顔の部位，頭・額・頬・顎・目・鼻・口・耳の計8カ所について，手指での接触回数を部位ごとに調べました。その結果を，ここでは，接触感染に直接関係のある目・鼻・口の3カ所に絞って紹介します。

　図Bに示しますように，4時間の間の目・鼻・口への総合接触回数は，6歳女児149回，5歳男児59回，4歳男児51回，2歳女児66回でした。目をこすったり，鼻の穴に指を入れたり，口のまわり

を手でかいたり，口の中に指を入れたりの行動が，3〜4分に1〜2回の割合でみられたことになります。

また，調査を行った4名とも，昼食時に接触する回数が増え，接触部位も口のまわりが集中して多くなっていました（図C）。お母さんたちは，「たまに目や鼻をいじるぐらい」といった認識でしたが，子どもたちが，思っていた以上に頻繁に，目や鼻，口に手をふれていることに，大変驚いていました。本書の図7-2（171ページ）を参考にしながら，遊んだ後や食事前の手洗いをこまめにさせるように心がけてほしいと思います。

おわりに

子どもたちのまわりには，バイキンなどの危険が潜んでいます。かと言って，必要以上に不安をあおったり，さわることをやめさせることは正しくありません。

私たちは，自然とふれあうイベントや，夏の潮干狩り，秋のおいもほりなどを通じて，遊ぶことの楽しさや大切さを伝えるとともに，遊んだ後の手洗いを楽しみながらできるよう，さまざまな活動を行っています。神経質になりすぎて，さわらせなかったり，やたらと手洗いをさせることだけが強調されすぎたりしないように，これからも，いろいろな活動を続けていきたいと考えています。そして，いつまでも，「いっぱいさわって，いっぱい学ぶ，ちっちゃな手」を応援し続けます。

第8章

手を守る・その2
―＜道具を安全に使う＞―

寺脇住子さん（東松山市在住）作の，ペットボトルをボディにした人形。作り手のお人柄を思わせる，凜とした中にもやさしさをたたえた面立ちです。
　（ただ今丸山家のリビングの主です）

1　道具にも強い手に！

　第6章でみたように，今時の子どもたちは，手の土台は育っているのに，道具の使用が苦手であることが懸念されます。そこで，今時の子どもたちの手を，道具にも強い手に育てるために，道具を安全に使うことについて考えてみます。

　道具を安全に使いこなせる，道具に強い手を育てるために一番大切なことは，道具の正しい使い方を伝えることです。「あぶないから」といって，決して取り上げないことです。

　道具の使い方，しくみを伝え，道具にそった動きができるまで見守ってやりながら，子どもの手にたくさんの経験・練習をさせることが肝心です。そして，「使い方によってはあぶない」ことを伝えておくことも，もちろん大事です。きちんと教えてあげると，子どもは大人が思っている以上に，きちんと理解し，慎重に使います。本書では，もっとも身近な道具であるお箸，はさみ，包丁について述べたいと思います。

2　道具を安全に使うために

(1)　安全な道具の条件

　安全な道具の第一条件は，よい道具であることです。

　よい道具とは，お箸ならば「ものをはさみやすいものである」こと，はさみ，包丁ならば「よく切れるものである」こと（すぐれた機能性）です。それに，子ども用ですから，「手の大きさや力に合っている」こと（大きさや重さの適合性），「先が丸めのもの（先丸のもの）」であること（安全性）も必要な条件となります。

　一色八郎先生は，「機能が単独」であること（多目的な道具ではなく，

機能が単独であるもの）もあげておられます（一色，1980）。多目的な道具は，便利な一方で，どの機能も中途半端だったり，慣れていないと使いこなすのに手間がかかったり，危険だったりする場合が少なくありません。機能が単独で，「単純なしくみ」のものの方が，子どもにはわかりやすく，安全です。

　また，子ども用だからといって，製造過程で材質を落としたり，留め金（ビス等）等の調整や確認の手を抜くことはあってはならないことですし，子どもがよろこびそうだからといって必要以上の装飾をつけたりすることも不要です。もちろん，よい色，よい形（デザイン）は，必要な一工夫ですし，これからの大きな課題であると言えます。

　はさみや包丁などの刃物では，刃先角（刃うらに対する切り刃の角度，刃の鋭さ）も大切です。一色先生によりますと，画用紙などの紙類を切るはさみでは約45°がよく切れる刃先角だそうです。主に布を切る裁ちばさみでは30°くらいがよいと言われています。一方，包丁では，刃先角がさらに小さく，鋭い方がよく切れ，通常10〜15°がよく切れるめやすだそうです。また，切り口のなめらかさと切れ味を決めるのは，刃先（刃線）の鋭さ（刃こぼれがなく，鋭い）で，切れ味をよくするために，仕上げに，刃先（刃線）の厚み（角度）が0°の線になるように，目の細かな砥石で裏から表に研ぎ上げるそうです（島田，1982）。なお，刃先角，切り刃，刃うら等の部分を示す名称については，図8-3の②，③と図8-4の①をご参照ください。

(2) 道具を安全に使うために大切なこと

　ところで，どんなによい道具でも，使い方が間違っていては何にもなりません。道具を安全に使うための第一歩は，しくみを知った上で正しい使い方をすることです。子どもには，最初に，しくみの説明とともに，正しい使い方の見本を示し，道具のしくみと正しい使い方を解説し，伝授してください。その後も必要に応じて，手とことばを添えてくり返し

教えてください。

　また，使い方とともに，道具を使って作業あるいは食事をしているときの注意，道具のしまい方，道具をひとに手渡すときの心得を伝え，道具はできるだけ持ち歩かないこと（とくにはさみを開いたままでは絶対持ち歩かない）もしっかり約束してください。こうしたことについて以下に述べます。子どもがすぐには理解できなかったり，守れなかったりすることが多いと思いますが，大目にみながら，粘り強く注意し，使わせてください。

＊**しくみの説明**としては，はさみ，包丁の場合は，どこで切るのか（刃はどこか），持つところ・柄はどの部分か，どのようにしたら切れるのか（切れるしくみ。はさみは開いて閉じるときに切れ，包丁は刃をものにあて，押したときに切れる。ちなみに，ナイフで鉛筆などを削るときは，左の親指を刃の背側にあて，押し上げて削る）を説明します。お箸の場合は，細い方が先（ものをはさむ部分）で，太い方が手元（持つ部分）になること，先にものをはさんで持ち上げるか，合わせた先にものをのせて持ち上げて使う（豆腐などの場合）しくみであることなどを，わかりやすく説明してあげます。

　なお，道具のしくみと正しい使い方についての詳細は，「3　道具のしくみの説明と正しい使い方の指導のために」にゆずります。

＊**作業時や食事中（とくにお箸やはさみ，包丁を使っているとき）に大切なこと**は，作業に集中すること，道具を正しくしっかり持って使うこと，決してよそ見をしないこと，友だちと不要なおしゃべりをしたり，遊んだりしながら作業をしないことです。これらのことを最初に約束してください。食事に際しても，食事に集中することの大切さや遊びながらの食事はよくないことを伝えましょう。ただし，食事は楽しい雰囲気の中でとりたいものです。多少のおしゃべりは大目にみましょう。

＊**しまい方**とは，はさみならば使わないときは必ず先をきちんと閉じ，使い終わったら道具箱など所定の場所に戻しておくこと，包丁ならば使

わないときは刃の方を向こう側にしてまな板の奥に横置きにし，使い終わったら所定の場所に戻しておくことです。お箸ならば，使わないときは2本の先を揃えて，持つ方を右（左利きなら左）にして横向きに並べておくようにすること，使い終わったら（食事が終わったら）2本そろえて横に持ち，流しに運んだり箸箱に収めたりすることなどです。

＊**ひとに手渡すときの心得**とは，はさみは必ず先を閉じて持つこと，道具の柄あるいは手元の方を相手に向けて手渡すこと，決して先を相手に向けて渡さないことです。落ち着いて，互いに相手の手元を確認し合って渡すことも大切です。とくに包丁の場合，手渡す包丁は必ず背の方から持つこともしっかり伝えてください。

＊**道具を不必要に持ち歩かないことも大切な心得です。**お箸を口にくわえて，歩いたりすることは厳禁です。同様に，はさみを無造作に持ち歩いたり，歩きながら切ったりすることも厳禁です。つまずいたり，友だちと衝突したりしないとも限りません。これは大人でもうっかりしてしまいがちですが，気をつけましょう。

＊**道具は大人の目が届くところで大人と一緒に使うことも重要です。**とくに，子どもが包丁を使用しているときは，大人の方もしっかりみていてください。はさみやお箸の場合も油断せず，複数の子どもたちで使っているときなど，目配りを怠らないようにしてください。使えるようになったと思っていても，慣れないうちは，ふとみるとはさみを逆に持ち，先を自分の方に向けて切っていたり，紙を持つ手とはさみを持つ手がいつもと逆になっていたりします。しばらくは気を抜かずに，目配りをお願いします。

3　道具のしくみの説明と正しい使い方の指導のために

ここで，道具のしくみと正しい使い方について学んでおきましょう。一色先生の『図説　手の世界』（1980），『幼児の手と道具』（1981），坂本

廣子先生の『坂本廣子の台所育児：一歳から包丁を』(1990)，『イラスト版台所のしごと』(1998)等が参考になります。本書の執筆にあたっても，参照させていただきました。年齢に合わせて，簡単に，あるいは詳しく話してあげてください。

　あわせて，よいお箸やはさみ，包丁の条件と，保育・子育てにおいてそれらの道具を使用する際のポイントについても，簡単にふれてみます。

(1) お箸

① お箸のみの使用は日本だけ

　世界総人口の中で，お箸で食事をする人口は約30％ですが，レンゲ等のさじ類とセットではなく，お箸だけで食事をするのは，現在では日本だけだそうです（手食は40％，フォーク・ナイフ・スプーン食は30％）。

　日本人がお箸を使い始めたのは7世紀のはじめで，当初はさじとの併用の形で中国から入ってきました（小泉，1994）。そのため，古くは日本でもさじと併用していましたが，中世に入ると禅堂以外では併用がなくなり，お箸だけの使用になったようです。

　お箸だけの使用の歴史は長く，それだけに，日本のお箸はよくできています。今では，太さ，長さ，材質が，用途に合わせて工夫されています。デパート等でお箸展が催されたり，お箸の専門店があったりしますが，本当にたくさんの種類があるのに驚かされます。用途別に使い分けたり，普段と晴れのときで使い分けたり，いろいろな楽しみ方があると思いますが，ここでは普段使いのお箸を中心に述べます。

　また，近年，お箸をうまく使えないひとの数が確実に増えていると言われます。あわせて増えているのが，鉛筆の持ち方がおかしいひとです。これには，シャープペンシルの使用が増えたことも大いに関係する（シャープペンシルは，細い芯をまっすぐに立てて使う必要から，全体を立てて持つため）と思われます。それがお箸を持つ手に影響していることも考えられます。お箸を持つ手と鉛筆（シャープペンシル）を持つ手の

間には，深い関連があるのです。なぜでしょうか。こんな話についてもふれながら，日常生活の中で使うお箸の基本について考えてみます。

② お箸のしくみ・使い方

お箸は，言うまでもなく，2本1組で1人前（1膳）です。全く同じ2本のお箸を指で操作して使います。使い方のポイントは2つあります。

まずひとつは，お箸を軽く持ち，図8-1の①のように，2本の先を揃えることです。2つめは，図8-1の②のように，動かすのは上の箸（操作箸とでも言えばよいでしょうか。動の箸とも言われるそうです）だけで，下の箸（軸箸とでも言えばよいかもしれません。静の箸とも言われます）は固定しておき，動かしません。つまり，ものをはさむときは，動かさない下の箸を軸にして，上の箸だけを動かし（指で操作し），下の箸の方に寄せるようにします。

このように，2本のお箸を使い分けます。そして，このように使い分けるための，それぞれの箸の持ち方があります。下の箸は，お箸のちょうど真ん中（あるいはやや上）あたりを，薬指のつめの横にあて，手元の方を親指と人さし指の根本ではさみます。これで下の箸は動きません。それに対し，上の箸は，親指と人さし指で軽くはさみながら，中指のつめの上横のあたりにあてるように持ちます。

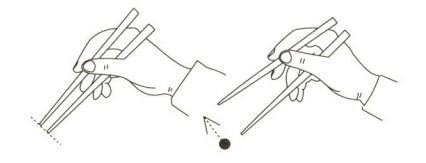

① 2本の箸先を揃えて持つ。上の箸だけを動かし，下の箸は動かさない。上の箸を持つ人さし指と中指を，親指を支点にして，伸ばしたり曲げたりして，上の箸を動かす。

② ものをはさむときは，上の箸を持つ人さし指と中指を曲げ，箸先をものにあて，下の箸の方に寄せて，先を合わせてはさむ。

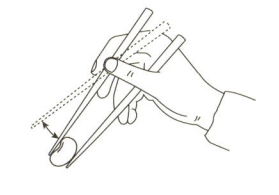

図8-1　お箸の持ち方・使い方

このように持って，親指を固定したままで(支点にして)，上の箸に添えた人さし指と中指を伸ばしたり曲げたりします。すると，上の箸だけが動き，下の箸は動かず，上の箸先を待ち受ける形になります。

　動く上の箸とそれを待ち受ける下の箸の協働で，ものをはさむことはもちろん，慣れると，魚の骨をはずしたりもします。大きいもの，小さいもの，硬いもの，柔らかいもの，四角いもの，丸いもの，何でもはさみます。豆もはさむことができます。

　さらに，一口で入らないものは，お箸でぎゅっとはさんで割ります。長い麺などはすくい上げます。調理するときは，それ用のお箸で，かき混ぜたり，突いたり，ほぐしたりします。てんぷらを揚げるときなどは，衣をつけた具をはさんで持ち，熱い油の中に入れたり，油の中でかき寄せたり，揚がったものをはさんで取り上げたりします。2本のお箸だけで，よくもこんなにいろいろなことができるものだと感心します。

　お箸の持ち方の発達については，山下俊郎先生の研究（1955）が有名です。山下先生が研究されていた頃は，正しい使い方になるのは5歳頃からと言われていましたが，この頃ではどうでしょうか。1984年に報告された谷田貝公昭先生の調査によると，お箸を正しく使える子どもは，6歳後半でやっと10％程度，中学生でも30％程度だったそうです（谷田貝，1984）。それから20数年たった現在では，もっと減っていることが予測されます。当時の幼児や小学生，中学生が，今親になっているのですから。

　自分のお箸の使い方がおかしいと思われた方は，ぜひ，お子さんと一緒に，正しいお箸の使い方に挑戦してみてはいかがでしょう。日々使うものですから，正しい使い方を身につけてほしいと思います。

③　どんなお箸がよいか

　お箸の長さや太さ，材質によって，使いやすさは大きく違います。

　長さについては，利き手の親指と人さし指を直角に開いた際の指先間

の長さ（1咫（ひとあた）と言うそうです）の1.5倍（図8－2，手首・手の付け根から中指の先の長さ＋3センチという場合も）がおおよそのめやすで，幼児では15～16センチ，小学生では18（低学年）～20（高学年）センチくらいが適当だと言われます。

　太さについては，細すぎるとかえって使いづらく，元が6ミリ角程度で先が直径2ミリ程度，というのが大体の基準となります。

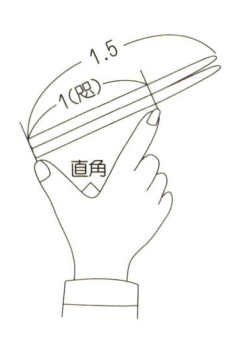

図8-2
使いやすいお箸の長さのめやす

　材質は木製で，漆等が塗られているものが衛生的で丈夫です。合成樹脂製は，重い上にすべりやすく，使いづらかったり，あぶなかったりすることもあります。とくに，古くなったりして，何かの拍子に欠けることもあり，欠けると先が尖り，危険です。

④　お箸を持つ手と鉛筆を持つ手は同じです

　さて，お箸を持つ手と鉛筆を持つ手の関連についてふれておきます。ご存じのように，正しくお箸を持った手から下の箸を抜き，上の箸をほんの少し倒すと，そのまま鉛筆を持つ手になります。つまり，お箸（上の箸）を持つ手と鉛筆を持つ手は同じなのです。お箸を持つ手が崩れていると，鉛筆を持つ手も育ちにくいと言われる所以です。今では，お箸よりも鉛筆（しばしばシャープペンシル）の方を早く使い始めることも多く，そのことが，お箸を持つ手に影響していることも考えられます。

　お箸も鉛筆も日々使うものです。正しい持ち方・使い方をすると，さらに便利になります。ぜひ見直してみてください。お箸も鉛筆も，いくつになっても，十分矯正が可能です。

⑤　保育・子育てにおけるお箸使用のポイント

　先にも述べましたが，お箸を口にくわえて歩き回るのはとても危険です。座っていても，お箸を上に向けていたり，ひとの方に向けていたり

するのは要注意です。使わないときは，2本を横向きに並べておいておく習慣をつけましょう。

それ以外にも，使わないときでも口にくわえたままでいたり（くわえ箸），お箸の先の方を嚙んだり(かみ箸)，お箸でお茶碗をたたいたり(たたき箸)もお行儀が悪いと言って，昔から嫌われています（きらい箸）。何よりも，危険ですので，やめるように注意してください。お箸の正しい使い方を伝えながら，あぶないこと，してはいけないことを伝えることも大事です。

とは言え，毎食ごとにがみがみと注意ばかりしていたら，食事が楽しくなくなります。楽しく食事をしながら，粘り強くお箸の使い方を伝授してください。危険な場合は，その場で危険であることをはっきりと言って，やめさせてください。

(2) はさみ

① はさみは子どもが最初に出会う加工具です

続いて，子どもたちが最初に使う加工具・はさみについて述べたいと思います。「ナイフや包丁はあぶなそうでどうも……」と言われる中，はさみは，たいていの家庭・保育所で使われています。

幼児が最初に使うはさみとしてとてもよい形なのが，舌切り雀のおばあさんが使っていたような丸型の握りばさみ（元支点型，U型とも言います。図8-3の①）です。しかし，この頃ではめったに見かけなくなりました。子どもの手にすっぽりと収まる上に，支点もしっかりしているおかげで，子どもが軽く握りさえすれば，ほどよいリズムで開閉し，ちょき，ちょきと切れたものです。

ここでは，はさみの中でも，よく使われる中間支点型（X型とも言います）の幼児用はさみ（図8-3の②）を中心に，はさみのしくみ等について紹介します。

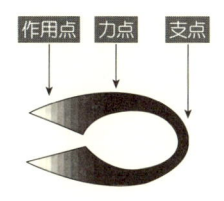

① 元支点型（握りばさみ）
こんな丸い形をした握りばさみが、幼児にはとくになじみやすい。

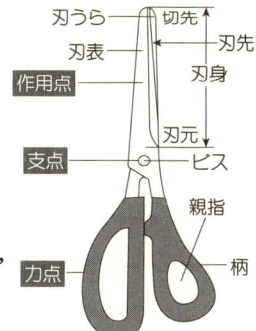

② 中間支点型（幼児用はさみ）
ほとんどの子どもたちが最初に、そしてその後も、ひんぱんに使うはさみ。

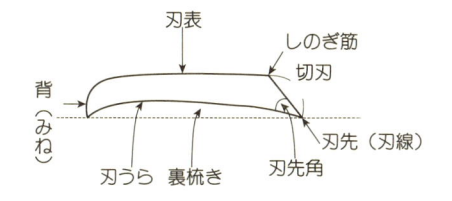

③ 刃の断面
幼児用の、画用紙などの紙を切るはさみの断面。はさみの種類によって、形体が多少異なる。なお、包丁（片刃）の刃も、形体は異なるが、ほぼ同じような断面になり、名称も共通。

図8-3　はさみの種類と各部分の名称および刃の断面

② はさみのしくみと幼児用のよいはさみの条件

　はさみは、「てこの原理」を応用し、間にものをはさんで固定しながら、2枚の刃をすり合わせて切る道具です。ものを固定しておく台がなくても、空中でも、もう一方の手できちんと持ってさえいれば、あるいは、花の茎や木の枝のように、切るものが動かない状態でさえあれば切ることができるというすぐれものです。

　そこで重要なのが、支点です。支点がしっかりせずガタガタする（ビスがゆるんでいたりする）と、2枚の刃にすき間ができ、うまくすり合わなかったり、ものが動いたりしてうまく切れません。

　よいはさみは、支点がしっかりしていて、さらに、刃全体に平均的に力が働くように2枚の刃身（とうしん）がゆるやかにわん曲し、刃うらには裏梳き（うらすき）によって支点を中心に溝とひねりが施され、すっきりとかみ合い、よく切れるようになっています（図8-3の②、③）。もちろん、はさみを使う手

とそれを支える土台である足が，頑丈にがんばっていることも重要です。

　幼児用のよいはさみの条件をまとめると，次のようになります。

＜幼児用のよいはさみの条件＞

① 　質のよい鋼材からできており，薄い布・紙でもよく切れること。
② 　手の大きさにあった大きさ，重さであり，しくみがシンプルであること。
③ 　刃が刃元まで大きく開き，軽く閉じていくと最後までスムーズに切れること。
④ 　柄が手にしっくりなじみ，握りやすいこと。
⑤ 　柄の指孔は，一方には親指が，もう一方には人さし指・中指・薬指の3本が入る大きさであること。
⑥ 　支点ががたつかず，ビスもしっかりしていること。
⑦ 　刃先が丸めで安全なこと。両方の刃の先が丸くなっており（両丸），閉じたとき，両方の刃がきれいに合わさること。
⑧ 　刃先角がほぼ45°であること。
⑨ 　刃が汚れたりしておらず，刃うらも研磨されていること。

---

③　保育・子育てにおけるはさみ使用のポイント

　上でご紹介した幼児用のよいはさみの条件は，子どもが最初に使うはさみの条件として，とても重要です。しかし，幼児用はさみに慣れ，使いこなせてきたら，同じく中間支点型である大きな裁ちばさみ（ラシャ切りばさみ）や子ども用のつめ切りばさみ，ときには剪定ばさみなどに挑戦してみるのも楽しいものです（丸山他，1981）。

　子ども用のつめ切りばさみだと弧を描いて切れるため，渦巻きに切れます。大きな新聞紙を大きな裁ちばさみで大胆に切るのも，なかなかの醍醐味です。どちらも，3，4歳頃には，十分可能です。いろいろな切り方，切れ味，切りごたえに大よろこびし，はさみの威力に感動します。

第8章 ●手を守る・その2

どの場合も，大人と一緒に使いましょう。とくに，大勢の子どもが一緒に活動する集団保育の場では，広い空間で，大人の目が行き届くところで使わせましょう。

(3) 包丁

① あこがれの道具・包丁のしくみ

包丁は，はさみについで身近な道具です。なかなか使わせてもらえませんが，家庭にある道具の中では，はさみとともに身近です。「いつか使いたいなあ」という，あこがれの道具ナンバーワンと言えましょう。

ここでは，大好きな台所のあこがれの道具・包丁について述べます。

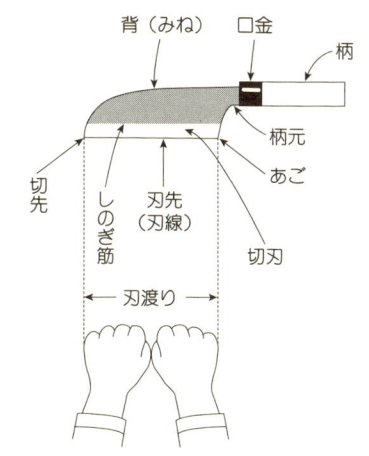

① 包丁の各部分の名称と使いやすい包丁の刃渡り（刃の長さ）
刃渡り（刃の長さ。切先からあごまでの長さ）は，子どもの手の握りこぶし2つ分ぐらいをめやすにすると，子どもには使いやすい。

② 和包丁と洋包丁
洋包丁は重心が柄にあるのに対して，和包丁は重心が刃にあり，また刃全体がまな板に接しているため，幼児には使いやすい。

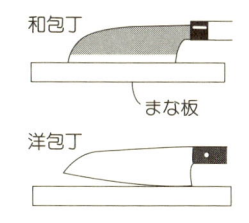

図8-4　包丁の各部分の名称と種類

包丁は刃が1枚です。切るときには，切るものをのせる台・まな板が必要です。まな板の上に切ろうとするものをおき，右利きの場合は，左手をこぶしをつくるように軽く握って（ネコの手のようにする）ものの上にのせてものを固定し，右手で包丁の柄の根本をしっかり持ち，柄の先にある刃をものにあてて切ります（図8-4-①）。左利きの場合は，そ

の逆になります。

　そのときに大事なのが重心です。重心が柄にある（柄の方が重い）のが洋包丁で，重心が刃にある（刃の方が重い）のが和包丁です（図8-4-②）。刃に重心がある和包丁は，包丁をおいただけで刃の重みでものが切れます。しかし，柄に重心がある洋包丁は，包丁を持つ手の肘を上げ，手首を下に向けて重心を刃に移すように押してものを切ります。

　さらに，和包丁は，刃全体がまな板にぴったり接する形のものが多いので，包丁を上下させればよいのですが，洋包丁は，刃の中心から先が反っている（ゆるやかにカーブしている）ものが多いため，刃の先の方をものにあてるために，手首や腕を使って，刃の先の方に向けた力を加える動きを入れる必要もあります（図8-4の②）。

　以上のことから，包丁を持つことで精一杯の上に，手首の動きがまだ十分でない幼児には，洋包丁より和包丁の方が使いやすく，適していると，坂本先生（1990，1998）はおっしゃっています。よく切れるものであること，質のよい鋼材でできているものであることは，言うまでもなく必要な条件です。刃渡り（刃の長さ）は，子どもの握りこぶし2つ分ぐらいがよいそうです（図8-4の①）。

　よい包丁を見つけたら，まずは，きゅうりなどの切りやすい材料から，お子さんと一緒にお試しあれ！

②　子ども用のよい包丁の条件

　坂本先生のご意見を参考にして，子ども用のよい包丁の条件についてまとめると，以下のようになります。

＜幼児用のよい包丁の条件＞
① 　質のよい鋼材でできており，よく切れること。
　　よく切れるほど包丁を使うことが楽しくなると同時に，包丁を大切に扱うようになります。よい鋼材でできていると，何度でも研いで

使え，研ぐほどに切れ味がよくなります。
② 家庭用和包丁で，先が丸いこと。
 和包丁は重心が刃にあり，着地面積が広く，平らなため，幼児には使いやすいからです。先が丸いものはとがっているものよりも安全で，安心して使えます。
③ 刃渡りが子どもの握りこぶし2つ分ぐらいであること。
 大きすぎると手に負担がかかり，コントロールしにくくなります。
④ 両刃研ぎしてあること。
 まっすぐに切りやすいからです。
⑤ 柄元に余裕（空間）があること。
 包丁の柄を握る手と刃の間に距離が保たれ，指が巻き込まれにくいからです。

③ 保育・子育てにおける包丁使用のポイント

 坂本先生が，台所で子どもに包丁を本格的に使わせるときに約束することは，「包丁の下に手をおかないこと（もしおいたら手は切れる）」と「熱い鍋にはさわらないこと」だそうです（坂本，1990）。
 また，左手は，「ネコちゃんの手（指の第二関節から折った軽いこぶし）にして，獲物（切ろうしている食材）をつかむ」と教えるそうです。
 なるほどと納得してしまいました。
 これらのことを伝えながら，親子で，あるいは保育者と一緒に，何か一品つくりましょう。子どもたちの大好きなカレーや，サラダでもよいですね。サラダは，野菜を切るだけでできます。折にふれて，野菜の話（野菜の名前や味，もとはどのような形で，どのように生えているかなど）や，いろいろな包丁の話もしてあげてください。
 家庭ではパパやママがお料理をするところをのぞかせてあげたり，保育所では調理場を見学させたり，調理師さんが調理する姿を間近からみせたりなど，包丁の活躍の場をぜひみせてください。

「その気になったとき」がはじまりの日です。足がしっかり育ち，ことばがわかるようになったら，後は本人次第です。子どもがその気なったら，次は，大人がその気になる（時間をとって，しっかり伝え，見守る覚悟をする）ことです。

もちろん，包丁を使わなくてもお料理はできます。まずは，本章の最後にご紹介する「キッチンこそが子育ての最高の場」を参考にしながら，子どもたちが大好きな「キッチンを楽しむ」ことから始めてみてはいかがでしょうか。「ちぎったり」「むいたり」，やがては身近な道具を使ってのクッキングを楽しんでください。そしていつの日か，包丁を使うことを，ぜひ，伝えてあげてください。

そして，料理ができあがったらみんなで試食しましょう。試食しながら，坂本先生も言われているように(坂本，1990)，「味の言い合いっこ」をしましょう。ただ「おいしい」だけでなく，「甘くておいしい」とか「すっぱいけどおいしい」とか「ちょっと辛いね」とか言い合いながら，味を表すことばを伝えてください。あわせて，「やわらかい」「かたい」「しっとり」「ぱさぱさ」「つるつる」「もちもち」「シャキシャキ」などの食感を表すことばも，ぜひ伝えてほしいと思います。

手もそうですが(第6章)，舌もことばとセットになって成長し，とぎすまされていきます。

4　道具の本当の使いみちと正しい使い方
　　―よりよく「生きるために」「生き合うために」使ってこそ「道具」

最後に，道具を使うことについて，確認しておきたいことがあります。

道具は，よりよく生きるために，生き合うためにこそ使うものです。攻撃したり，脅したり，傷つけ合うために使うものではありません。これが，もっとも大切なことかもしれません。

「動物のなかでも，人間ほど，たくさんの道具をつかうものはいないでしょう。道具はとてもべんりで，道具のない生活など考えられません。

ところが，人間いがいの多くの動物たちは，道具などなくとも，ちゃんと生きています。道具をつかって，殺しあうこともありません。このことは，道具にたよりきっている，わたしたち人間に，なにか，とてもたいせつなことを，教えているようにおもえます。動物たちは，いつも，わたしたちの先生です。」(沢近,1981)

　沢近十九一(さわちかとくいち)さんのこのことばは，とても心に染みます。と同時に，日々の生活の中で使う道具について，正しい用途で，正しく使うことを，子どもたちにしっかり伝える責任を感じます。

　そのためにも，生きる道具，生活する道具として，堂々と伝えることが，今，とても大事だと思います。危険だから，こわいもの・あぶないものだからと言って取り上げてしまったら，本当の用途も使い方もわからないまま，好奇心のままにこっそり使ったりします。また，こわいもの・あぶないものとして，脅しに使うかもしれません。

　道具は，用途と使い方さえ守れば，とても便利なものです。しかし，用途や使い方を間違うと，とても危険で，こわいものにもなります。そのことをしっかり伝えたいと思います。

　まずは，堂々と，生きる・生き合う道具として正しく使うことを，しっかり伝えましょう。

キッチンこそが子育ての最高の場
―身近な道具を使って親子でクッキング―

　　　　　　　　　　　　　　　　　　　　料理研究家　上田淳子

☆キッチンは魔法の空間

　キッチンは，おいしいものを生み出す道具の宝庫です。さまざまな道具をただ使うのみでなく，いろいろな食材を加工し，調理する過程を楽しみ，最後には，自らがつくったものをおいしく食べる幸せを知ることができるのです。私は，キッチンこそ，道具を使う楽しみを伝える最高の場であると考え，キッチンを子育ての場とすることにしました。

　ところで，子どもたちと一緒に，キッチンで何ができるでしょうか。刃物があり，火があり，熱湯がありと，キッチンは家庭内の危険がもっとも多く集合した

場所です。母親にとっては、できるだけ、小さい子どもを遠ざけておきたい場所かもしれません。

しかし、子どもの目線でみると、どうでしょう。いつも、お母さんが、あるいはお父さんが、おいしいものを生み出してくれる魔法の空間です。さまざまな道具があり、お母さんが、お父さんが、それらを使っておいしい料理をつくってくれます。キッチンは、子どもたちにとっては得も言われぬ魅力的な場所に違いありません。

事実、キッチンに入り込んだ我が子どもたちは、大よろこび！　缶詰を積み木代わりにして、いろいろな大きさのものを重ねたり並べたりして、日々夢中になって遊びました。そのようにして遊ぶ中で、やがて、ごちそうづくりのお手伝いも始まりました。

その様子等から、幼児にもできる料理について紹介しましょう。

☆まずは「ちぎる」ことから、そしてサラダに

キッチンでのお手伝いは、「3歳ぐらいから」がめやすではないでしょうか。もちろん、最初から「包丁で千切りをする」などは不可能です。そこで、私はまず、「道具を使いこなすための手先をつくる」ことを主目的にして、お手伝いの場を与えることにしました。

スタートは「ちぎる」ことです。この時期の子どもたちは、新聞をびりびり破いたりする遊びが大好きですよね。これを食材で楽しむことにしました。たとえば、指先でレタスをつまみ、一口大にちぎります。最初は思いどおりの大きさにはちぎれませんが、それでも続けていくと、一口大にそろってきます。

レタスに慣れたらキャベツ、もう少しハードルを上げて白菜（葉先と軸の固さが違う）など、葉の種類や場所を変えていくことにより、ちぎるための力のかけ具合がそれぞれ違うことを子どもたちは習得していきました。野菜に繊維があり、ちぎりやすい方向があることも理解したように思います。

次に楽しんだのは「むく・取り除く」作業です。ゆで卵の殻をむいたり、プチトマトのへたをとったりと、覆っているものを取り除き、中身を取り出します。こうして食べられない部分を取り除くということを覚えました。

上手にちぎったレタス、殻をむいてカットしたゆで卵、へたをとったプチトマトができたら、サラダボウルに盛りつけます。お好みのドレッシングをかければ、3歳児のお手伝いで立派なサラダができあがります。

☆混ぜて・握って・巻いたら鮭むすびのり巻きができる！

その他にも、「（2つのものを）混ぜる」「握る」「巻く」に挑戦し、さらにはこの3種の動作をつなげてみました。

ボウルに入れたご飯に鮭フレークを混ぜます。それを、ラップで食べやすい大きさにくるんで丸く握ります。ラップをはずしてのりを巻きます。すると、鮭むすびのり巻きができあがります。

☆目先を変えて、仕事を用意

このように、子どもたちでもお手伝い

できる箇所を考え、準備をがんばれば、3歳児でもできることはたくさんあります。そして、キッチンでできるお手伝いは、調理だけではありません。濡れたふきんを絞って、テーブルを拭く、お茶碗やお箸を食卓に並べる……これらも立派なお手伝いです。

子どもは、同じ作業ばかりを続けることは苦手なようです。あるときは食材、あるときは調理道具、またあるときは掃除道具……というように、目先を変えて仕事を用意してやることも必要なようです。

☆簡単な道具を使ってクッキーをつくる

5歳ともなると、包丁を使いたがったり、ガス台の前に立ちたがったりと、子どもたちのキッチンでの要求が多くなってきます。しかし、まだ危険を伴う作業をさせるには、子どもによっては、微妙な時期でもあります。

手を使ってたくさんのものにふれるうちに、子どもたちは、素材にはさまざまな形や触感があることを知ります。そして、やがて、「固いものだから力を入れて」「丸いものだから転がらないよう押さえて」「壊れやすいものだからそっと扱って」など、素材の特性を理解し、特性にあわせて素材を扱えるようになったら、まずは危険を伴わない、しかし、ちょっぴり本格的な道具を使ってできる調理に挑戦してみましょう。

おすすめは、クッキーづくりです。これなら、安心して、クッキングを楽しめます。

＜おすすめのクッキーのつくり方＞

●材料：小麦粉100グラム、バター50グラム、砂糖40グラム、卵1個、ベーキングパウダー小さじ1/2、ナッツ・レーズンなど
●使う道具：ボウル、木べら、ふるい、スプーン、天板、オーブン
●作り方：
① 小麦粉とベーキングパウダーを一緒にして、ふるいます。
② バターをボウルに入れて、木べらで柔らかくします。最初は固いバターも、ほぐすことにより、だんだん柔らかくなってきます。
③ ②に、砂糖を加えて混ぜます。はじめはじゃりじゃりしていますが、するように混ぜていくと、ふんわり白っぽくなってきます。
④ ③に、割りほぐした卵を少しずつ加えてさらに混ぜていきます。バターと卵はぬるぬるして混ざりにくいのですが、それでも木べらを動かしていくと全

粉をふるいます。何回かすると、ずいぶん上手にできるようになります。

体が混ざってきます。
⑤ ④に，①でふるっておいた粉類を，こぼさないように，練りすぎないようにさっくりあわせれば，クッキーの基本の生地のできあがりです。
⑥ 生地ができあがったら，スプーンで，直径1.5センチ程度の大きさにして天板に広げ，中温のオーブンで，10分をめやすに焼きあげましょう。ただし，オーブンの操作は，お母さんの仕事です！

●所要時間：材料と道具をあらかじめ用意しておけば，生地づくりに30分，焼きあげに10分，片付けを考えても1時間もあればできます。

＊このつくり方には，バター，砂糖，卵，粉というそれぞれ異なる素材を混ぜてクッキーをつくっていく過程での，木べらでこねる，ふるいでふるう，スプーンですくう，といった道具を使う作業が多く出てきます。それらはどれも，5歳児で十分可能です。少し慣れてきたら，めん棒を使って生地をのばし，型抜きするのもうれしいものです。子どもたちは，おいしいクッキーができあがるのを期待しながら，がんばって作業をします。自分たちの手でつくったクッキーは，みるのも，食べるのも，格別なのです。

＊固いナッツをきざんだものや，柔らかい触感のレーズンなど，食材をさわりながら，ときには味見もしながら，生地に加えて，バリエーションをつけるとなお楽しくなります。

＊クッキーができたら，次はスコーンや，蒸しパン，マフィンなどにも応用できますよ。

木べらをあわ立て器にかえて，最初に卵をあわ立てると，マフィンがつくれます。

☆子どもにできることは，探せばたくさんある

バナナの皮をむいて，テーブルナイフで輪切りにし，コーンフレークとヨーグルトをあわせるだけで立派なデザートになります。ピーラーでキュウリをリボン状にしてサラダにしたり，豆腐をスプーンですくって器に盛りつけ，かつおぶしをまぶしてお醤油をかけておかずにしたりと，子どもにもできることはたくさんあります。

どれも，大人にはささっとできる何でもない作業ですが，子どもたちはチャレンジ精神をかきたてられること間違いなしです。要は，子どもたちを参加させる場を，大人たちが，「こまめに探すこと」かもしれませんね。

第9章

生きる力と手を育てるために
―多くのひとの知恵と支援の実際―

杜の都仙台の晩翠通りは見事な銀杏並木で有名です。銀杏並木の真ん前にある木町通小学校に通うKが，生活科の時間に銀杏の葉っぱでつくったお面です。あごのおひげが自慢だそうです。（仙台の自宅で）

1　多くのひとの知恵と工夫で手を育てる
　　─各発達段階における手を育てる保育・子育ての実際

　ここでは，手を育てる保育・子育ての実際について，とっておきの保育・子育てと，日々の保育・子育てのヒントに分けて，発達段階ごとに紹介します。他にもたくさんあると思われますし，年齢や子どもの興味の状態によっていろいろなヴァリエーションも考えられますが，ひとつの手がかり・ヒントとして参考にしていただければと思います。第3章～第5章の，各発達段階ごとの「手と生きる力のために，ここから始めてみよう！」とあわせてお読みください。

(1)　乳児期における手を育てる保育・子育ての実際

①　手を育てるためのとっておきの保育・子育て

　まずは，乳児向けのとっておきの仲間を紹介しましょう。不思議な生き物・ニョロニョロです。

＜ニョロニョロと遊ぶ＞

　「ねぇムーミン」で始まる主題歌でおなじみの「ムーミン」（原作：トーベ・ヤンソン）は，今でも変わらぬ人気アニメのひとつです。一度みたら，どの子もムーミンたちが大好きになります。
　私は，どのキャラクターもそれぞれに好きですが，中でもとくに興味をひかれるのは，白くひょろりとした身体に，短い手を持つニョロニョロです。「手のある動物は普通群れをつくる」と言われますが，ニョロニョロたちも群れをつくって行動します。何でも，ニョロニョロは雷の電気が大好物（エネルギー源）で，夕立の雷を求めて，小舟で移動しているそうです。そして，ニョロニョロにさわると感電するそうです。でも，ここで紹介するニョロニョロは，軍手からつくるので，さわっても感電しません。
　乳児も，お話はわからなくても，軍手でつくったニョロニョロと遊ぶことは，とても楽しいに違いありません。指で顔をつついたり，ちょっ

と強く押したりすると，ニョロニョロはにこにこ笑いながら，起きあがってきます。ときどきは，鈴の音もします。

さあ，不思議な生き物・ニョロニョロと遊びましょう。

●●● ニョロニョロのつくり方 ●●●

＜主な材料＞
・子ども用の軍手１組
・スポンジ，またはクッション用の綿
・マジックテープ
・ダンボール

　子ども用の軍手１組で，ニョロニョロが10匹（？）できます。子ども用だと指の部分だけでは短いので，リブ編みの部分も含めた軍手全体を使います。

① 軍手の各指を，指と指の間から手首部分まで切り離します（右の図の点線部分を切る）。すると，両手分で，指10本がバラバラになります。これが，ニョロニョロの身体になる部分です。

② それぞれの指のリブ編部分（手首側）を，それぞれ２センチぐらいずつ切り落とし（右上の図の★の実線部分を切る），親指と小指の外側の部分も切り離します。すると，両手分で，20に分かれます。これが，ニョロニョロの手になる部分です。

③ それぞれの手に，縦（軍手だったときの指先から手首に向かう方向）に切り込みを４本入れ，５本の指をつくります（右の写真のようになる）。これで手が20個できます。

④ 各指（ニョロニョロの身体）を裏返して，指の下の方の両側（開いている部分）を縫い合わせ，細長い袋状にします。それを，お箸などを使って再び裏返します。足の方が少し細めになるので，ニョロニョロらしい雰囲気になります。

⑤ それぞれの指に，細く切ったスポンジやクッション用の綿（普通の綿では弾力が弱い）を，押しながらしっかり詰めます。そして，

中間より上あたりの両側に，③の手をひとつずつ縫いつけます。
⑥　それぞれの指の下を，5ミリほど残して縫い閉じます。そして，残した部分を広げて平らにし，マジックテープ（フック面）を縫いつけます（ボンドで貼りつけてもよい）。これで10匹のニョロニョロができました。
⑦　ニョロニョロの顔に目を描きます。油性ペンだとにじんだりしますので，目の輪郭は濃い茶色の眉ペンシルなどで，目玉は赤いボールペンなどで描くとよいでしょう。
⑧　緑に塗ったダンボールに，マジックテープ（ループ面）を貼ります。
⑨　⑧にニョロニョロをくっつければできあがりです。
＊ニョロニョロをはがしたり，顔をつついたりして遊びます。
＊表面がループになっているカーペットなら，吸着力がやや弱いですが，その上で，そのまま遊ぶこともできます。
＊子ども用の軍手の方が，大人用の軍手より目が細かく，伸縮性がありますので，ニョロニョロの雰囲気がよく出ます。
＊ニョロニョロの顔の両側や手のあたりに小さい鈴をつけて，音が出るようにしてもよいでしょう。

（丸山尚子）

②　手を育てるための日々の保育・子育てのヒント

＊乳児は「げんこつやまのたぬきさん」「いとまきのうた」「とんとんとんとんひげじいさん」「どんぐりころころ」などの手遊び歌で遊んだり，メリーゴーラウンド，おしゃぶり，マラカス，おきあがりこぼしで遊んだりするのも大好きです。また，ボールなど，放ると転がる玩具も大受けです。放ったら，一緒に転がった先を確認し，楽しんだら，ひろってあげてください。何度もくり返しますが，付き合ってあげましょう。

＊沐浴をかねて，水で遊ぶのも大好きです。水を手でパシャパシャたたいたりして大よろこび！　一緒に楽しみましょう。

第9章●生きる力と手を育てるために

* 指の分化につれ，大好きなシールをむきになってはがしたりします。シールの先を，ほんの少しだけ，はがしておいてあげましょう。
* ときには，新聞紙をクシャクシャにするなど，ダイナミックに遊びましょう。ただし，紙で手を切ることもありますので気をつけてください。始める前に，新聞紙を軽く揉んでおくと安心です。紙の感触とともに，音も楽しみましょう。

(2) 幼児前期における手を育てる保育・子育ての実際

① 手を育てるためのとっておきの保育・子育て

続いて，幼児前期のとっておきを紹介しましょう。

＜新聞紙で遊ぼう！＞

① 「はじまり，はじまり！」と言いながら，新聞紙を高くかかげて大きく広げます。子どもたちをしっかり引きつけた後に，「イナイ，イナイ」と言い，広げた新聞紙に顔をかくし，すかさず顔を出して「バァ〜」と言います。上，横，下，いろいろなところから顔を出すと，「次はどこから出るかな〜」と子どもたちは興味津々です。

② 十分に楽しんだ頃を見計らって，こんどは，新聞紙に穴を開けます。「芽が出て，葉が出て，花が咲いたら，ジャンケンポン」に合わせて，まず目（芽）を出して，口（歯・葉）を出して，最後は鼻（花）を出します。これも何度もかくり返します。

「次は何かな？」と子どもたちの目は新聞紙にくぎづけです。

③ 次は，穴を大きくし，顔全体を出して，「こんにちは〜！」

④ いよいよ，本番のはじまりです。ビリビリ，ビリビリ，みんなで新聞紙を破ります。子どもの手では，なかなか破るまでには至らないかもしれません。しかし，ちょっとした拍子に破れることもあります。そのときは「うわぁ，破れたね，すごい，すごい」と言ってあげましょう。他の子もつられて大よろこびし，やる気満々になります。こう

した，保育者の励ましや，大きな身振りでの応答がポイントです。新聞紙という何でもない素材も，保育者のひとこえで，子どもたちにとってキラキラ光る魔法の紙に変身します。

⑤　長く裂けたものは，象さんのお鼻です。鼻につけて，息を吹きかけましょう。「象さんのお鼻，ブ～ラ，ブラ」と言いながら，子どもたちの鼻にもつけてあげます。みんなでそろって，「象さんのお鼻，ブ～ラブラ」「ブ～ラブラ……」。

⑥　今度は，新聞紙をクシャクシャにします。大き過ぎるものは適宜小さくちぎって子どもたちに手渡します。丸めながら「おにぎり，おにぎり，パクパク，おいしいね」「これはドーナツだよ」と言ったり，ときどきは広げて「大きなおせんべいだぁ」と言ったりして遊びます。

⑦　新聞紙がだんだん柔らかくなってきたら，みんなでもっと小さくちぎります。小さい子だけでは，なかなかちぎれません。大きい子にも手伝ってもらいましょう。

⑧　小さい紙片がたくさんできたら，「ヒラヒラ，ヒラヒラ」と散らせます。お花や雪など，そのときの気分や，季節によって，何にでもなります。みんなで次々に散らせて楽しみましょう。自分で散らすことはできなくても，散ってくる花びらや雪を，両手を広げて受けようとしたり，追いかけてみたり，しばらくは舞ってくる紙と遊びます。

⑨　そろそろ，お片づけにしましょう。ビニール袋の口を広げ，「お花をひろって入れてくださ～い」と，みんなで入れていきます。

⑩　興味がもっと続くようだったら，紙でいっぱいになったビニール袋を丸くして，ボールにして遊びます。「ボール行くよ」と，受ける気十分で待っている子どもの腕の中に，そっと放ってあげましょう。

⑪　新聞紙で黒くなった手は，石けんで洗うときれいになります。子どもの期待する気持ちも手も指も，ちょっとだけですが，強くなった気がします。いろいろな工夫とバリエーションでくり返してみましょう。

　家庭でも，お友だちが集まったときなどにいかがでしょう。さあ，お父さんの出番ですよ！

（実践担当：奥尾祐子）

さらに，もうひとつ紹介します。

第9章 ●生きる力と手を育てるために

<引っぱり布で遊ぼう！>

　新学期の保育所のトイレでは，気がつくとペーパーがなくなっていることがしばしばです。とくに2歳児のトイレではしょっちゅうです。子どもたちがペーパーを引っぱり出して遊んでしまうからです。「静かにしているなあ」と思うと，ペーパーで遊んでいるのです。ぐるぐる回りながら，次から次へと紙が出てくるのですから，おもしろくてしょうがないのです。そこで，その思いを満足させてあげようと，紙ではなく，布がぐるぐる出てくる<引っぱり布>をつくりました。

　「これ何だろう？」とやってきたA君は2歳になったばかり。ブロックを右手に持ったまま，左手で引っぱります。しかし，斜めになっているために，布は出てきません。ブロックを置いて，両手で真っすぐにして引っぱると，20センチくらい出ました。保育士が「2つの手でかわりばんこに引っぱったら，どんどん出てくるよ」と言うと，左右の手で交互に引っぱり，布を連続して出すことができるようになりました。

　それをみた子どもたちが，次々とやってきます。「かわりばんこ」に試してみます。「あっ，お花だ」「イチゴだ」と，どの子も大よろこびです。

　そのうちに，「どうやってもとに戻すの？」「この棒（芯）はとれないの？」と別の方に関心が移ります。目的にそった（用途と使用法にしたがった）遊びも興味もあまり長く続かないこの時期

ちょっぴり不思議そうな顔で引っぱり布で遊ぶ2歳児。

（1歳後半から2歳頃）には，保育者の介添えが重要です。

●●● 引っぱり布のつくり方 ●●●

<主な材料>
・しっかりした箱
・長い布（薄めで滑りのよいもの）
・ラップの芯

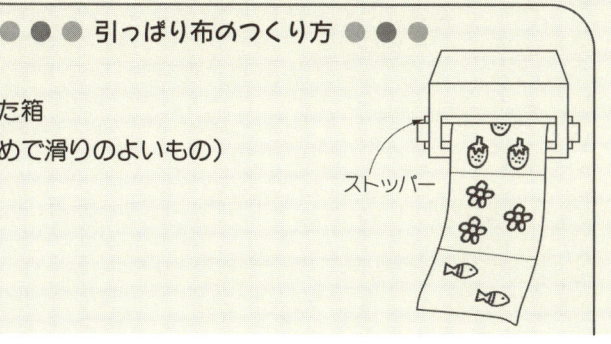

ストッパー

① 布の幅をラップの芯の長さに合わせて決め，必要があれば切ります。布の両端は切りっぱなしの方がよく滑ります。
② 箱の表面に窓を開けます。この窓が，布を引っぱり出すところになります。窓の大きさは布の幅に合わせます。
③ 箱の両側に，丸い穴を開けます。穴の大きさは，ラップの芯の太さに合わせます。
④ 長い布の，引っぱりはじめの部分にアップリケをしたり，途中でつなぐ場合はイチゴやリンゴ，お花などの模様の布をボンドで貼ってつないだりすると，楽しめます。ボンドで貼る方が，縫い合わせるよりもかさばらず，滑りもよいようです。
⑤ ラップの芯に④の長い布の端を貼りつけて固定し，芯に布を巻きつけていきます。
⑥ 箱の両側の丸い穴に⑤の両端を通し，両方の外側にストッパーをつけて抜けないようにすれば，できあがりです。
＊透明な箱でつくると，芯がくるくる回るのがみえて，楽しさが増します。

（実践および引っぱり布のつくり方担当：奥尾祐子）

② 手を育てるための日々の保育・子育てのヒント

＊幼児前期では「大きな栗の木の下で」「おべんとうばこのうた」「グーチョキパー」「せっせっせ」（「お寺の和尚さん」他）などの手遊び歌が楽しめます。「せっせっせ」などは２人で呼吸を合わせてする手遊びです。「つなぐ手」の準備・発達にとってとても有効です。大人と一緒に，また子どもたち同士で，楽しみましょう。

＊この時期の子どもたちが大好きなのがままごとですが，赤ちゃんのときに使ったプラスティックの食器をままごと道具にしたり，使わなくなった，軽いプラスティックのお盆などを使ったりしてもよいでしょう。この頃の子どもたちは，道具を使うことが楽しいのです。

＊「ぷちぷち」やシールも大好きです。シールは紙に貼るとはがせませ

んが，マヨネーズの容器などに貼るとはがしやすいです。貼ってははがし，貼ってははがしして，いつまでも遊びます。しかし，油断は大敵です。気がつくと，とんでもないところに貼っています。貼ってもよいところ，貼ってはいけないところをきちんと伝えましょう。
＊「ぷちぷち」は，やや大きめの方が，小さい子にはつぶしやすいようです。両手で，力一杯押して，パチンと音がしてつぶれるともう夢中です。必死になってつぶします。気がつくと，その横で，大人も一緒になって，夢中でつぶしていたりします。「ぷちぷち」ほど年齢を超えて多くの人を夢中にさせるものはないかもしれません。
＊水や砂，泥んこについてはすでに述べてきました。次の幼児後期のところで再びまとめて述べますのでここでは省略します。
＊下ゆでしたさつまいもを型で抜いて，ホットプレートで焼くだけで，おいものクッキーができます。レタスと水菜をちぎって，ソースとマヨネーズをかけると，おいしいグリーンサラダになります。その上に，スライスチーズをちぎって散らすと，もっとおいしくなります。包丁を使わなくても，クッキングは可能です。ただし，必ず，大人と一緒にすること，これが鉄則です。

(3) 幼児後期における手を育てる保育・子育ての実際

① 手を育てるためのとっておきの保育・子育て

　手でいろいろなことができるようになったこの時期には，少し本格的なことに取り組ませてみましょう。幼児後期ならではのとっておきは，結んだり，包んだりの技を伝えることです。
　私たちが日常の中で何気なくしてきた結ぶことや包むことですが，今の子どもは苦手になっています。便利さや効率のよさが追求される中で，結ぶ・包むという方法があまり使われなくなってしまったのです。
　ひもはガムテープに代わり，靴のひもも，だいぶ前に，マジックテープに代わりました。ひもがついた子どもの下着（シャツ）なんて，あっ

たことさえ忘れられてしまっています。ふろしきもそうです。いろいろなものを包むのに大活躍したふろしきやハンカチは、バッグや紙（ビニール）袋に代わりました。こうした中で、結ぶことや包むことが伝えられにくくなってしまったのです。

　中でもふろしきは、包むことと結ぶことを組み合わせると、いろいろなものを包み込む入れ物となります。1枚の布に潜んでいる先人の知恵と技は、おおいに見直したいものです。ふろしきで遊び、ふろしきに親しみながら、結ぶ・包むという技を伝えることができたらと思います。

＜運動会で月光仮面になろう＞
―ふろしき・布で遊ぶ中で結ぶ・包むを伝える―

　4月、鯉のぼり用に、大きな布をしぼり染め（次ページ「しぼり染めのやり方」参照）で染めました。布にビー玉をくるんで輪ゴムで何度もくくり、好きな色で染めます。あわせて、なわとび用のなわにする布（211ページ「こんななわとび用のなわ、いかがですか？」参照）も染めました。

　5月、バンダナ用の布を染め（しぼり染め）、お弁当包みやバンダナにして使いました。結ぶことの第一歩です。

　6月、だいぶ結ぶことに慣れました。各家庭からふろしきを持ってきてもらいました。ところが、肝心のふろしきのない家庭が意外に多いのです。そこで、大きめのスカーフでもOKということにしました。毎日のお昼寝のときに、脱いだ洋服をたたみ、これで包みます。できる子ができない子に教える姿もみられました。起きていて使わないときは、小さくたたんで、牛乳パックでつくった箱に入れておきます。

包み方を教え合う子どもたち。どちらも真剣です。

　7～8月、洋服を包み、結ぶことにすっかり慣れました。すると、ふろしきをスカートのように巻きつけたり、マントにしたり、頭にかぶったりといろいろに使い始めました。これは、月光仮面に変身する準備になりました。

月光仮面になって走り回る子どもたち。

第9章●生きる力と手を育てるために

　9月，いよいよ運動会です。マントのふろしきを各自で首に巻き，上手に結んで，全員月光仮面になることができました。毎日のくり返しの威力はたいしたものです。
　いつの頃だったでしょうか，誰かが，着替えの洋服を入れたふろしきを，肩からかけるバッグに変身させました。それがいっきにはやりました。次々と教え合い，楽しそうに，ふろしきバッグを肩にかけて，布団の間を歩き回るかわいい姿がみられました。
　このように，ふろしきは，たった1枚の布ですが，子どもたちの空想をかき立て，発展させる素材であるようです。いつの間にか，日常生活から姿を消してしまいましたが，日本の文化として，大切にしたいものだとしみじみ思います。

ふろしきがこんなにかわいい肩かけバッグに！

(実践担当：月岡多恵)

●●● しぼり染めのやり方 ●●●

＜主な材料＞
・布　・染料にする草や花　・ビー玉　・ミョウバン（または塩）

① せいたかあわだち草など，染料にする草や花の使う部分をちぎり，鍋で煮ます。
② 煮汁を準備している間に，布にビー玉をくるんで輪ゴムや糸でしばり，布をしぼります。
③ 煮汁をバケツに移し，その中にしぼった布を入れて，お箸でときどきかき混ぜながら，30分〜数時間浸けます（長時間浸けるほど濃く染まります）。
④ ミョウバン（塩でも可）の液に浸けて，色止めをします（右図）。
⑤ 水洗いをして，陰干しにします。
⑥ 乾いたら輪ゴムと糸をはずし，軽くアイロンをかければ完成です。

(しぼり染めのやり方担当：森本百合子)

泥だんごをつくったり，ケーキやプリンをつくったりの泥んこ遊びや砂場遊びについては，これまでにもしばしば述べてきました。ここで改めて，泥だんごや砂場遊びのヒントをまとめておきます。

<泥だんごづくりや砂場遊びのヒント>

1　始める前に―環境づくり
◇ダイナミックに泥んこ遊びや土いじりができるような場所と，存分に遊ぶ時間をつくりましょう。まさ土（花崗岩が風化してできた白い砂状の土で，水はけがよい）の土山があるとなおよいですね。
◇砂場の近くには，子どもが水を汲んだりする使いやすい水場がぜひほしいものです。砂場遊びには水はつきものです。山をつくったり，ダムをつくったり……それには水は必需品です。遊びに使うだけでなく，遊んだ後に道具を洗ったりするのにも使います。

大きな土山で，それぞれがだんごづくりに夢中です。

◇砂や泥んこ・土で遊んだ後は，手や足も洗います。洗い場の清潔にも気をつけましょう。
◇砂場はいつも清潔なように，また安全であるように気を配り，楽しく安全に遊べるようにしておくことを心がけましょう。

2　遊びの発展のための材料や道具の準備
◇遊びの発展のためには，スコップやカップ，お皿などの小道具も大切です。豊かな発想を手助けするような道具・遊具を準備しましょう。
◇できあがったケーキやプリンを乗せる台もあるとよいですね。

3　大切な保育者（大人）のひとこと・助言
◇子どもたちが土や泥んこで遊ぶとき，保育者（大人）の存在は大きいものです。ケーキをつくったり，ダムを築いたりという，表象の世界に遊ぶ子どもたちを理解し，励ます，あたたかいまなざしとひとことを大切にしましょう。「そんなに汚したらダメじゃない」なんて，決して言わないでください。

> ◇ときには，道具等の使用のヒントも，遊びの発展のきっかけになるかもしれません。必要に応じてヒントを提供してください。
> ◇子どもがつくったものや遊んでいることを認めるひとことも大事です。「すごいね」「よくできたね」「おいしそうね」「楽しそうね」と，具体的にほめたり，認めたりしてあげてください。
>
> **4 泥だんごを上手につくるコツ**
> ◇きめの細かい土がよいです。
> ◇土を少し水で濡らしておくと，手の中で丸めやすくなります。
> ◇はじめは保育者（大人）と一緒につくってみるのも効果的です。
> ◇きめの細かい土を少しずつ加えては丸め，丸めては土を加えていくと，子どもの手に応じて大きくなっていきます。何度か試みながら，指先の力の入れ方，丸め方のコツを子ども自身が体得できるように，励ましてあげてください。子どもは，すぐにコツをのみこみ，上手になっていくでしょう。
> 　　　　　　　　　　　　　　（ヒントおよびまとめ担当：大西泰子）

この時期の子どもたちは双六（すごろく）やトランプ，かるたなど，みんなでルールを守って遊ぶ遊びも大好きです。サイコロを転がしたり，トランプを並べたり，かるたをすばやく取ったり，ルールを守りながら，手も鍛えられます。たくさんのお友だちと，あるいは家族みんなで，一緒に楽しみましょう。

また，ゴムとびやなわとびなどの技を競う遊び，陣取りやドッジボールなどのチームワークを競う遊びも大好きです。夢中になって遊びます。

そこで，こんな試みはいかがでしょうか。

> **＜こんななわとび用のなわ，いかがですか？＞**
> なわとびと言うと，どうしても室外での遊びというイメージが強いものです。しかし，布製のなわにすると，室内でも可能になります。家に持ち帰って，夜に練習してくることもできますし，雨の日でも遊ぶことができて，とても便利です。また，なわとびに使うだけでなく，子どもたちの工夫や，そのときの気分や必要に応じて，いろいろな場面で，いろいろなものに使われるようです。

そんな布製のなわをご紹介します。

① 3歳後半ともなると，色染めができるようになりますので，子どもたちが染めた「さらし」を使いましょう（209ページ「しぼり染めのやり方」参照）。自分の手で染めた布を使うことで，親しみやすくなる上に，とても大切にします。長いこと使うものですから，ぜひ，子どもたちの手で染めた布を用意しましょう。布の長さは身長の2倍くらい，幅は30～50センチ程度あればよいでしょう。

② 染めた布を家に持ち帰り，ここからはお母さんに手伝ってもらいます。布を3本のひも状（1本の幅は10～15センチぐらい。薄い布の場合は幅をもう少し広くします）に切り裂き，その先をテーブル等に固定して，親子でしっかり，三つ編みにするのです。親子で力を合わせて三つ編みにしたなわには，持ち手にきれいな色の布がかぶせてあったり，房がつけられていたりなど，お母さんのあたたかなアイディアと工夫次第で，かわいい「マイなわ」ができあがります。このマイなわを，子どもたちは，卒園までの長い間，大切に使います。

　子どもたちは，「マイなわ」をときどきは家に持ち帰り，練習してきたりします。そんなときには，「父ちゃんが教えてくれた」とうれしそうに登園してきて，朝から友だちに教えているほほえましい姿も見受けられたりします。ピロティでこっそり練習する子もいれば，子ども同士お互いに数を数え合ったり，コツを伝授し合ったりもします。

　室内でのなわとび用（1人用）として使われるのが基本ですが，年長さん（5歳）になると，友だち同士のなわを結び合わせて長なわにして，集団でのなわとびにも使われます。

　このなわは，なわとび以外のいろいろな場面でも活躍します。劇遊びのときの衣装を腰でしばったり，琉球太鼓では太鼓用のかごを首から下げるときに使ったり，ごっこ遊びではお人形をおんぶしたり，犬をつなぐひもにもなります。いずれのときも，しっかりと，それでいてやさしく縛れるので，子どもたちもよろこんで使います。

　使い終わった後は，必ず，結んで，決まった場所に戻します。これも大切なポイントです。日々くり返し結ぶことで，結びの練習になると同時に，遊んだ後の片づけの習慣も育てます。　　　　（実践担当：月岡多恵）

第9章●生きる力と手を育てるために

　最後に，鉛筆の使用と文字の練習の試みを紹介します。みなさんの園では，どのような取り組みがなされているのでしょうか。

> **＜文字指導・ひとつの試み＞**
> **―みなさんの園ではどうしていますか？―**
>
> 　年長さんのクラスでは，とくに秋以降になると，「文字」を教えるべきか迷ってしまいます。
> 　2004年度には，迷いながら，例年とは少し違う試みをしました。いつもは市販の文字練習用ワークブックを使うのですが，今回は，思いをノートに綴ることから始めたのです。たとえば，散歩の途中で見つけたものや感じたことを，帰ってきてから子どもたちそれぞれがことばにし，それをもとに保育士が短い文章をつくり，書きとめておきます。それを，折にふれて，大きな紙に書いて壁に貼り，みんなで声に出して読んでみます。
> 　しばらくした頃，家から持ってきた鉛筆と消しゴムを使って，絵や文字などを描いてみることにしました。ちょうど「甲虫王者ムシキング」がはやっていたこともあって，子どもたちは鉛筆で袖口が真っ黒になるまで，来る日も来る日も虫の絵を描いていました。この段階では，何を描くかよりも，きちんとした姿勢で，正しい鉛筆・クレヨンの持ち方ができるようにという指導を中心に行いました。描いたものはデジタルカメラで撮り，はがきにして，仲よしの友だち同士で出し合いっこをしました。

213

やがて、保育所内の保育士にあてて、はがきを書いて出すのがはやりました。保育士には、必ず、返事を出してもらいました。
　12月には、サンタさんへの手紙をグループで書きました。文字あり、絵ありの、とてもにぎやかで楽しい手紙でした。
　年が明け、子どもたちはだいぶ書くことに慣れてきました。そこで、2月の参観日をめざして、お母さんにあてた手紙を書こうと提案しました。
　子どもたちに、お母さんに言いたいことなどを聞いて、それを保育士が書きとめておきます。それを、子どもたち自身の手で書くのですが、ひとりひとりに保育士が付き添い、無事に書くことができました。そして、参観日にそれを読み上げ、お母さんに手渡したのでした。お母さんたちは、思いがけないプレゼントに大よろこびでした。
　思いを書くということを中心にした文字指導でしたが、そうすると出てこない字もあり、すべての字を書くことを経験するという意味では問題点も残されました。しかし、それぞれの思いを表すという、文字のもっとも大切な役割を、身をもって、しかも楽しく、知ることができたことはよかったと思います。
　この時期が来るたびに、他の園ではどうしているのかなあといつも思います。

(実践担当：月岡多恵)

② 手を育てるための日々の保育・子育てのヒント

＊幼児後期に入ると、ひもで回すコマを回せるようになります。すると、どこででも回してしまいますので、広い空間で回させるよう、気をつけましょう。

＊あやとりも、1人あやとり、2人あやとり、3人あやとりと、幅を広げて楽しみましょう。大人が入り、要所要所で調整し、新しい展開をしてやると長く続きます。子どもたちだけだとくり返しになって、長く続きません。大人も一緒に楽しんでください。

第9章 ●生きる力と手を育てるために

2　多くのひとの支援の中で子どもを育てる

　子どもたちが育つためには，多くのひとの手が必要です。多くのひとたちとの関わりの中で育ってこそ，子どもたちは，たくましく，豊かに育つのです。ここでは，そうした大人たちの支援の形を，2つの実際の例を通してご紹介します。

　最初に登場するのは，仙台市・ぷらむ保育園園長の梅津さんです。梅津さんは，医療機器関連の会社の第一線で働いていたのですが，脱サラして，ぷらむ保育園を始められたそうです。2004年3月開園ですから，もう満4年以上になります。梅津さんには現在7歳，5歳，2歳の3人のお子さんがおられ，奥様も「固体物性」「磁性材料」というとても難しそうな分野がご専門の研究者（東北大学工学部助教）とのこと，ご夫婦ともに，大変お忙しい毎日とお見受けします。

　ぷらむ保育園の保育室は広い道に面した正面が，全面すりガラスになっており，太陽がいっぱい入ります。園長先生も保育士さんたちもときにはやさしく，ときには厳しく，子どもたちにたくさんの愛情を注いでいます。太陽と愛情がたっぷりのホットな保育園です。私（丸山）の訪問記とあわせてお読みください。

ぷらむ保育園
—ひとりひとりの発達や発育に合わせ，資質を尊重した，きめの細かい保育をめざして—

ぷらむ保育園園長　梅津哲也

1　設置の目的・時期・きっかけ

　私は，当保育園園長になる前は，一般企業で営業職をしていました。夫婦共働きのため，子どもたちを市内の認可保育園に預け，保育園を利用する立場にいました。

　子どもが好きで，学生の頃から「子どもと関わる仕事をしたい」という思いを持ってはいたものの，実現するには至っていませんでした。

　けれども，職場での転機に退職を考え，自分の今後のあり方を考え直したとき，

「かねてから思っていたことを実現したい」という気持ちになりました。自分の娘たちが通う保育園の園長に「保育の仕事とはどのようなものですか？」と相談を持ちかけたところ、「保育は決して楽な仕事ではなく、もうかる仕事でもない。ボランティア同然です。そのまま会社員を続けた方がいいですよ」と言われ、そのときはそのままになりました。

しかしその後、「保育園を経営してみませんか」という広告をみて、再び心が大きく揺さぶられました。そしてそんな折、保育園を運営している会社が、保育園設立のためのコンサルタントをしていることを知り、相談してみました。「質の高い保育を提供できる保育園を設立し、社会に貢献したい」という社長の考えにも賛同していたからです。そして、2004年3月1日、開園の日を迎えました。

2　設備や施設の状況・場所など

開園当初の施設は仙台市のほぼ中心に位置し、仙台駅からは徒歩15分ほど、最寄りの地下鉄駅からは徒歩5分でした。その後、今のところに移転しました。地下鉄駅からは少々遠くなりましたが、仙台駅には徒歩3～4分と、かなり近くなりました。移転前は2階建ての建物の2階部分を利用していましたが、移転に際して、災害時の安全性にさらに配慮し、1階にしました。

保育園の定員は、子ども1人あたりに必要な保育面積の基準があるため、有効保育面積（保育室の面積から棚、ベッド、物置、事務スペース等の面積を除いた面積）が決まればすぐに算出できます。当園の定員は33名で、「せんだい保育室B型」（仙台市から助成を受けられる認可外保育園の形態のひとつ。規模は10～59人）にあてはまる規模になります。

そして、開園からちょうど2年後の2006年3月1日に、「せんだい保育室B型」として認定され、市からの助成を受けております。

3　施設や設備で重視したことなど

移転前も現在も、街中の利便性の高い場所に位置する当園ですが、このような場所で園庭まで確保するのはほとんど不可能なことです。園庭がない場合は、近隣に公園があるかどうかが非常に重要です。幸い、2つの大きな公園がすぐ近くにあり、しかも、公園までの歩道は広くてよく整備されています。この点も、保育室B型に認定される際の重要な条件になりました。

保育園内部の設備としては、力を入れたことのひとつにクッションフロアーがあります。フローリングの床の下にクッションを2枚敷いたので感触がとても柔らかく、少しくらいなら転んでも痛くありません。安全対策として、柱や棚などの角にはガード処理を施し、さらに、部屋の中にいながら園の玄関の様子がうかがえるようにモニターフォンを、外部の人が自由に入れないようテンキー式のロックドアを設置しました。

また、ホームページを作成して園の情報をweb上に公開しています。園であったことや行事の様子などをこまめに更新し、みているひとに園の雰囲気を身近に感じてもらえるようにしています。

最近は，いろいろな保育園で，独自の特徴を出すために教室を開いたりしているようです。当園でも英会話スクールと提携して週に一度外国人講師を派遣してもらい，英語教室を行っています。

4 めざす保育，認可保育園との違いなど

無認可保育園と認可保育園との違いはいろいろありますが，もっとも大きな違いは次の3点です。
- 無認可保育園は，保育時間が長い（当園の開園時間は，基本的には朝7時から夕方6時ですが，その後，夜9時までの時間外保育にも応じています）。
- 無認可保育園は，日・祝日も保育をしている（当園は日・祝日は朝8時から夜8時まで保育をしています）。
- 無認可保育園は，保育を必要とする（保育に欠ける）理由を問わない。

保育時間に関しては，当初は深夜まで保育をしておりましたが，市街地や駅に近いという利便性によるのか休日に登園希望が多いことから，休日保育に重点を置くことにし，今では上記のような保育時間にしております。

さまざまなニーズに応えようとしているがゆえに，子どもの登・降園時間やお休みがばらばらであったり，異年齢児が同室する合同保育であったりすることにより，活動内容や行事などに制約を受けることがあります。その中でできる限り，お散歩の時間を登園する子どもたちに合わせるように気を配ったり，製作活動もみんなで楽しめるよう内容に工夫を凝らしたり，食事の準備も子どもの数の急な変更等にも臨機応変に対応したりするよう努めています。また，認可園のように大々的な行事を行うことはできないかわりに，こぢんまりとした行事をできるだけ頻繁に行って，季節感を感じられるよう努力しています。

以前は，無認可保育園と言うと，少なからず悪いイメージを持たれる場合が多かったのですが，子どもひとりひとりの発達や発育に合わせ，子どもの資質を尊重したきめの細かい保育を提供することが可能なのは，むしろ無認可保育園の方かもしれません。「質の高い保育を望むのであれば，むしろ無認可保育園を選びたいくらい」と言われるような園づくりをめざしています。

5 園児の年齢構成の特徴

当園では，対象児童を生後2カ月の0歳児から就学前の6歳児としていますが，3歳児以下が大半を占めています。認可保育園の受け入れ児童数が3歳児以上で多くなることと関連しているのでしょう。とくに0歳児は，年度の終わりに向けて人数が増えますが，4月になると認可保育園へ転園するケースが多いため，人数が減ります。このために児童数や年齢構成は年間を通して一定というわけにはいきません。

1日のうちでも人数は変化します。朝から園にいる子どもに，午後からは幼稚園とのリレー保育の子どもが加わり，さらに夕方には夜間保育に向けて登園してくる子どもも加わり，もっとも人数が多くなります。

また，毎日登園してくる子どもがいる一方で，週に数日登園してくる子どもや，

一時預かりで，その日1日だけ登園する子どももいます。

6　1日の過ごし方，子どもの様子

1日のプログラムは，基本的には認可保育園と同じような流れです。ただし，登園時間が子どもによって異なるので，園に着いた時点からその流れに合流できるよう，工夫が必要です。加えて，子どもが保育園にいる時間が長い場合が多いので，それらのことに配慮し，家庭での生活と園での生活が互いにスムーズに移行し合うように，保護者と密に連携をとることも重要です。

一方，異年齢児と関わる機会が多いので，大きい子も小さい子も互いに刺激し合って，まるできょうだいのように生活しています。

また，園庭がないかわりに，散歩にはよく出かけるようにしています。近くの公園や商店街など，街中でも季節の移り変わりを十分に楽しむことができます。

7　手・生きる力に関わること

子どもにとって大事な活動は「食うこと」「寝ること」「遊ぶこと」の3つだとよく言われますが，保育園での子どもたちの生活を見ていると，まさしくその通りだと感じさせられます。保育園というのは，この3つの活動すべてを，子ども

春　藍染めをしました。うまくできたかな？

初夏　公園に遊びにいきました。

夏　スイカ割りをしました。うまくあたるかな～？

もうすぐ秋　クッキーをつくりました。みんなの目はあわ立て器にくぎづけ！

第9章●生きる力と手を育てるために

冬　鬼をボールで撃退！

夜　寝る前に絵本を読んでもらいます。
　　Y先生は読むのが上手だよ！

たちが行う場所です。どれか1つでもうまくいかないと，すぐさまバランスを欠き，落ち着いた生活ができなくなります。

　中でも「よく遊ぶこと」は，園での生活時間の大半を占めています。寝てばかりいた乳児がおすわりをし，おもちゃを手にとり，「遊び」始めるようになる。そしてハイハイを経て歩行が始まると，さらに手の自由度が増し，一挙に「遊び」の幅が広がり，それに伴って知能もめざましく発達していく様子が，子どもたちをみているとよくわかります。

　ことばを覚え，自分を表現し，他人との関わり合いを持つこともすべて，「遊び」を通して学んでいきます。人間として生きていくことの原点が，この保育園時代に凝縮されているのだと感じさせられます。

　そのために，少しでもお役に立ちたいと，みんなの知恵を出し合い，日々奮闘しています。

　また，2005年12月1日には，富谷町（宮城県黒川郡）に，ぷらむ保育園上桜木園もオープンしました。それぞれの地域の特徴を生かした，そして，その地域ならではのニーズに合わせた保育を展開していきたいと思っています。

ぷらむ保育園訪問記

丸山尚子

　私（丸山）が，ぷらむ保育園を最初に訪問したのは，2005年10月下旬のことでした。園は県庁の前を通り，県警を越えるとすぐのところにありました。

　子どもたちが揃い始める午前10時頃，1階入り口のインターフォンをならすと，園長先生自らが出迎えてくださいました。2階のモニターでチェックした上で，必ず，誰かが入り口まで出迎えるようにしているそうです。ちょっとしたすきに不

法に侵入されたりしないためだそうです。

　まだ，子どもは数人しか来ていませんでしたが，私が子どもたちと遊んだり，園長先生とお話ししたりしている間に，他の子どもも次々に登園してきました。子どもたちは「おはよう」と挨拶し合い，遊び相手を待っていたかのように，1人，2人と増えるたびにうれしそうに出迎えています。

　お母さんのお仕事の関係で，朝はゆっくりですが夜は遅いというAちゃんも，そのひとりです。だいぶ眠そうな顔で登園してきました。ちょっとお母さんと離れにくそうです。でも，モニターを見て，「あっ，Aちゃんだ」と言いながら待っていた保育士さんや友だちに，「○○しようっ」と誘われると，「じゃあね」と言って出勤するお母さんに手を振っています。コートを脱いだりして，さっそく友だちと遊び始めています。目はまだ眠そうですが。

　手遊びをしたり，お話を聞いたり，絵本を読んでもらったり，まるで全員が朝早くから来ているようです。それぞれの子どもの居場所を心得て，気配りする保育士がいればこそだと感心してしまいました。

　床は，クッションがきいていて心地よく，私も一緒に寝そべりたいくらいでした。床に座り込んだり，寝転んだりして，子どもたちも感触を楽しんでいるように思えました。木製のいすも座り心地がとてもよさそうです。

　少し大きい子どものコーナーを担当している保育士さんは，ベテランらしく，大きな紙を使って，折ったり，貼ったりしながら，幅広い年齢に対応しています。大きな帽子をつくってもらってかぶっている子，空飛ぶ絨毯のように，大きな紙をひろげたまま持って走っている子もいます。飛行機も飛んでいました。折り紙に夢中になっている子もいます。

　ひとしきり遊んだら，お昼です。ひとりひとり，保育士さんに付き添われながら，手を洗います。お昼は，子どもたちの大好物のカレーでした。お代わりをする子もいます。

　お昼を食べたら，お昼寝です。園長先生も一緒になって，寝る子のお世話をしています。ご家庭では3人のお子さんのパパでもある園長先生は，全くの自然体で寝かしつけていました。

　保育室は三方が窓になっていて，日がよくさしてとても明るく，よい条件にあるなあと思いました。周辺にはいくつかの公園もあり，春はお花見や花摘みをし，夏は木陰で涼み，秋は木の実をひろい，冬は雪で遊ぶ……と四季折々の遊びができそうです。公立や認可保育園ではカバーしきれない保育を，こうしたひとびとが補っていることを実感すると同時に，多くのひとびとの手で，子どもたちの手や生きる力が育てられていることを再確認した一日でした。

　二度目に訪問したのは，ちょうど2年後(2007年)の10月下旬，ことのほか暑かった夏もやっと終わり，ようやく秋の気配がただよう昼過ぎでした。

　2007年2月に，園がお引っ越し(移転)したということで，再びおうかがいする

ことにしたのです。移転前の場所から，徒歩で10分ほど駅よりのところ（花京院）にありました。駅にさらに近くなり，便利になっていました。

花京院と言えば，私は，その昔（45年も昔の学生時代のことです），その通り（当時は花京院通りと言いました）から北に入った空堀丁というところに下宿していたことがあります。しかし，その周辺はすっかり様変わりしており，当時の面影は全くありませんでした。空堀丁という地名さえなくなっていました。ただ，広い道に面し，にぎやかそうですが，住宅街に近く，駅から近い割には静かであることは当時と同じでした。

移転前の園は2階建ての建物の2階にありましたが，新しい園はビルの1階でした。「ぷらむ保育園」と書かれたかわいい看板がかけられ，広い道に面した正面が全面すりガラスなので部屋がとても明るく，1階なので道を通る人影が見え，その足音や話し声もかすかに聞こえます。外の気配を感じながら過ごせるのもいいなあと思いました。床もかわいい木製のテーブルやいすも，移転前と同じで，快適さはそのままです。

「今日は少ない方です」と前回にもお世話になった保育士さんがおっしゃっていましたが，小さい子（2歳前半頃まで）のクラスでは7，8人の子どもたちが，大きい子（2歳後半以上）のクラスでは12，3人の子どもたちが，楽しそうに遊んでいました。

第9章●生きる力と手を育てるために

私がおうかがいしたとき，小さい子のクラスでは，ちょうどおむつを替えようとしていました。それぞれ，自分で，濡れたパンツタイプの紙おむつを脱ぎ，新しいものにはき替えています。そして，脱いだおむつは，各自が手に持って，ちょこちょこ歩いて，おむつ入れに入れています。おしゃべりしたりしながら，どの子も楽しそうに替えているのには感心しました。

2年前に訪れたときは，まだよちよち歩きで，私のひざの上でしばらく遊んでいたD君は，大きい子のクラスになり，たくさんの友だちと走り回っていました。また，2年前には，お母さんのお仕事の関係で，みんなより少し遅く，眠そうに登園してきていたAちゃんでしたが，2年たった今回は，妹（Mちゃん）ができて，お姉ちゃんになっていました。この時代の2年という月日は，子どもたちを大きく成長させる月日であることを，身をもって知ったように思いました。

帰り道，私は，駅まで歩いてみることにしました。小雨が降っていたこともあり，急ぎ足でしたが，3分ほどで駅に出ることができました。駅に近いという利便性は大きいと思いました。

さらに，園長先生のお話によりますと，近くにある住宅街から通ってくる子どもも多いということで，今後は，地域の保育園としての役割も加わる可能性があると思われました。

続いて登場するのは，同じく仙台市のマザーズえりあサービスの子育て支援です。ここでは，学童保育（マザーズ・ジュニアスクール）を中心に紹介します。

> **あったらいいな，こんな子育て支援**
> —マザーズ・ジュニアスクール（学童保育）を中心に—
>
> 丸山尚子

マザーズ・ジュニアスクールは仙台市青葉区二日町という，大変便利な場所にありました。校区である木町小学校の子どもたちをはじめ，いくつかの小学校に通う子どもたちが，学校が終わる午後4時頃になると，お迎えの指導員の先生たちと一緒に帰ってきます。おやつを食べると，宿題をしたり，遊具で遊んだりして過ごします。指導員の先生は，全員小学校の教員の免許を持っているそうです。

学習面に限らず，いろいろな相談にのったり，話し相手になったり，おやつを配ったり，ときにはもめごとの仲裁をしたりと，指導員の先生の仕事はさまざまです。

子どもたちが主に過ごすのは，40畳はあるという板張りの広々とした部屋で，たくさんの友だちと思い思いに過ごす，アフター・スクール・ルームという感じです。

紙粘土工作をしたり，クッキングをしたり，英語教室，体操教室，空手道教室があったりで，アフター・スクールの生活は充実しているようです。室内だけでなく，近くにある公園に散歩に行ったり，そこで野球をしたりもします。誕生会もあります。

こうして，指導員の先生とともに，安心して夕方までの生活を友だちと一緒に元気に過ごします。

私が所長先生のご案内でジュニアスクールを訪れたときは，ちょうど空手道教室の真っ最中でした。10人ほどの子どもたちが，元日本チャンピオンで大道塾の長田師範のお弟子さんの指導の下で，一生懸命おけいこしていました。1時間びっしりのおけいこの後は，お待ちかねのおやつです。

指導員の設楽先生と一緒に，楽しくおやつが終わると，各自で後かたづけをし，遊びが始まりました。黒い大きなゴミ袋を使って自分でつくった落下傘を広げ，部屋中を走り回る子もいれば，段ボールを組み立てて，窓にそって大きな空間をつくり，家に見立てて遊んでいる子どもたちもいます。段ボールの家の中をのぞくと，男児数人で，ゲームで楽しそうに遊んでいました。本を読んでいる女児もいました。どの子も，小学生らしく，工夫して遊んでいるのに感心しました。とくに，段ボールでダイナミックにつくられた家には感動しました。広い部屋があ

第9章●生きる力と手を育てるために

って，たくさんの友だちがいるからこそできる遊びです。

そうこうしているうちに，お迎えの時間になりました。お迎えがきた子から順にお帰りです。

お迎えの遅い（7時以降）子どもさんは，二日町から，春日町マザーズ・チャイルドセンター保育園（以下，春日町マザーズ保育園と表記）のビル内にある一室に，指導員の先生と一緒に移動し（徒歩で10分弱のところにあります），そこでお夕飯を食べ，お迎えを待つそうです。

ここで，マザーズ・ジュニアスクール，春日町マザーズ保育園などを運営するマザーズえりあサービスについて，簡単に紹介しておきましょう。

中心は，春日町マザーズ保育園（認可保育園，定員90名）です。ここでは，乳児から就学前までの子どもたちが，朝8時半頃から夜7時頃まで過ごします。それ以降の保育の必要な子どもたちには，9時までの夜間保育もしています。学童保育に通うお兄ちゃん，お姉ちゃんたちと一緒に夕食を食べ，お迎えを待ちます。

この春日町マザーズ保育園に加えて，仙台駅ビル内にせんだい保育室A型・マザーズ・エスパル保育園（認可外）が，2002年10月に開設されました。通勤に便利なように，駅ビル内にあるという，新しいタイプの保育室です。

それ以外に，マザーズには，ベビーシッターサービス（派遣）や給食サービスなどもあり，「あったらいいなあ」という子育て支援が準備されています。さらに時間外の保育にも対応できる保育園（すでに紹介したぷらむ保育園）と提携し，公立保育所あるいは認可保育園ではカバーしきれない部分を補う支援をしています。

春日町マザーズ保育園園長の三浦えみ子先生のお話によれば，認可されている春日町マザーズ保育園以外は，マザーズ・ジュニアスクールも含めてどこも赤字だそうです。しかし，それを覚悟の上で，「子育て支援」の一環として位置づけ，可能な限り継続するそうです。

私が，春日町マザーズ保育園やぷらむ保育園（ぷらむ保育園の園長先生のお宅の3人の子どもさんは，全員，春日町マザーズ保育園，マザーズ・ジュニアスクールの園児・児童です）を知ったのは，仙台で2人の子ども（K，Y）を育てながら，夫婦で弁護士として超多忙な生活をする娘夫婦への，私なりの支援（保育園への送迎など）がきっかけでした。2人の子どもたちは，産休あけから，春日町マザーズ保育園でお世話になっています。また，子どもたちが風邪などで熱を出したりしたときには，自宅にシッターさんをお願いすることもあります。

子どもたちは，保育園でつくったものを，たくさん持ち帰ってきます。七夕飾り，おひな様などの伝統行事に関わる製作はもちろんのこと，5歳のときのKは，トイレットペーパーの芯でつくった電話，アルミホイルの芯でつくった望遠鏡，おりがみや画用紙でつくったお寿司，ピザ等々を大事そうに持って帰りました。とくにお寿司は，絶品でした。

そうしたKやYの様子を通して，私は

マザーズの保育に関心を持ったのでした。

中でも、学童保育との出会いは印象的でした。いつものように、7時頃に春日町マザーズ保育園に子どもたちをお迎えにいくと、指導員の先生と一緒に、二日町のジュニアスクールから移動してくる小学生のお兄ちゃん、お姉ちゃんと入れ違いになります。学童保育の部屋では、お夕食の準備がなされており、6時におやつを食べたばかりだというのに、おいしそうな匂いにつられて、Yなどは食事が準備されている部屋のテーブルの前をウロウロしたりします。

はじめは、この状況が理解できなかった私でしたが、娘たちの説明で納得し、「うわぁ、それは助かるね」と思ったのでした。

以前からよく「就学前は保育所があるからいいけど、学校に行き出すと大変。今時、下校途中もいろいろあるし……」と言われてきました。とくに、物騒なことが多く、不安が増大している昨今では、「指導員の先生が学校までお迎えにきてくれる」というのは、とても心強いものです。

赤字経営の下で、学童保育を続けておられるマザーズえりあサービス社長の三浦摂郎氏は、社会福祉学者の三浦文夫先生（元日本社会事業大学学長）のご子息だそうです。父上は学者として、社会福祉を極められましたが、ご子息の方は、実践という形で、社会福祉の精神を受け継いでおられるのです。

大人たちの生活が多様化する中で、子どもたちの生活も変わってきています。世情の変化も大きく、親も子も、安心して過ごせる場を求めています。今ほど、いろいろなひとの手と知恵を必要としているときはないと思われます。

そんな中で出会ったマザーズさんの多様な子育て支援に、新しい形として注目し、応援していきたいと思います。

さて、マザーズ・ジュニアスクールは、2007年1月に、二日町から宮城野区榴岡にある仙台サンプラザの4階に移転しました。これまでのような、徒歩でのお迎えや移動は難しくなりましたので、車でのお迎え、移動に変わりました。

仙台サンプラザ4階には、ジュニアスクールの他に、シッターステーションも移転し、さらに、新たにせんだい保育室A型・マザーズ・サンプラザ保育園（認可外）が開設され、さらには、東北こども福祉専門学院が開校しました。学院は近畿大学豊岡短期大学通信教育部こども学科の教育提携校で、同短期大学の指定する科目を修得することにより、卒業時に保育士資格と幼稚園教諭2種免許状が取得できます。以前、所長先生に「保育者を育てたい」という思いをおうかがいしたことがありましたが、その念願がかなったということです。

4階フロアの真ん中に、シッターステーションや学院の事務部があり、その奥右手にジュニアスクール、手前左手に保育園があるというように、子どもたちのまわりには、指導員や保育士以外のたくさんの大人たちがいます。多くの大人たちの目があるのは、何より心強いと思いました。

第9章●生きる力と手を育てるために

　先に紹介しましたKは，2007年4月から小学生になり，放課後はマザーズ・ジュニアスクールに行っています。学校が終わる頃，車でお迎えにきてくれる指導員の先生（設楽先生や三島先生）と一緒にジュニアスクールに行き，夕方6時前まで過ごします。6時頃には春日町に車で移動し，両親のお迎えを待ちます。5歳になった妹Yも，春日町マザーズ保育園でお世話になっており，7時頃，一緒に帰ります。Kは，目下，野球に夢中で，榴岡公園での野球が一番楽しいそうです。

第10章

手を育てる・生きる力を育むということ
―まとめに代えて―

どこの国でもすべり台は公園の人気者。
（コスタリカ南部の村／石上真由撮影）

手のみでなく，全身を育てる

　これまで，子どもたちの生きる力を育む手の発達について述べてきましたが，くり返しになりますが，最後にいくつかのことについて再度確認しておきます。

　まず，ひとつは，足・腰を鍛えることの大切さについてです。どんなに器用な手でも，それを支える腕や足，腰がしっかりしていないことには，手が十分な働きをすることは不可能だからです。と言うよりむしろ，器用な手は，それを支えるしっかりした腕や足，腰とともに育つもので，手だけの訓練や特訓では，育てきれないと言うべきでしょう。

　乳児期ではとくにハイハイが重要で，十分にハイハイをさせることによって，腕や足，腰がしっかり育つと言われています。ハイハイする中で，手が解放される（自由になる）ための前提である，直立歩行の諸条件が育つのです。

　歩き出したら（幼児前期），できるだけ歩かせることも大切です。大地にしっかり足をつけて，たっぷり歩かせましょう。お友だちがいれば，お互いに刺激し合い，お互いの励ましとなり合って，楽しく，多様な歩きや活動，遊びへと発展していくでしょう。

毎日の生活の中で手やこころを育てることと，朝の大切さ

　2つめは，毎日の洗顔や歯磨き，手洗い，着脱，あるいは食事を見直してほしいということです。365日くり返し，日々の生活を支えながら，手を育て，手の力を高めてこそ，生き方の土台となり，生きる力として我がものになるからです。

　とくに，朝（起きてから登園するまでの間）の生活には，短い時間ですが，大事なたくさんのことが詰まっています。どのように過ごすかによって，目覚めが違うと同時に，手や足，身体，こころの育ちが大きく違ってきます。

　朝，目を開けてすぐに目覚めるわけではなく，しばらくボーッとして

いることは，誰しも経験することです。身体を動かし，何かしているうちに，やっと目が覚めてきます。全身が目覚めるためには1時間半から2時間かかると言われます。

もちろん，過ごし方にもよります。そのままボーッとしていたのでは，いつまでたっても，目は覚めません。手や足，身体を動かしてはじめて，すっきりしてきます。

幼い子どもであれば，なおさらです。足を動かすことによって，心臓の動きが活発になり，血液の循環もよくなります。手を動かすことによって，脳が刺激され，目覚めが進みます。布団を片づけたり，着替えたり，洗顔したりして，手も足も腰も，いや，身体全体を活動させます。朝食はそのクライマックスでしょう。目も鼻も味覚も全開です。

朝は，楽しい一日の出発であり，ウォーミングアップのときです。どの子にも，よいスタートをしてほしいのです。やはり，朝には特別の意味があると思われます。

手も足も身体も，着替えたり，洗顔したり，食事をしたりの日々の活動の中で，大活躍します。そうした活躍の中でこそ，手はしっかり育ちます。その意味で，私はこれまで，朝の生活のあり方の重要性をしばしば指摘してきました。ごく当たり前の生活を支え，その中で育つ手の重要性と，足・腰・全身とともに育つあり方を，大切にしたいためです。

もちろん，昼や夕方以降の生活も大切です。しっかり遊び，友だちと関わる生活を，たっぷり楽しんでほしいと思います。夜には家族と一緒のいろいろな活動があります。家族と楽しく夕食を食べたり，絵本を読んだり（読んでもらったり），歯を磨いたり，入浴したり……どれも大切です。

さらにまた，水道の水や古新聞，使い古しの台所用品やガラクタなどの，日常の暮らしの中にあるもの・道具をを見直してほしいと思います。そんな日常生活の中にあるありふれたものや道具，そして，それを使った活動の積み重ねの中で，子どもたちの手は，日に日にたくましく，巧

みになっていくのです。

　手間・ひまがかかり，無駄が多いように思われるもしれませんが，日々の生活を大切に過ごし，「生きること」と一緒に育ってこそ，「生きる力」を育む手に育ちます。

我が家，我が園のあり方を
　そして，三つめは，日々の暮らし方は，特別のことや変わったことではなく，日常のごく当たり前の暮らしの中で，工夫し，日々続けることを基本にしてほしいということです。

　その際，一時ほどではありませんが，ともすれば，「こんな過ごし方」がよい，「こんなやり方」がよいと，ひとつの工夫，ひとつの過ごし方が提示され，それを絶対視しがちな傾向がみられたりします。

　家族構成や親たちの職業，子どもの数や年齢構成，住んでいる地域の特徴（たとえば，住宅街か商業地域か，農村か漁村かなど）等々によって，実際の過ごし方は異なってきましょう。

　保育所・幼稚園にしても，入所（園）している子どもたちの特徴（規模・年齢・地域等々）や，周辺の地理的・自然的条件や交通状況などによって，保育のあり方やひと工夫の重点などが異なってくるはずです。

　それらのことに合わせた「我が家の過ごし方・我が園のあり方」の決定は，我が家・我が園の責任であり，権利です。いろいろな過ごし方・あり方を参考にし，ポイントは押さえながら，「我が家の過ごし方・我が園のあり方」を，望ましく，かつ日々可能なやり方で工夫し，つくり出してほしいと思います。

　そのために，ぜひ一度，日々の生活について，見直してみてください。詳細に関しては，拙著『手が育つ・子どもが育つ・生活をつくる』（法政出版，1992），拙編著『21世紀を育む』（三学出版，2005a）をご参照ください。

第10章●手を育てる・生きる力を育むということ

手も,「ひとの気配の中で」,楽しく育てる

　さらにもう一点,確認しておきたいと思います。それは,手も「自分ひとりで」黙々とではなく,「誰かと一緒に」わいわい楽しく,そして,いろいろな思い出とともに育ててほしいということです。我が家・我が園らしい雰囲気の中で,家族のみんなと,保育所や幼稚園,地域のみんなと過ごし,生きる中で,育つ手をめざしたいと思います。ともに生きるひとびと・家族・仲間と一緒に,手も育てたいのです。
　「ひとの気配の中で」育つ手こそ,人間らしい手であり,人間らしく生きる支えとなり,人間らしく生きる力を育むからです。

子どもたちの生きる力を育てるために,手をとり合う

　最後に,子どもを育てる多くのひとびとの「手」について,ふれておきます。
　「手塩にかけて育てる」「子どもに手がかかる」「子どもに手をとられる」「子どもの手がやっと離れる」に示されるように,子どもを育てるときにも「手」は働きます。子育てに関わるこれらのことばはどれも,子育てには手間がかかることを表しています。そして,同時に,「手を焼いた子どもほどかわいい」と言い,手間がかかることを否定せず,よろこびとして受けとめてもいるのです。
　また,しばしば述べましたように,子育てにおいては手間とともに,じっくり時間（ひま）をかけながらの,一見無駄な道草や遠回りも重要です。これからの子どもたちは,否応なく,高度に発展した科学・科学技術や文化・芸術,複雑に絡み合う経済・社会システム・国際関係に直面し,それらを担っていかなければなりません。先行きがみえにくく,とまどうこともしばしばでしょう。そうした中で,人生80年という遠い道のりを生き抜かなければならないのです。
　そこでもっとも必要なのは,しなやかな柔軟性（柔軟な思考力,柔軟な生き方）です。柔軟性は,一見無駄な道草や遠回りを糧としてこそ育

ちます。子どもたちの道草や遠回り，ときには迷いに，じっくり付き合う手間とひまも不可欠なのです。

　最近では，子育てにも効率性が求められ，手間・ひま・無駄抜きの子育てが追求されています。しかし，手間・ひま・無駄の中でこそ，子どもたちは豊かに育つのです。つまり，子どもたちの柔軟に生きる力は，多くの大人たちの手間とひまと無駄を手がかりにしてはじめて育つとも言えるのです。

　また，多くの支援の輪に囲まれて，「ひとの気配の中で」育つ，たくましい生きる力についても再確認したいと思います。ときにはうっとうしい（うざい）ながらも，「ひとの気配の中」にあるぬくもりと，コミュニケーションに連なることの安心感が，今，必要なのではないでしょうか。

　「過保護」ということばが誕生したのは，1960年代でした。そして，もっとも頻繁に使われ，問題視されたのは，1960年代末から1970年代前半でした。それは，折しも，我が国が高度経済成長期にあって，大きく発展しつつあったときでした。

　「過保護」攻勢は，「婦人よ家庭に帰れ」の対極にある，安い労働力となる「婦人の手」をあて込んだプロパガンダでもありました。そして，「過保護」に加わった「過干渉」の先にあったのが「効率性追求の子育て」でした。

　家庭での学習や遊びよりも効率のよい学習塾，スポーツ教室などがその代表ですが，「効率よく」「無駄なく」が，いつの間にか日常になりつつあります。

　そんな今だからこそ，「手間・ひま・無駄を大切にする子育て」を取り戻し，多くの支援の輪に囲まれて，「ひとの気配の中で」育つ手・生きる力について考えていただければと思います。そうして育った手であれば，多少巧みさに欠けていたとしても，生きる力，ともに生き合う力になるに違いありません。

　そんな支援の輪が，いろいろな形で広がりつつある今日ですが（たと

えば，第9章でご紹介した「ぷらむ保育園」や「マザーズ・ジュニアスクール」など），個人レベルでできることには限界もあり，まだまだ不十分です。同時に，公の支援にも，保育時間や人員の面での限界が出てくるのが現実です。少子化対策としてだけでなく，子ども全体の健全な成長・発達のために，公私ともに，新たな支援の形を模索すべきときであると思われます。

　みんなの手が，子どもたちの手を育て，人間らしく生きる力を育むために結び合う日が，一日も早く訪れることを願っています。

あ と が き

　今からちょうど30年前の1977年の秋のことでした。黎明書房の編集者だった武馬さんから，お手紙をいただきました。「手」に関わる本の出版のお誘いでした。

　私は学生時代（大学院時代も含む）の10年間を仙台で過ごし，その後，未知の地であった徳島に住むことになったのですが，その徳島にもやっと慣れ，徳島をフィールドにして手の研究を再開し，保育所通いをしているときでした。折しも，子どもの手が不器用になったという指摘がなされ，私もそれを実感している頃でもありました。

　はじめ，私は，子どもの手の変化は感じても，それは子ども全体の問題ではなく，徳島と仙台という地域の違いによるものだと思っていました。1967年4月に徳島大学に赴任し，4年ほどたった1971年頃から，徳島市内の保育所・幼稚園で実験を始めたのですが，5，6歳児になっても「紙をしっかり折れない」「のりを指先でのばせない」「クレヨンの持ち方がおかしい」「粘土をちぎる指の力が弱い，丸めるのも苦手」などの子どもたちの手の実態に直面しました。紙を折ったり，のりを指でのばしたりすることの指導から始めねばならないことがしばしばでした。

　今考えれば，徳島の子どもたちや保育者の方々に失礼なことなのですが，「このくらいのことは，仙台の子どもたちは簡単にできたのに！ いったい徳島ではどんな指導をしているのだろうか」とこころの中で思いながら，実験計画を立て直したりして対応していました。しかし，その後間もなく，それが全国的な傾向であることを，新聞やテレビによって知ったのでした。

　その後，私は，子どもの手が不器用になった原因を探って調査をしたり（丸山他『徳島の子どもたち』教育出版センター，1977），手の発達の

あとがき

様子を追ったり（丸山他「幼児の手の労働に関する発達心理学的研究(1)—とくに幼児の手の発達の法則をもとめて—」心理科学 1-2，27-36，1979）していましたが，それだけでなく，器用な手を取り戻すために，手を育てる「手の保育」をしたいと考え，私とほぼ同時期に名古屋から徳島にやってきていた奥尾祐子さんや徳島大学教育学部の教え子である大西泰子さん，保育士になりたての頃からの知り合いであった西岡節子さん（当時近藤さん）たちと準備を始めていました。武馬さんからお手紙をいただいたのは，その矢先のことでした。

黎明書房は，当時から，保育関係，とくに保育の現場に視点を据えた多くの書籍を出版しており，私たちの手元にもたくさんありました。大きなチャンスをいただいたような緊張が走りました。早速，奥尾さんたちに，武馬さんからのお話を受けたい旨，お話ししました。

早速，出版に向けて，改めて 1978 年度の年間保育計画を立て，それにしたがった保育を開始しました。また，研究会の名称も，「とくしま"手の労働"研究会」（とくしま手労研）として，出版に備えました。

約 1 年間の実践に基づいて，最初にまとめたのが『手で考える』(1981) でした。ほぼ 2 年間を要しました。続いて保育の実践編としてまとめたのが，『0～5 歳児の手を育てるカリキュラム』(1984) です。出版に向けて，いろいろな試みを，思い切りできたように思います。

当時は，全員が保育の第一線に立っており，子どもたちの手を取り戻したいという必死の願いから，昼は保育に取り組み，夜は各自の実践を私の家に持ち寄っては，夜遅くまで熱心に検討したものです。私の家がまだ中島田という徳島の郊外にあったときでした。遠いところをみなさんよく通ってきてくれました。

あれから，あっという間に 25 年が過ぎました。その間に，いろいろなことがありました。

手に焦点を合わせた保育を超えて，保育を子どもの発達全体から見直そうと，1990 年代には会の名称も「とくしま子どもの発達と教育研究会」

（愛称・もみじの会）と改めました。しかし，全員の目もこころも，いつも手から離れませんでした。その証拠に，子どもの手をイメージした「もみじの会」という愛称の方がすっかり定着し，正式名称を正しく記憶していたひとはいなかったほどです。

「とくしま手労研」もしくは「もみじの会」としての活動は，その後も，月1回の例会の他に，自分たちだけでなく，徳島のみなさんと一緒に勉強しようと，講演会（香原志勢先生，横山明先生，清水民子先生，秋葉英則先生等に講師をお願いしました）を計画したり，依頼されて原稿を書いたりもしました。全国組織である「子どもの遊びと手の労働研究会」（手労研）の総会に出かけたことも幾度かありました。

しかし，やがて保育のあり方が，クラス単位の保育を中心とするものから，園全体やテーマ別の保育を重視するものへと変わり，その過程で，それぞれが主任になったり，所長になったりして，保育の第一線から少しずつ距離をおかざるを得ない状況になり始めていました。

私自身も，徳島大学教育学部幼稚園教員養成課程から，改組により，徳島大学総合科学部行動科学・心理学教室（発達心理学担当）へと所属が変わり，指導の領域も，幼児から青年期へと軸足を変えざるを得ない事態となり，子どもの手から離れたところで，講義の準備や修士論文・卒業論文指導等で，四苦八苦しておりました。

「今の内に，しっかりまとめておかないとね……」と，会えばよく，奥尾さんと言い合っていたものです。しかし，言うだけで，忙しい現実の前に，それ以上進めませんでした。ただ，月1回とまではいきませんでしたが，研究会の例会は続け，日本保育学会での発表など，細々とではありましたが，研究活動を継続しておりました。

そんなある日，黎明書房の武馬さんから，再び，お手紙をいただきました。武馬さんは，社長さんになっておられました。

武馬さんからのお手紙の内容は，「手で育つ生きる力」をテーマに本をまとめてみないかというものでした。このテーマなら，子ども全体を見

あとがき

直すことにもなり，またとないよいお話だと思いました。しかし，私は，ちょうど開設されたばかりの徳島大学学生相談室の室長の仕事に追われておりました。やっと一息ついたときには，定年退職寸前でした。何とか，武馬さんからのお話を実現させ，私なりの「手の研究」の区切りをつけたいものだと強く思う日々が続きました。

2005年2月に，やっと，ちょうど全国保育士会の全国常任理事から解放された奥尾さんと，最初からのメンバーだった大西さんと，実現の話し合いを持ちました。「もみじの会」のみんなにも協力をお願いすることにしました。こうしてようやく，武馬さんからのお話を実現することになったのでした。

私たちの最初の本をまとめるときにも大変お世話になり，ご指導いただきました武馬さんに，こうして再びお世話になりますことに，奇しき縁を感じるこの頃です。前回の『手で考える』の時もそうでしたが，今回の『子どもの生きる力は手で育つ』という書名もまた，武馬さんのひとことで決まりました。

今回は，久しぶりに近藤隆子さん（当時久米さん）との実験も実現しました。子どもたちと過ごした何日かは，楽しいものでした。めずらしく朝早めに起き，朝食をすませ，保育所や幼稚園に通う規則正しい生活をしました。子どもたちとふれあう日々の中で，「子どもが変わった」とよく言われますが，悪い方への変化のみではない，ということを知ることができました。

世の中が変われば，人間は変わります。大人も子どもも，変わるのが当然です。私たち自身，自分たちの親の世代に比べると，大きく変わりました。生意気，行儀知らず，口先だけ，などと言われ，「今の若い者は……」とどれほど嘆かれたことでしょう。いつの間にか，既製品や即席のものが次々と開発され，炊飯器や掃除機，洗濯機などの家電製品も普及し，気がつくと，私たち自身も，親たちの世代に比べると，確実に「不器用」になったと感じずにはいられません。

しかし，今，私たちは親たちの世代は思いもしなかったであろうパソコンを使い，インターネットで世界につながり，かなり多くのひとが車を乗りこなし，行動半径を広げています。また，オーブンレンジを駆使し，見事なパンを焼き，冷凍冷蔵庫でアイスクリームまでつくってしまうひともいます。「私たちの世代もなかなかやるじゃん！」と思ったりします。

　子どもたちをみてもそうです。必死になって豆をつまんだ子どもたち，一生懸命手でさわりながら「石」を探してくれた子どもたち，携帯電話（実験では私の携帯電話を使っておりました）を手でさわり，ボタンを操作し，ついには私の東京の知り合いに電話がかかってしまい，私をあわてさせた子どもたち。ぷちぷちを手で引き寄せ，つぶして，「あっ，できた」などと言った子どもたちには，こちらもつられて，ひとつふたつ，一緒になってつぶしてしまいました。「もしかしたら今の子どもたちの方ができているかもしれない」とふと思ってしまったほどです。

　しかし，お箸は，みるからに，びっくりするほど下手でした。

　そしてもうひとつ，以前に比べて子どもたちが変わったことと言えば，以前ほど，友だちと群れなくなったことです。「自己実現」「自己充実」と入れ替わるように，「集団で」「仲間と一緒に」何かをすることが軽視されるようになったのです。仲間と「ともに育つ」ことよりも，ひとりひとりの「自己実現」「自己充実」が目標とされるようになったからです。

　「自己実現」「自己充実」はもちろん大切なことです。しかし，仲間とともに育ち，群れ，これぞと思う仲間と，自らの意志で与（くみ）し，つなぎ合う「つなぐ手」の体験は，切実な利害関係や損得と関わりのない子ども時代にこそ，ぜひさせたいものだと思います。

　さらに，すでに序章（29ページ）で紹介したように大人たちとの交流も，互いの忙しさから疎になっていることもとても気にかかります。

　子どもたちがもっと，友だちをはじめとする多くのひとびととの関わ

あとがき

りの中で育つよう，心がけられていく必要を感じます。その中でこそ，いろいろな知恵と技が伝えられるからです。何よりも，生の人間とのふれあいの中でこそ，生きること，生き方，人間というものは……についての実感が，生々しく伝えられるのではないかと思うのです。

何はともあれ，子どもたちの明るさや屈託のなさは，今もなかなかのものです。好奇心も旺盛です。手そのものの力も大したものだと思います。問題点のみでなく，今の子どもたちが育んでいる優れた面にも目を注いでいきたいと思います。そのためには，大人たちの心身の余裕が必要かもしれません。

今回の出版にあたり，実験を通して，また，実践，事例を通じて，多くの子どもたちと出会うことができました。その子どもたちから得たのは，子どもたちが失ったもの，あるいは，失いつつあるものは，手の器用さではなく，手が器用に育つ機会なのだという実感でした。それはまた，どの子の手にも，器用に育つ可能性は予想以上に準備されているという確信でもありました。機会さえあれば，子どもたちはいろいろなことをやってのけてくれました。子どもたちの可能性を現実の力・技とするのは，私たち大人の責任です。

こうしたことを考える機会を与えてくださった武馬さんには，こころから感謝します。また，何年もの間，待ってくださったことにもお礼を申し上げます。

私は，2004年3月に，定年により徳島大学を退職し，今年は放浪生活5年目です。1年の内の3分の1ほどしか徳島にいない暮らしをしております。間もなく，私も，終の棲家を決めることになると思います。徳島を離れる前に，徳島の子どもたちに導かれ，徳島の保育者のみなさんとともに，「手の本」をまとめることができましたことに，安堵し，この上ない幸せを感じております。ありがとうございました。

仙台のぷらむ保育園の梅津先生ご夫妻，春日町マザーズ保育園園長の三浦えみ子先生にも感謝申し上げます。突然の原稿依頼や見学などへの

協力のお願いにもかかわらず，快く受けていただきました。

　また，今回は，P&Gの石上真由さんにもご協力をいただきました。2005年と2006年の2年間，P&Gの仕事のお手伝いをさせていただきましたご縁から，ご協力をお願いしました。石上さんが世界のあちこちを旅して，その中で撮られた子どもの写真も，使わせていただきました。世界中の子どもたちの笑顔を大切にしたいと思います。

　P&Gのお仕事でご一緒させていただいた上田淳子先生にも，お忙しい中，原稿をお願いしました。双子のお子さんをお育てになりながら，料理研究家としてご活躍の先生のお姿とお話に，感動してのことでした。「キッチンこそ最高の子育ての場」とされる上田流の子育てに脱帽でした。

　何かを始めると，必ずいろいろとお願いしてしまう「もみじの会」のみなさん，今回はとくに，奥尾祐子さん，大西泰子さんのお手をたびたびわずらわせました。西岡節子さん，月岡多恵さん，森本百合子さんにも，お忙しい中，貴重な実践をまとめていただきました。また，久しぶりの実験に日々付き合ってくれた近藤隆子さん，大塚美由里さんに感謝します。近藤さんには，ニョロニョロの製作のお手伝いもお願いしました。3体ほどは試行錯誤しながら自分でつくりましたが，きれいにつくろうという私の見栄もあり，近藤さんに助けてもらいました。おかげで，大好きなニョロニョロをつくることができました。

　あれやこれやのやっかいな注文にもかかわらず，カットや図の描き直しをしてくれた三女（丸山千穂）にも感謝です。それと，KとYにも「ありがとう！」

　なお，ページ数の関係や，全体の雰囲気を合わせたい等の理由から，みな様からいただきました原稿にかなりの加筆と修正をさせていただきましたこと，したがいまして，構成，内容すべてに関する責任は丸山にありますことを，申し添えておきます。

　最後になりましたが，細かなところまでていねいに読み，わかりやす

あとがき

　い文章にするお手伝いをしてくださいました黎明書房編集部の吉川雅子さんにこころから感謝申し上げます。ありがとうございました。そして，お互いにおつかれ様でした。
　多くのひとの手でつくられ，みんなのこころが込められたこの一冊が，子どもたちの「手」と「生きる力」の今日と明日のために，少しでも，お役に立ちますことを願っています。

　　2008年3月3日

　　　　　　　　　　　　みんなを代表して　丸山尚子

＜おひめさま＞
まるやまちほ（4さい3かげつ）
手には指（4本？）がついています。あこがれの長い髪で，フリルがたくさんついたドレスを着ています。
エンピツで描きました。

引用文献

一色八郎『図説 手の世界』教育出版，1980。
一色八郎『幼児の手と道具』黎明書房，1981。
小野三嗣『あし』風濤社，1975。
かこさとし『ほねはおれますくだけます』童心社，1977。
小泉和子『台所道具いまむかし』平凡社，1994。
坂本廣子『イラスト版台所のしごと』合同出版，1998。
坂本廣子『坂本廣子の台所育児―一歳から包丁を』農山漁村文化協会，1990。
沢近十九一『道具をつかう動物たち』国土社，1981。
島田アツヒト『おかあさんのほうちょう―ほうちょうができるまで』講談社，1982。
島田浩子・宮本京子「伝達時における手の働きとことばの研究について」（昭和56年度卒業論文）徳島大学教育学部幼児心理学研究室，1982。
時実利彦『脳の話』岩波新書，1962。
野呂正・野呂アイ・丸山尚子『児童心理学』新読書社，2001。
丸山尚子・中安紀美子・近藤隆子・瀬尾クニ子『徳島の子どもたち』教育出版センター，1977。
丸山尚子・久米隆子「幼児の手の労働に関する発達心理学的研究(1)―とくに幼児の手の発達の法則をもとめて」心理科学 1-2, 27-36, 1979。
丸山尚子・とくしま"手の労働"研究会編著『手で考える』黎明書房，1981。
丸山尚子・とくしま"手の労働"研究会編著『0〜5歳児の手を育てるカリキュラム』黎明書房，1984。
丸山尚子「0〜3歳児の手」子どもの遊びと手の労働研究会代表・須藤敏昭『あそぶ手・つくる手・はたらく手』ミネルヴァ書房，1986。
丸山尚子・中安紀美子・近藤隆子・瀬尾クニ子『徳島の子どもたち・Part 1―人間らしい生活を求めて』（『徳島の子どもたち 増補改訂版』）第一出版，1987。
丸山尚子・徳島子ども調査研究グループ編著『はばたけ子どもたち・徳島の子

どもたち・Part 2』第一出版，1987。
丸山尚子『手が育つ・子どもが育つ・生活をつくる』法政出版，1992。
丸山尚子編著『21世紀を育む—「徳島の子どもたち」と親たちの育みから』21世紀を育み・生きるⅠ，三学出版，2005 a（『徳島の子どもたち・Part 3』にあたる）。
丸山尚子編著『21世紀を生きる—とくに女性の生涯発達の立場から』21世紀を育み・生きるⅡ，三学出版，2005 b。
谷田貝公昭『鉛筆が削れない』公文数学研究センター，1980。
谷田貝公昭『ハシも使えない』サンケイ出版，1984。
山下俊郎『改訂 幼児心理学』朝倉書店，1955。

＊直接引用してはいませんが，参考文献あるいは貴重な文献として，次のものをあげておきます。
岡本誠之『鋏』ものと人間の文化史33，法政大学出版会，1979。
小野三嗣『手』玉川大学出版部，1982。
柏木恵子・高橋恵子編著『発達心理学とフェミニズム』ミネルヴァ書房，1995。
季刊「銀花」編集部『"手"をめぐる四百字—文字は人なり，手は人生なり』文化出版局，2007。
久保田競『手のしくみと脳の発達』朱鷺書房，1985。
国分一太郎『しなやかさというたからもの』晶文堂，1973。
額田巌『結び』ものと人間の文化史6，法政大学出版会，1972。
額田巌『包み』ものと人間の文化史20，法政大学出版会，1977。
平松洋子『こねて，もんで，食べる日々』地球丸，2005。
藤原房子『手の知恵』山手書房，1980。
堀内守『手の宇宙誌』黎明書房，1982。

＊これ以外にも，手に関する絵本・文献はたくさんあります。興味のある方は，私（丸山）のホームページ「お茶しよっ！」（アドレスは下）にアクセスし，「私の手文庫」を開いて（クリックして）ください。手にまつわる世界の絵本・文献をはじめ，手に関わる楽しいお話を，ブログでご紹介しています。
★「お茶しよっ！」アドレス：http://hb3.seikyou.ne.jp/home/shoko-chan/

索　引

● あ行

足は第二の心臓　18-19
足を洗う　162
あそぶ手　55, 59, 103
あやす　43, 62-63
「あれは何？」　21, 89
一色八郎　180-181, 183
遺伝説　36
インディアン編み　104-106
ヴィゴツキー　38
ウチへの発達・深まり　38
おせんたくごっこ　172-173
お茶しよっ！　33, 243
おはしゃぎ反応　62

● か行

かこさとし　14-15
河井寬次郎　30
環境説　36
利き足　92, 94, 120
利き手　123
気の合った仲間との集団活動　47-49
教育　39-43
共同作業　57, 103, 109-113, 122
共同製作　57, 103, 109, 122
携帯電話　149-152
けれども行動　118
けんか　90-91, 118

個人化　29
子育て支援　31
骨化　14, 120
ごっこ遊び　22, 44-45, 48-49, 102-103, 121
子どもたちの手が虫歯になった　19, 23
子どもの遊びと手の労働研究会（手労研）　19
子どもは遊びの中で育つ　43
コマ回し　126-127

● さ行

再生和紙　129
坂本廣子　80, 183, 192-194
沢近十九一　195
自我，自我の芽生え　49-50, 91
自己決定説　36
自己主張　49-50
自己抑制　91, 95
自治　22, 47-49
児童後期　46-50
児童前期　46-50
しぼり染め　128-129, 209
集団遊び　59, 103, 122
手考足思　30
主導的活動　43-51
手動的操作の段階　81
少年・少女の体型　119-120

索　引

自立（基本的生活習慣，身辺処理）　21,
　　48-50, 86-87, 93, 118
自律　22, 48-50, 118
人格的側面（感情的・意志的側面）　47-
　　49
人的環境（人間的環境）　36, 51, 126-127
新聞紙　203-204
生理的早産　44
育てたい「器用な手」　27-28

●た行
体系的学習　46-49
体型の変化　119-121
対象化　81
対象的行為　44-46, 48-49, 78-79
タテへの発達・高まり　38
田中昌人　118
知的好奇心　21, 67
知的・操作的側面（操作的・認識的側面）
　　47-49
手水舎　159
直接的情動的交通　43-44, 48-49, 62-63,
　　71
つかう手　55, 57, 59, 80-83
つかむ手　55, 65-67
つくる手　2, 55-59, 103-106
つたえる手　55-59, 69, 114-115
土踏まずの形成　91-92, 94, 120-121
つなぐ手　55-59, 87-88, 109-114, 122
つもり　90-91
つもり行動　118

手の操作　21, 64-65, 67, 73
手の正しい洗い方　170-171
手の働きと人間らしく生きる力　58
手の骨（しくみ，発達）　14, 16, 120
手の6つの働き　55
手の労働　103-104
手は「第二の脳」・「脳の出店」　1, 12
道具的操作の段階　81
とくしま子どもの発達と教育研究会（もみ
　　じの会）　235-237, 240
とくしま"手の労働"研究会（とくしま手
　　労研）　235-236
ドミノ　116
泥だんごづくり，水・泥んこ・砂場遊び
　　84-86, 109, 124-126, 130-133, 210-211

●な行
内言　47, 106
内言化　47, 106
仲間入りの儀式　103
ながら行動　118
「なぜ？」　122-123
日課の確立　73-74, 95-96, 123
乳児期　43-44, 48-51
乳児の体型　92
乳児の手のいろいろ　66
二要因説（輻輳説）　36
ニョロニョロ　200-202
人間の手のしくみ（構造と機能）　14-17
人間らしく生きる力　20-23
布製のなわ　129-130, 211-212

能動的活動　36-38

●は行
把握反射　62-63, 65
ハイハイ　68, 72
はげます手　55-59, 119
はさみ　108, 188-191
はさみの種類と各部分の名称　189
箸　184-188
箸の長さ　187
箸の持ち方・使い方　185
はたらく手　55, 57, 59, 103
発達課題　40, 48
発達段階　48-50
発達の危機　49-50
発達の原動力　38
発達の最近接領域　38-40
発達要求　38-39
ハンカチ王子　155
反抗　90-91, 118
反復（くり返し活動）　67-68, 72
ピカソ　31
非対象化　81
引っぱり布　205-206
ヒトから人間へ　71
ひとの系　47-49
ひとの気配の中で育つ（手，生きる力）
　　28-30, 231-232

ひとりごと　21, 45, 106-109, 122
ぷちぷち　150-152
ふれる手　2, 24-25, 55-59, 140-156
ふろしき　208-209
文化入門期　89, 96
ペンフィールドの模式図　12
包丁　108, 191-194
包丁の各部分の名称と種類　191

●ま行
豆をつまむ実験　136-139
まもる手　55-59, 119
文字指導　213-214
ものの系　47-49
模倣魔　94

●や行
谷田貝公昭　186
有意把握　63
指さし行動　69
指の分化　65-66
幼児後期　44-51
幼児前期　44-51
幼児の体型　92
ヨコへの発達・広がり　38

●ら行
両手交互開閉　118

●執筆者（執筆順）

丸山　尚子	徳島大学名誉教授
奥尾　祐子	四国大学非常勤講師
大西　泰子	徳島市立昭和幼稚園園長
月岡　多恵	徳島市立南井上保育所主任
西岡　節子	徳島市立内町保育所所長
森本百合子	元徳島市立保育所主任保育士
石上　真由	P&G エクスターナル・リレーションズ（学術・渉外・F&HC 担当）
上田　淳子	料理研究家（東京都武蔵野市吉祥寺在住）
梅津　哲也	ぷらむ保育園園長（仙台市青葉区）

●本文イラスト

丸山　千穂　　web デザイナー

編著者紹介

丸山尚子 (まるやましょうこ)
徳島大学名誉教授（発達心理学）。
岩手県大東町出身。東北大学大学院教育学研究科博士課程単位取得中退，教育学博士(東北大学，1967)。徳島大学教育学部助教授を経て，1986年より徳島大学総合科学部教授，2004年3月定年により退職。

＜主要な研究領域＞
手の発達・手の労働，「徳島の子どもたち」と母たちに関する追跡的研究，女性の生涯発達

＜主要な著書＞
『手で考える』(共編著，黎明書房)，『0～5歳児の手を育てるカリキュラム』(共編著，黎明書房)，『手が育つ・子どもが育つ・生活をつくる』(法政出版，平成7年度保育学文献賞受賞・日本保育学会)，『徳島の子どもたち』(共著，教育出版センター)，『はばたけ子どもたち・徳島の子どもたち・Part 2』(共編著，第一出版)，『21世紀を育む』(編著，三学出版)，『21世紀を生きる』(編著，三学出版)，他

子どもの生きる力は手で育つ

2008年8月10日　初版発行

編著者	丸山　尚子	
発行者	武馬　久仁裕	
印　刷	株式会社　太洋社	
製　本	株式会社　太洋社	

発行所　株式会社　黎明書房

〒460-0002　名古屋市中区丸の内3-6-27　EBSビル
☎052-962-3045　FAX 052-951-9065　振替・00880-1-59001
〒101-0051　東京連絡所・千代田区神田神保町1-32-2
南部ビル302号　☎03-3268-3470

落丁本・乱丁本はお取替します。　ISBN978-4-654-01791-1

Ⓒ S. Maruyama 2008, Printed in Japan